中国社会科学院创新工程学术出版资助项目

《云龙白曲残本》文字整理与研究

韦韧 著

社会科学文献出版社
SOCIAL SCIENCES ACADEMIC PRESS(CHINA)

目　录

第一章

白族概况

白族是一个有着悠久历史和丰富文化的少数民族。白族自称"僰""僰子""僰尼",均是"白人"之意,别称比较多,不仅不同民族对白族称呼不同,而且同一个民族对分布在不同地区的白族也有不同的称呼。纳西族称澜沧江边上的白族为"那马",称大理和丽江的白族为"勒布"。傈僳族则称怒江边的白族为"勒墨",称大理白族为"腊本"。洱海地区及其附近汉族称白族为"民家"。新中国成立后,1956年11月,大理白族自治州建立时,根据广大白族民众意愿,确定族名为"白族"。

第一节　白族人口概况

白族是我国西南山区人口较多的少数民族,根据《中国民族统计年鉴》(2010),全国白族总人口有190多万人,主要聚居在云南省的大理白族自治州和昆明、楚雄、丽江等地州市,少数散居在贵州省毕节、六盘水等地市,湖南省张家界市及湖北省鹤峰县。

白族主要聚居区大理白族自治州地处海拔2000米左右的云贵高原,州内大小湖泊众多,山峦重叠,沟谷纵横,山地、丘陵、盆地、洼地交错分布,形成复杂的地形地貌。大部分白族居住在围绕着湖泊的平原,大理市、洱源县、剑川县、鹤庆县、祥云县、弥渡县都有着优越的自然地理气候条件，四季温差小，冬天温暖干燥，夏天凉爽多雨，土壤肥沃，交通便捷，是政治、经济、文化较发达的地方。居住于此的白族与其他民族接触较多，也能较快地接纳其他民族，在继续保持本民族特性的情况下，又吸收了其他民族的语言词汇和文化习俗。云龙县是云南白族经济相对落后的地区，云龙县白族人口占全县人口 70% 以上，又地处山区，交通不便，因此云龙县白族受其他民族的影响较小，语言、文化、风俗习惯与云南其他地方白族相比较好地保持了自己的独特之处。

第二节　白族语言状况

一　白语概况

白语是白族的语言，又名民家语，在白族主要聚居地广泛使用，是白族人民日常主要的口头交际工具。当与其他民族交流时，白族不使用白语，说当地的汉语方言。白族聚居区的广播、电视、报纸等公共传媒和学校教育都是使用汉语文，民间的活动，如大本曲演奏、宗教仪式等基本以白语为主。白族某些聚居区内的小学低年级也使用白汉双语教学。

白语分为三种方言：南部方言（大理方言）、中部方言（剑川方言）和北部方言（怒江方言）。这个顺序是按语言本身汉语借词含量由多到少的顺序而排列，其中南部方言使用人口最多，北部最少。南部方言和中部方言相对要接近一些，双方相处一段时间也能沟通。

白语有自己的语音系统、构词规则和语法体系。按照《白语简志》（修订本），白语是以剑川方言金华镇为标准音点归纳的音位系统，白语有 21 个声母，30 个韵母，8 个声调。基本元音一般只有 8 个，声调分松紧，声母、韵母和声调有相互制约的关系。剑川方言的 21 个声母都是单辅音（见表 1-1）。

表1-1 剑川白语声母表

发音方法 发音部位	塞音、塞擦音		鼻音	擦音		边音
	不送气	送气		清	浊	
双唇	p	ph	m			
唇齿				f	v	
舌尖	t	th	n			l
	ts	tsh		s		
舌面	tɕ	tɕh		ɕ	ʝ	
舌根	k	kh	ŋ	x	ɣ	

　　韵　母 30 个：i、e、ɛ、ɑ、o、u、ɯ、ɣ、ao、iɛ、iɑ、io、iɯ、ui、uɛ、uɑ、ĩ、ẽ、ɛ̃、ɑ̃、õ、ũ、ỹ、iɛ̃、iɑ̃、iõ、iũ、uĩ、uɛ̃、uɑ̃。其中 ao 是专门用来拼写近现代汉语借词，白语里面没有同 u、ao 相对应的鼻化韵母。

　　声调有 8 个调值（见表1-2）。

表1-2 剑川白语声调表

调名	1	2	3	4	5	6	7	8
调值	33	42	31	55	35	44	21	55
元音松紧	松	紧	松	松	松	紧	紧	紧

　　白语的单音节词较多，多音节词较少。很多词（包括大量基本词）和汉语关系密切，在各个不同历史时期，白语不断借用汉语，很多是以音义全借的方式。早期的汉语借词进入白语后大多成为基本词，并作为构词词素构成新词。一直到现在，白语仍然从汉语中借用大量的新词术语。

　　白语的语序一般以 SVO 为主，和汉语类似，但仍保留古代白语的 OV 型语序。一些助动词和能愿动词位置在中心动词之后。量词非常发达，名词和量词关系密切，一般情况下，名词都要带量词，量词的位置在名称之后，部分量词已具有名词词缀的特点。结构助词和语气助词使用广泛。动词、助动词的否定和肯定，人称代词数和格的变化，都通过语音来表示。

　　总的来说，相比较于其他少数民族语言，白语的方言语法系统基本一致，词汇大部分相同，只是在语音上有一定的差异。白族使用的白语，普遍认为属于汉藏语系藏缅语族。

二 白语研究历史

学界关于白语的研究主要分三个方面：一是白语系属问题的探讨；二是语音、词汇、语法方面的研究；三是方言调查。

（一）白语系属研究

白语系属研究一直是白语研究的热点问题之一，主要观点有以下六种。

1. 南亚语系孟高棉语族

英国人戴维斯（H.R.Davies）通过记录分析 100 多个白语词，归纳出汉语源 42 个、藏缅语源 33 个、孟高棉语源 23 个、掸语源 2 个。由于现代白语地区没有孟高棉语，就此推定这 23 个词必定是原始白语词，因而确定白语系属孟高棉语族。

2. 民族语与汉语的混合语

李源先生在《大理县志稿·卷六·方言》（1916）中提出，白语是固有蛮音从宋元以后与彝语混合，又受到明初吴越一带迁来的汉族居民语言影响的混合语。罗常培先生于抗战时期在云南各地对白语进行调查研究后，认为"民家语当为藏缅语与汉语之混合语"。李绍尼先生在《白语为白、汉混合语例证》（1997）一文中也明确提出白语是白汉混合语。

3. 汉语方言

赵式铭先生《白文考》根据白语中留存了比较多的周、秦时期的汉语词，判断出白语是在汉代以前的某种汉语方言基础上，受周边其他民族语言的影响而形成的。张海秋《剑属语音在吾国语言学上之地位》认为白族的"言语声音，保存了三代以来之古语古音"。

4. 汉白语族

白保罗（1942）的汉藏语分类把白语归入汉语族。郑张尚芳先生认为白语属于汉白语族，随后发表《白语是汉白语族的一支独立语言》论证此假说。

5. 汉藏语系独立语族

徐嘉瑞先生《民家语新诂》（1946）认为白语是汉语和白语的混合，应属于汉藏语系的独立语族。1957 年，高光宇在《论白族的语言系属问题》中，结合白族族源考证和史籍记载的考察，将白语及其方言视为与汉语、侗台语、苗瑶语和藏缅语并列的独立语族。

6. 藏缅语族

闻宥先生认为白语中最古的成分是藏缅语言。白语具体归属于藏缅语族的哪一个语支，学界有三种观点。（1）彝语支。李方桂先生曾经在 1937年商务印书馆出版的《中国年鉴》（英文版）中《语言和方言》里将白语和彝语、纳西语并列，认为它们包含于藏缅语系的"倮倮（彝）语群"，但在后来的《中国的语言与方言》（美国《中国语言学报》1973）中，他对白语的系属观点又发生了动摇，说"民家语可能属于这个语群，但它在词汇和语序上显示出受汉语的强烈影响，它的系属是值得怀疑的"。罗常培先生《国内少数民族语言系属和文字情况》（1951）把白语归入藏缅语族彝语支。罗常培先生、傅懋勣先生在《国内少数民族语言文字概况》中，把白语划分到汉藏语系藏缅语族彝语支。徐琳先生和赵衍荪先生在《白语概况》《白语简志》中，通过白语没有鼻音韵尾、元音有松紧对立、复元音少、缺少闭音节等语音特征和部分同源词的比较，认为将白语归入汉藏语系藏缅语族彝语支是恰当的。赵衍荪先生在《白语的系属问题》（1982）一文中，认为白语至今还保存着许多反映彝语支语言特点的同源成分和语法构造，说明白语发展到今天还没有被汉语或其他语言代替，脱出彝语支范围。吴安其先生在《藏缅语的分类和白语的归属》中分别从语音、词汇、语法三方面论证了白语与藏缅语较接近，认为白语属于彝缅语中的一支。赞同此分类的还有戴庆厦先生和马提索夫。（2）白语支。周耀文先生认为白语应属于藏缅语族的一个单列语支白语支。罗自群先生根据白语的来源，认为白语可以成为藏缅语族之下的一个独立的语支——白语支。（3）语支未定。马学良先生认为白语属于藏缅语族，但无法归入现有的任一种语支。

戴维斯的孟高棉语族论显然是不正确的，他使用如此少的词汇材料，自然是没有说服力。语言间的相互借用和影响是非常普遍的现象，无法制定一个标准来确定，因此民族语言学界对于判定一种语言是混合语还是十分谨慎的，把白语归属于混合语，信力也不强。认为白语是汉语方言是绝对不成立的。首先，白族是一个独立的民族，有自己的文字（方块白文、拉丁白文），而所有的汉语方言都只使用汉字。其次，白语读方块白文时，有时用音读，有时用训读，而汉字是超方言的，汉语方言区的人读汉字时全部用音读。最后，白语的语音、词汇、语法在许多地方和任何一种汉语方言都不一样。郑张尚芳先生用现代白语剑川话和汉语古文献相联系，找出关系字，列出同音字表，依据剑川话的核心词与汉语同源来判定白语是汉白语族的一个独立语支，这一观点也是站不住脚的。法国语言学家梅耶说："词汇是语言中最不稳固的成分，各种原因都有可能使旧词汇消失并加入新词汇，这样有可能产生语言词汇所属的语系和语言形态所属的语系是不同的情况。"关于白语系属问题的讨论从未停止，但仍然难有定论。目前大部分学者认为白语属于汉藏语系藏缅语族的一个独立语支。

（二）白语语音、词汇、语法研究

语音方面。陈康先生《白语促声考》从白语的三个促考调44调、42调、21调，通过汉白语音的历时比较和白彝语音的共时比较进行分析讨论，探求其音史沿革。[①] 艾磊、苏玮雅、尹曼芬《白语喜洲镇话声调的测试分析》用电脑测试记录了白语元音音高和音长，描述出喜洲镇白语方言声调的发音特征，指出所谓的42调实际是一个高降调。[②] 袁明军《原始白语韵母构拟》通过对白语周城、金华、洛本卓、营盘等方言的韵母对应规律的分析，对它们的原始共同语的韵母进行构拟，得出了一个比较整齐的六元音的原始白语韵母系统。[③] 汪峰在《白语中送气擦音的来源》一文中推测白语送气擦音有三种来源：*Cv-s- → h-s- → sh-，*sK- → sh-，*Ph- → fh-，也讨论了相关变化在藏语、汉语中演变模式的异同情况。[④] 吴安其先生在《白语的语音和归属》一文中讨论了白语方言固有词与汉语借词在语音上的差异，同时构拟了古白语的音系，并判定白语是属于汉藏语系藏缅语族彝语支语言。[⑤] 李绍尼先生和艾杰瑞（Jerry Edmondson）对白语声调和特殊音质进行了语音实验研究，发表了一系列学术论文。李绍尼先生《论白语的"声门混合挤擦音"》通过语音实验的结果认为白语21调不同于一般的紧音，由特殊的音质构成，不能被当成42调。[⑥]《云南剑川白语音质和音调类型》证明白语音质对调类的制约作用，声调的高低不完全由基频决定，是不同发音机制造成的音高和基频作用的结果。[⑦]《论彝语、白语的

---

① 陈康：《白语促声考》，《中央民族学院学报》1992年第5期。
② 艾磊、苏玮雅、尹曼芬：《白语喜洲镇话声调的测试分析》，《大理师专学报》1997年第2期。
③ 袁明军：《原始白语韵母构拟》，《南开语言学刊》2002年第1期。
④ 汪峰：《白语中送气擦音的来源》，《民族语文》2006年第2期。
⑤ 吴安其：《白语的语音和归属》，《民族语文》2009年第4期。
⑥ 李绍尼：《论白语的"声门混合挤擦音"》，《民族语文》1994年第2期。
⑦ 李绍尼、艾杰瑞：《云南剑川白语音质和音调类型》，《中央民族大学学报》(哲学社会科学版)1990年第5期。

音质和勺会厌肌带的关系》用微型喉镜录像观察彝语和白语的发音，发现除了真声带作用外，还有与假声带、勺状会厌肌带和会厌软骨的颤动与缩放功能有关。白语除了紧音质外，还有紧擦音质和气嗓音质。[①] 他们使用先进的语音实验仪器，操作的程序较为严格，得到的结果是客观可靠的。不足之处在于实验人数有限，无法兼顾各种变量因素，只有扩大实验对象的取样范围才能消除各种变量的负面因素。

词汇方面：弗朗索瓦·戴尔《白语的语音和词汇》。[②] 闻宥《民家语中同义字之研究》。[③] 周锦国《现代语境下白语词汇的嬗变》[④] 通过对白语剑川方言的词汇进行调查，发现最近 10 年间，2000 个白语基本词中，有 107 个词语借用了汉语词，借用体现在：（1）原有白语词舍弃不用而转用汉语借词；（2）白语中原有汉语借词被新的汉语借词替代；（3）在白语的汉语借词中出现鼻韵尾 [n] 的词。

语法方面。1957 年，中国科学院少数民族语言调查第三工作队白语小组，以大理白族自治州为重点进行白语普查，1959 年和 1960 年又进行了两次补充调查，调查成果《白语简志》于 1984 年出版。《白语简志》通过描写剑川县金华镇白语语音、语法和词汇，与其他 42 个语言点的材料做比较，首次较为全面地揭示了白语的总体面貌。早年白语语法研究成果较少，只有傅懋勣《白语的句法特征》一文。近 20 年，学者们在白语语法现象方面开始进行一些讨论。李绍尼《白语基数词与汉语、藏缅语关系初探》（1992）；苏玮雅、艾磊、普一之《白语否定动词的各种形式初探》（1999）；段伶《白语语音变化的构词方式》（2002）和《白语的肯定动词和否定动词》（2004）；王锋《白语的名量词及其体词结构》（2002）、《试论白语的三种基本语序》（2004）和《论白语的否定词和否定表达形式》（2006）；赵燕珍、李云兵《论白语的话题结构与基本语序类型》（2005），赵燕珍《白语名量的语结构特征》（2005）；罗自群《白语表示持续意义的 tɯ⁴⁴ "着" 和 tsɯ⁴² "着"》（2006）；陈勇《大理白语趋向动词探析》

---

① 艾杰瑞、艾思麟、李绍尼等：《论彝语、白语的音质和勺会厌肌带的关系》，《民族语文》2000 年第 6 期。

② 弗朗索瓦·戴尔：《白语的语音和词汇》，王小米译，载徐琳编《大理丛书·白语篇》第一卷，云南民族出版社，2008。

③ 闻宥：《民家语中同义词之研究》，载徐琳主编《大理丛书·白语篇》第一卷，云南民族出版社，2008。

④ 周锦国：《现代语境下白语词汇的嬗变》，《大理学院学报》，2008 年第 7 期。

（2009）；傅京起、徐丹《SVO 语言里的宾语前置》（2009）等，均研究了这一问题。

《白语简志》是目前唯一一本系统描述白语语音、词汇、语法的专著。其他的论著要么是对某一方言或者土语进行综合研究，要么仅对白语中的个别特殊词或者构词现象进行研究，要么仅研究剑川方言或大理方言中某几个方言点的语法现象。

（三）白语方言调查研究

白语共有三种方言：南部方言（大理方言）、中部方言（剑川方言）和北部方言（怒江方言）。

目前的共同语暂定为剑川方言和大理方言。

早在 20 世纪 40 年代，闻宥、张琨、袁家骅、罗常培就曾调查过白语，其中，罗常培调查的最全面细致。罗常培专程到大理进行调查，对主要的白语进行了记录和描写，后来整理写成调查报告。但由于是战乱期间，调查的合作人都是学校的学生，因此这些语言描写是较粗略的。新中国成立初期，由中国科学院少数民族语言所牵头的白语方言调查是目前为止最全面的调查，搜集了大理、迪庆、怒江三个州 43 个点的语言材料，归纳了20 个点的音位系统。当时调查并不完整，聚居或散居着近 4 万白族操何种方言土语不得而知。这批语言材料成果《白语简志》，于 1984 年出版。此后陆续出现了多部白语方言描写研究，如徐琳、张福雄《白语话语材料》（1988），王锋《西山白语概况》（2001），戴庆厦、赵燕珍《赵庄白语概况》（2009）、赵金灿《鹤庆白语研究》（2011）、赵燕珍、戴庆厦《赵庄白语参考语法》（2012）、王锋《昆明西山沙朗白语研究》（2012）等。吴安其、汪峰、袁明军和艾磊（Bryan Allen）也都调查过白语方言土语，包括以前较少涉及的澜沧江、怒江白语，但他们的调查主要是音系和词汇的调查，较少涉及白语方言语法。散居于云南其他地方、贵州、四川等地的白语一直都没有人做过全面系统的调查。

第三节　白族文字概况

白族有两种民族文字，分别是方块白文和新白文。方块白文是在借用汉字，进而仿造汉字基础上发展起来的一种意音文字，新白文是新中国成立以后，开始创制的一种拼音文字。

一　方块白文

（一）方块白文概况

方块白文是白族在长期使用汉语文的过程中，为了满足社会生活的需要，广泛使用的文字，其特点是借用汉字继而仿照汉字的字形与造字方法，自创的一种民族文字。是一种典型的意音文字。在很长的历史时期，学界普遍认为在《白族文字方案（草案）》之前，白族没有本民族的文字，直到20世纪，南诏建筑遗址的残瓦、碑刻、经卷曲本等逐渐被发现并解读，学界才开始承认白族先民早在南诏时期就有了自己的文字。南诏国和大理国都是把汉字确立为官方文字，对方块白文从未进行规范整理和推广，因此，方块白文也一直没有成为白族普遍通用的一种文字。但方块白文的使用在南诏国和大理国时期还是比较普及的。统治阶级、高僧和知识分子经常自创和使用方块白文，用来抄写经文、书写碑刻铭文、创作文学作品、记账等。由于明代的文化专制，方块白文的纸质典籍被大量焚毁，流传至今的文献和碑铭数量不多，这些遗留下来的经卷、碑刻等方块白文作品越发弥足珍贵，它承载着古代白族语言、文化、社会等多方面的信息。

方块白文有两种形式，一是完全借用汉字的白文称为汉字形白文，二是使用汉字或偏旁部首拼合而成的白文称为拼合形白文。从字形来看，两者差别不大，都是方块字。汉字形白文就是汉字，而拼合形白文继承了汉字所具有的形体特点，字形方块，分布均匀，笔画相仿。从构字方式上看，汉字形白文是直接借用汉字的字符形体，其音和义与借用的汉字在一定程度上有关联，这也是汉字形白文的选字依据。而拼合形白文是由汉字、偏旁部首、笔画组合而成的，其组合构件的方法蕴含了丰富的文化内涵，是白族长期社会经验累积的结果。

作为一种在历史上形成并至今在一定领域中使用的民族文字，方块白文的存在有其一定的合理性。由于受方言差异及作者汉字文化程度的影响，不同方言区、不同作者记录的方块白文在字形上有较大差异，已发现的方块白文中存在大量异体字、讹体字，给阅读文献和分析研究带来许多不便，甚至因此产生学术争议，因而对方块白文进行文字学研究非常有必要，对于释读以之为载体的古籍，发掘白族传统文化有着重要的意义。白文字形的规范化便于社会交流，提高白文使用率，有利于文字保存和继承。分析方块白文的结构特点可以更清晰地认识方块白文的文字系统，判断方块白文的性质，更科学地对方块白文进行汇集和规范整理，对编纂方块白文辞书、民族文字的规范普及以及新文字方案的制定都有积极意义。

（二）方块白文的历史源流

方块白文是什么时候出现的？学界一般认为，方块白文最早应该出现于唐代。目前能看到的最早记载方块白文的实物是南诏时期的字瓦。也有可能方块白文在南诏之前就已出现，只是我们现在找不到文献，但我们可以断定，方块白文至少在南诏国时期（公元 8 世纪）创制。早在公元前 2 世纪，自汉武帝开辟西南夷道后，许多汉族人民由于做官、经商、当兵、躲避战乱、战争俘虏等原因，来到白族地区落籍安家。他们在历史发展的过程中，逐渐与白族人民交汇融合，给白族带去了先进的生产技术和农作物种子，对白族地区社会生活的发展产生了积极的作用。伴随着白汉社会交往的日益深入，汉族文化也逐渐渗入到白族文化中，由于商贸往来的频繁，汉语文也流传至白族地区，白语中吸收了大量的汉语词，为方块白文的创制提供了必要条件。

1. 南诏国时期（738—902）

公元 7 世纪初，吐蕃奴隶制政权南下侵入西洱河的北部地区，当时西洱河地区有六个大部落，号称"六诏"，分别是蒙舍诏、蒙巂诏、越析诏、浪穹诏、邆赕诏、施浪诏。因蒙舍诏地处南方，也称南诏。唐朝为了抵御吐蕃势力南下，改变各部落零星散布、不利抵抗吐蕃的政治局面，扶植当时在经济上相对较发达、政治上愿意靠拢唐朝、地理位置靠近云南郡治的蒙舍诏，帮助蒙舍诏实现了统一六诏，于公元 738 年加封其首领皮罗阁为云南王。当时，由于滇池地区的东、西爨常年战乱，唐朝委派蒙舍诏出兵平息各爨之间的动乱，蒙舍诏凭借自身强大的势力和唐朝的帮助，大获全胜，并利用平爨的合法地位吞并两爨，占领全部河蛮故地，建立了洱河地区统一的政权，史称南诏国。之后南诏国依势夺取姚州及其他 32 州。唐朝虽先后共派兵 20 万征讨南诏国，可惜抵挡不住有吐蕃帮助的南诏军队，以致全军覆没。公元 752 年，南诏北面称臣吐蕃。至此，南诏政权成功地完成从部落发展成国家的历史转变。

唐朝征讨失败后，南诏依仗国力强盛，唐朝日趋衰落，经常主动发兵进犯唐朝边境，在攻陷成都后，曾俘获数十万人。俘虏全被南诏统治者降为奴隶，他们中有许多人具有先进的农业种植技术，可以直接从事生产，还有很多是能工巧匠。大量汉族人民来到南诏国从而使南诏的生产力有了极大发展。农业是南诏经济最主要的组成部分。当时，土地已使用复种制度，一块土地根据时节，水稻和大麦、小麦和豆类等交替种植，耕作方法采用当时较先进的"二牛三夫"制，同时积极兴修水利灌溉系统，这些新技术提高了农作物产量。同样，在畜牧业、建筑业、纺织、采矿、金银器制作、刺绣等方面，汉族人民带来的先进生产力也促进了南诏经济的快速发展。

在唐朝贞元十年（794），南诏第六代王异牟寻为了摆脱吐蕃的压迫，于洱海边的点苍山神祠与唐朝使臣举行盟誓，重新归顺唐朝。唐朝册封异牟寻为"南诏王"，赐予"南诏印"；为南诏统领的疆域设置"云南安抚使司"，任命政区长官为"云南安抚使"，由剑南西川节度使兼任，南诏由云南安抚使节制。脱离吐蕃压制的南诏，社会经济有了长足进步，经济繁荣刺激了南诏各方面的发展，南诏与唐朝有了密切频繁的商贸往来。随着唐朝的丝绸、瓷器、精美饰品等奢侈品大量流入南诏，南诏统治阶级在消耗奢侈品的同时，也有了向唐朝文化学习的进步要求。南诏国将俘来的汉族知识分子吸收到南诏统治集团中去，让他们教南诏的子弟儒学，这些汉族知识分子还为南诏策划军事，制定统治制度。同时，唐朝也主动帮助南诏统治阶级学习汉文化。韦皋任剑南西川节度使时，在成都创办了一所专供南诏王室及其大臣子弟读书的学校，这所学校办了 50 年，先后培养出南诏子弟数千人，大大地传播了先进的汉文化，促进了南诏文化的发展，南诏的官方文字也是汉字，南诏统治阶级以学习汉文为荣，积极引入汉文典籍和佛教经典。

南诏时期，经济繁荣，与唐朝的经济和文化交流频繁，这是创制方块白文的前提条件;统治阶级里的知识分子积极地吸取汉地先进的文化,具备扎实的汉语文功底,这是创制白文的必要条件;当时的官方文字是汉字,汉字可以作为白语的记音符号,这是创制方块的充分条件。于是统治阶级上层知识分子产生了一种愿望:创制能够准确记录白语的白文。

南诏国遗址中发现的有字残瓦上的字符,例如"白伝""苩罩""官诺""买诺"等是流传下来最早的方块白文。樊绰于公元 863 年撰《蛮书》(《云南志》),其中记载:"大虫谓之波罗密,犀谓之矣,带谓之佉苴,饭谓之喻,盐谓之宾,鹿谓之识,牛谓之舍,川谓之赕,谷谓之浪,山谓之和,山顶谓之葱路,舞谓之伽傍。加,富也;阁,高也;诺,深也;苴,俊也。"前人多以为这只是白语的汉字对音。但我们注意到,除去几个语音发展变化较大的词以外,"波罗密"谓虎,"佉苴"谓带,"赕"谓川,"伽傍"谓舞等,和后代白文中的表示法是完全一致的。这不是一种巧合,而是充分说明,当时已用特定的汉字来表示白语。另如南诏王寻阁劝与清平官赵叔达的《星回节唱和诗》(《太平广记》卷 483 南诏条引《玉谿编事》),其中的许多词,如震旦、元、昶、波罗、毗勇、俚柔等,都是当时的白话语。著名的《南诏德化碑》中,有些词如按汉语理解,其意义则很难明确,例如"大子潘""细子潘"等。实际上这也是汉字记白语,其义分别是"壮年人""年轻人"。《云南志·山川江源第二》所载的《河赕贾客谣》也是一首很典型的汉字记白语的民间诗歌,先不看诗歌的内容,光看诗名就很典型,白语"坝子"称为"赕"。从以上文献资料可见,到南诏中期,借用汉字记录白语已是一种比较普遍的现象,为人民习惯使用和理解,并逐渐成为一种约定俗成的书写手段。

2. 大理国时期(937—1253)

902 年,南诏权臣郑买嗣指使南诏王的近臣杨登杀死蒙隆舜王,而后巧妙利用广大奴隶和群众起义的时机,建立大长和国,彻底推翻了统治长达 254 年的南诏国,建立新的郑氏王朝。928 年,大长和国权臣白族人杨干贞杀死国王郑隆亶,拥立清平官赵善政为国王,号大天兴国。929 年,杨干贞废掉赵善政,自立王,号大义宁国。936 年,白族段思平联络了滇东"三十七部"的反抗武装,联合了农民和奴隶的起义力量,推翻了大义宁国,937 年建立封建领主政权的大理国。大理国疆域基本延续南诏国。

段氏在建国后,对关津要隘和富沃之区分封赏赐,这些人对封予的土地和农奴有完全的所有权,但对最高土地所有者大理段氏来说,他们又必须定期向大理王进贡和调派劳役、兵役。层层大小领主的统治和封建的土地所有制，是大理国封建制政权所赖以建立的基础。大理国与宋朝的商贸往来频繁，大理用马匹、鸡等畜禽，刀、毡、漆器等手工艺品，麝香、药材等土特产品与宋朝交换汉文书籍、锦、瓷器、沉香、药材等珍奇物品。大量汉文书籍的输入，对吸收先进汉族文化科学，促进洱海地区科学文化的发展，都起到积极的作用。由于和宋朝经济文化各方面的广泛交流，更加密切了汉族和白族人民的关系，进一步促进了洱海地区的繁荣和发展。

大理国延续了 300 多年，一直和宋朝保持着密切的关系。公元 10 世纪 70 年代，宋太宗册其首领白万为"云南八国都王"。政和七年（1117），宋徽宗又授大理王段和誉为"云南节度使、金紫光禄大夫、检校司空、上柱国、大理王"。

四川农民起义军遭到宋朝的镇压后，不少人来到大理国；公元 11 世纪，川西灾荒，汉族农民无法生活，南迁至金沙江以南的大理国。自南诏以来，由于汉族人民不断迁来洱海地区，他们带来了当时宋朝的先进生产技术和文化，和白族及其他各族人民长期共同劳动，相互学习，对于当时洱海地区经济文化的繁荣和发展，产生巨大而深远的影响。长期以来大量汉族人融合于白族之中，由于白族大量吸收了汉族先进的生产技术和文化，在经济上和文化上都得到了前所未有的繁荣和发展。白族知识分子很早就学会和使用汉文，常用汉文翻译佛经和撰写文章、诗词，白族语言中也逐渐吸收了大量汉族词汇；而迁来的汉族也学会了白族语言，接受白族生活方式和习惯，并逐渐融合于白族之中。

大理国时期，经济较发达，白文的发展也相对繁荣。这一时期的白文文献形式以碑刻和佛教经卷为主。经卷有大理国写本经卷《仁王护国般若波罗蜜多经》，发现于大理市凤仪北汤天村法藏寺金銮宝刹内，抄录的是不空所译经文及良贲经疏。写经中，夹有的一些注释、浮签，是抄录者用白文书写的注释。碑刻有《大理国段氏与三十七部会盟碑》，又称《石城碑》。金文铭文有《段政兴资发愿文》，段政曾兴资铸铜像观音一尊，背部铸有发愿文，共 42 字，前部分为汉语，后 20 字为一首白文五言诗。度释全文：皇帝信段政兴资为太子段易长生、段易长兴等造。记愿：铸得观音像，求佛佑千春。吾子孙社稷，万世永相承。

3. 元朝统治下的大理总管时期（1253—1368）

公元 1253 年，蒙古再次南下攻打大理国，生擒当时大理国国王段兴智。蒙古为便于统治和管理，采取怀柔政策，任命段氏为大理世袭总管，高氏为大领主，继续大量启用原大理国各级官吏，社会环境基本没有变化。当地的通用语言仍为白语，白文继续作为传授佛经的辅助工具。随着梵文佛经不断传入，当地的佛教掌事者除精通白语和白文外，还掌握汉语汉字、梵语梵文（佛经），成为多语使用者。佛教掌事者在讲经过程中，不自觉地把汉语汉字也传授给他人。加上移民不断增多，民族间相互融合，双语现象、语言转用层出不穷，白文使用范围开始从佛教经卷拓宽至文学曲艺，使用人群从白族上层社会知识分子延伸至民间百姓。由于元朝政府不强制干预，白文得以继续发展。亡佚白文史籍《白古通记》《玄峰年运志》均出于此时期。

4. 明、清、民国时期（1368—1949）

1368 年，朱元璋在应天称帝。而大理沿袭元朝的世袭总管制至 1387 年。明朝组织大量的内地居民迁移至西南边疆，当时迁移到大理一带的移民有数万名之多，以至出现大量汉民族的聚居地区，构成使用汉语的地区环境。同时，明朝下令焚毁所有白文典籍，连国史方志也不能幸免。梵文佛经的使用也于此间开始衰落，兼通者逐渐减少，白文开始走向衰退，但白语仍是白族人的日常用语，白族人还需要用白文记录白语。从此以后，白文的使用走入地下，使用领域缩小到民间文学和民间曲本，大多采用白语韵文文体，形式以白文碑、曲本、祭文等为主。

5. 新中国成立后

新中国成立之后，倡导民族平等，鼓励保持、弘扬民族文化传统。一直潜伏在民间的白曲、大本曲等白族民间艺术又重新出现。

经过上述对方块白文历史的梳理，可以看到，一个国家的语言文字政策是语言文字兴衰的主要决定因素。宽松的语言文字政策可以促进语言文字的良性发展，错误的政策为语言文字的发展设置障碍，甚至带来毁灭性的灾难。明朝时期方块白文文献全部焚毁和新中国成立后的重新繁荣即是强烈的对照。历来白族对外来文化持开放接收态度，他们善于吸收并为己用。汉族长期的主导地位决定了白族的文字必定吸收并创制于汉字，与汉字有着紧密的关系。

（三）方块白文的载体形式

方块白文的历史文献有五种存在形式。

1. 白文史籍

据文献记载，白族历史上曾有过白文史籍，却因为明朝统治阶级在其统治时期，大肆焚烧古白文书籍，以至没有一本史籍流传至今。赵州（属今大理州大理市）师范（荔扉）纂辑的《滇系·文艺》说："沐氏（沐英）镇云南直与明祚相终始，三代以下鲜见也，迄今已百五十年矣，而滇中土人犹自慑其余威引为口实……自傅（友德）蓝（玉）沐（英）三将军临之以武，晋元之遗黎而荡涤之，不以为光复旧物，而以为手破天荒，在官之典册，在野之简编，全付之一烬。"《赵州南山大法藏寺碑》又名《法藏寺铭》，大理凤仪北汤天大阿叱力董贤书，碑文说：洪武十五年壬戌春，"天兵入境，经藏毁之，余等俭岁之中，救得两千卷，安于石洞……"碑文也说明古白文典籍、简编、经书已惨遭厄运，化为缕缕青烟。关于这些白文史籍的相关信息，就只能从汉文的史籍中找到一丝线索。著名民族史学者王叔武先生，把记载云南史地的古佚书佚文，从群书中钩稽出来，共16种，辑录成《云南古佚书钞》。王先生不是简单将这些佚书直接拿来编辑成册，而是在博览了数百本佚书、史籍、地方志、诗集、碑刻的基础上，按照史实及佚文性质，进行类比研究，辑录而成。

（1）《白古通记》，是一部白族古代史书。作者不详，成书年代不早于元初。汉文史籍中多用《僰古通记》这一名称，"僰""白"两字的字音相似，在元明之际一般通用，因此是一本书。在汉文史籍中，此书的名称还有《白古通》《白古记》《僰古通》《白虎通》。

（2）《玄峰年运志》，与《白古通记》同为白族古代文献资料，是记录大理国段氏的史书，记录年代到元末为止。作者、卷帙均无可考，成书年代为明初。与《白古通记》是不同的两本书。

（3）明代杨慎根据《白古通记》《玄峰年运志》删为《滇载记》。

（4）此外，佚书黑新逵《西南列国志》，据说也是方块白文写成。清代陈鼎在其所撰《蛇谱》"百乐蛇"词条中写道："越裳氏国有蛇，群处穴中。每至春日融和，风光澹荡，则出聚，鸣草莽中。……杨升庵先生流寓滇中数十年，通夷语，识僰文，乃译黑新逵《西南列国志》八百余卷，载蛇状甚详。予在大理浪穹何氏见其抄本，惜匆匆北还，不能尽录其书入中原以为恨。"可见，《西南列国志》主要介绍包括越裳氏国在内的所有西南列国的历史、政治、经济、风俗、物产等方面的情况。

2. 白文残瓦

20世纪30年代首次在南诏大理国遗址发现。1938年11月至1940年6月吴金鼎、王介忱、曾昭燏三位先生在大理考古，在点苍山脚下的南诏国遗址中发现和搜集了古代有字残瓦200多片，共54个字符。1953年，云南省博物馆的几位同志和孙太初先生在姚安和巍山发现并收集到有字瓦100多片。此后，在羊苴咩城、龙口城、龙尾城、大厘城、一塔寺、金梭岛、邓川德源城、弥渡白崖城遗址，也陆续发现了古代有字残瓦，一面是细布纹，另一面印有文字。大多数的学者都认为这些瓦片上的文字是当时的白文，可分为以下五种类型。

（1）记号。白族祖先通过这些记号记载什么信息，至今仍然是个谜，有的学者认为大概是瓦匠所作的记号。

（2）自创文字。如"白伝""苴"等，其中有一部分是借用汉字，有一部分是通过增损笔画自创的新字。有的字反复出现，这些字如何读，是什么意思，由于缺乏语音的记载和深入研究，目前还无从知晓。

（3）姓名。"王成""王田""王善""李六""李子""莫成""田右""苴成造""铎造""井""中""丘傍苴""官苴""羊本""李罗颠""田君"等。这些以汉字记录的可能是烧瓦者的姓名，或砖瓦所有者的姓名，除部分照汉字的语音读外，其表示为白语的部分如何读，也无法断定。

（4）汉字记白语。如"田成完""田买""一田买""买子""官买""官诺""买诺"等。这些古白文，用现代大理白语读，还可以知道其中所表达的意思。如"买子"读 $[me^{35}ts\eta^{31}]$，意为"买走"；"买诺"，"诺"表示"的"，现代白语仍然如此。同时还可看出，有些白语成分具有极大的稳定性。

（5）文字加符号。如"戍×""尹×""苴羽中口"等，表达的意思待考。

3. 白文经卷

1956年8月，全国人民代表大会民族委员会云南少数民族社会历史调查组到大理白族自治州进行历史文物调查工作，在大理市凤仪县北汤天村白族董氏宗祠法藏寺"金銮宝刹"大殿中，发现两大木橱古本佛经。周泳先先生于1957年5月，参加这批经卷的整理工作，整理得知全部经卷共3000余册，他是第一位提出并论证大理写经中有白文的学者，他在《凤仪

县北汤天南诏大理国以来古本经卷整理记》一文中提到：在称为"仁王护
国般若波罗蜜多经"的一长卷里和不知名的另一个残卷里，发现了大理国
时期的"白文"。此后，研究白文的学者常引用周先生的这段论述，认为大
理写经中存在方块白文。

《大理丛书·大藏经篇》收录有南诏大理国写本经卷《仁王护国般若
波罗蜜多经》，根据每本经卷前的编辑说明得知，现存于云南省图书馆的
《仁王护国般若波罗蜜多经》发现于大理市凤仪县北汤天村法藏寺金銮宝
刹内，抄录的是不空所译经文及良贲经疏。写经中，除黑体大字的经文和
经文后面摘抄自良贲的仁王经经疏小字外，还有经文的正文旁夹注的朱笔
字和在良贲的经疏旁夹有的一些注释、浮签，这些朱笔字和注释、浮签很
有可能是抄录者用白文书写的注释。这批白文注释和浮签，数量比较大，
但由于是草书书写，不易识别，经卷也待整理完成，因此白文注释和浮签
还有待破解（见图 1-1）。

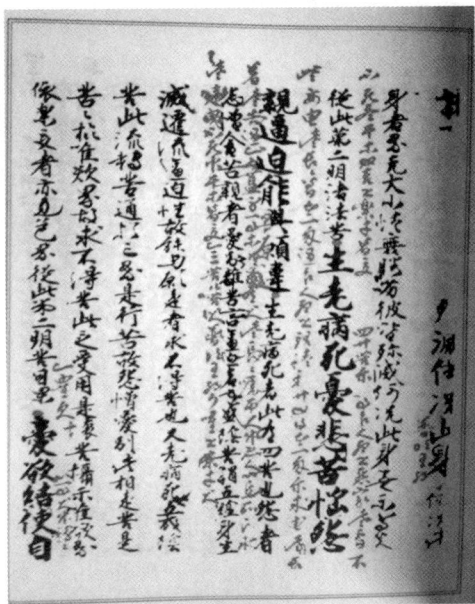

图 1-1 南诏大理国白文写本佛经《仁王护国般若波罗蜜多经》[①]

---

① 翻拍自大理白族自治州白族文化研究所编《大理丛书·大藏经篇》卷一，云南民族
出版社，2008，第 87 页。

4.白文碑刻

目前已知的白文石刻档案有八种。

（1）《剑川县沙登村第十六号窟第二龛佛座下的刻字题记》，它是剑川石宝山石窟群中唯一有南诏纪年的一窟。石刻题记内容是研究白族古文字的产生、南诏白族父子联名制等问题的珍贵史料。

（2）《大理国段氏与三十七部会盟碑》，又称《石城碑》。立于大理国明政三年，即北宋开宝四年（971），碑高1.25米，宽0.58米，11行，每行13字。碑末有职官题名8行，全碑共200余字。此碑今存于曲靖市第一中学碑亭内。

（3）《词记山花·咏苍洱境碑》，立于明代景泰元年（1450），为白族诗人杨黼撰刻。碑高117厘米，宽46厘米。碑文用白族民歌形式写成，楷书，共分20小节，每节4句。全文共520字。前半部分32句，主要歌咏苍山洱海的秀丽景色，上关下关的雄伟；后半部分48句，感叹身世，抒发内心的感受。此碑原在大理市喜洲镇圣源寺，现存大理市博物馆，是目前白文古碑中保存得最完整的一块。

（4）《故善士杨宗墓志碑》，立于景泰三年（1452），为杨安道撰。此墓志首先叙述死者的家世，其次说明死者的为人和卒葬日期，最后附有铭文16句，每句4字，全文共347字。碑中明确刻有"弟杨岁道书白文"7字，是唯一一块公开表明自己书写的文种是"白文"的墓碑，极富史学价值。此碑原在大理市弘圭山麓，今碑毁存拓片。

（5）《故善士赵公墓志碑》刻于景泰六年（1455），为乡友杨安道所作，楷书，全文约602字，内容分为两部分。第一部分是几行小序，介绍死者前三代的世系；第二部分是用白族山花民歌体的形式写成10段"哀词"，词中既哀死者亦复自哀，反映了当时一部分白族知识分子的思想情绪。该碑原在大理市弘圭山麓，已毁，仅存拓片。

（6）《段信苴宝摩崖碑》，又称《舍田碑》，刻于明洪武三年（1370），立碑者是大理段氏第十一任总管段信苴宝。碑高90厘米，宽70厘米，24行，全碑约409字，较详细地记载了捐田建寺经过。为古白文记事的代表作。现存于邓川城西石窦番泉边的石壁上。此外还有《故善士赵公墓志碑》《处士杨公同室李氏寿藏碑》《史城芜山道人建庵尹敬夫妇预为家冢记碑》等。

（7）《处士杨公同室李氏寿藏碑》立于成化十七年（1481），为"花溪教读儒士"撰，姓氏不详。碑的正面为汉文，碑阴有用古白文写成的《山花一韵》，共56字。原在大理市弘圭山麓，今仅存抄件。

（8）《史城芜山道人建庵尹敬夫妇预为家冢记》碑立于康熙四十二年（1703），前面自序部分全为汉文，文后附有白曲一诗，共38行，以五言为主，间有七言，是有别于山花体的另一类"白曲"。此碑原在大理市弘圭山麓，今已不存，有抄件。

5. 白文金文铭文

是指铸刻在金属器物上具有书史性质的铭文。铸刻白文的金属器物迄今只发现一件，即《段政兴资发愿文》，年代较早。段政兴资为大理国第十七王，公元1147~1172年在位，曾铸铜像观音一尊，背部铸有发愿文，共42字，前部分为汉语，后20字为一首白文五言诗。度释全文：皇帝信段政兴资为太子段易长生、段易长兴等造。记愿：铸得观音像，求佛佑千春。吾子孙社稷，万世永相承。

以上是对方块白文历史文献的梳理。在历史文献中，存世量相对较多的是碑刻，也有部分碑刻内容被释读出来，但还有一些碑刻、有字瓦片和经卷的批注、浮签，由于年代久远，与现代白语差异巨大，还有待破译。

方块白文虽然是没有经过统一规范的文字，但是在当代白族民间，仍有一部分固定人群在使用，这些仍在使用的活文字，很容易释读，通过研究这批方块白文，发现其文字规律，进而运用文字学理论和已破解的方块白文可以释读那些年代久远的历史文献。

现今流传的方块白文主要以五种形式存在。

1. 宗教经书、祭文

白族的宗教信仰除释、道、儒外，还信仰本民族特殊的本主，宗教经书主要包括白族民间佛教的佛经、道士符咒经文和本主崇拜经文等。在丧葬仪式中，都有悼念经文环节。白族以白文传经的方式由来已久，如元至大三年（1310）立于昆明的《雄辩法师塔铭》上说："□僰人说法□□□□严经，维摩诘经□□□□□以僰人之言，于是，其书盛传，解者益众。"现在看到的白文经书和讽诵场景，当是古代"僰人之言"为书的一种遗留。宗教经文有《叹亡白词》《十王白词》《三献礼白词》《行三献礼·奏乐唱词》《超宗度祖文》《祭脚力》等。宗教经书是方块白文文献的重要组成部分，也是民间目前方块白文使用最为稳固的领域。

祭文一般是由村里威望较高、具有较高文化水平的人专门撰写、诵唱。

诵唱之后，随葬礼一同烧掉。内容上分为赞美神灵功德、祈求赐福的祭文和缅怀死者、寄托哀思两种。仪式上也分为堂祭和路祭两种，堂祭是家中孝子或亲友在家中灵柩前祭奠；路祭是嫁出去的女儿、女婿或上门子侄在出殡的路上临时设置祭坛祭奠。至今，在白族聚居地，使用方块白文书写祭文依旧很常见。

宗教经书和祭文的格式都是依照本子曲的结构形式书写。

2. 白曲

白曲，是广泛流传于白族地区的一种白族民歌短调。白曲在白族地区的重大节日中占有重要的地位。无论是"本主"节还是佛教节日，白族民歌歌会都是庆典活动的一项重要内容。每年，在蝴蝶泉会、大理三月街、火把节等节日庆祝活动上，参加对歌的人数可多至上万人。短曲的主体内容以白族男女情歌、歌唱幸福生活、抒发个人情怀为主。一首短曲一般由8句组成，第一句是韵头，第二、三两句诗7字，第四句诗5字，第五、六、七句均是7字，第八句是5字。俗称为"七三五，七七七五"或"七七五，七七七五"。

3. 白族大本曲

大本曲一般由重复下段的音韵格局多句构成，称为叠段联章。《黄氏女对金刚》《鸿雁带书》《出门调》等本子曲，都是在白族地区流传较广的作品。传说大本曲的传统曲目有"三十六大本，七十二小本"，其唱腔相传有"九板三腔十八调"，大多是大本曲特有的乐曲，少数是地方流行的小曲；其流派相传有"南腔""北腔""海东腔"三个流派。大本曲的内容有些是根据白族地区的历史故事和民间故事创作而成，但大多数是受汉文化影响，从汉族的历史故事、民间故事、佛教故事、道教故事和儒教故事移植改编而成。虽然内容上来源于汉族故事，但绝不是简单的重复照搬，经过大本曲艺人创造性的改编后，作品具有了鲜明的地方特点和民族特点。大本曲常见曲目有《刘介梅忘本回头》《血泪恨》《白毛女》《陈世美不认前妻》《梁山伯与祝英台之山伯访友》这些基本上是根据汉族故事移植改编；根据白族民间故事创作的大本曲曲目有《火烧松明楼》《孔雀胆酒》《血汗衫》等。

4. 吹吹腔

吹吹腔，又名吹腔，俗称"板凳戏"，是一种具有白族艺术风格的独特传统戏剧。吹吹腔以大理为界，有南、北派之分，大理以南各县流行的为南派，以北各县流行的为北派。其唱腔有30多种，基本上分两种：一种按行当分，比如鹤庆将生角唱的叫生腔，旦角唱的叫旦腔，净角唱的叫净腔，丑角唱的叫丑腔；另一种是按角色的类型和情感来分，比如云龙县将叙述性的腔调叫平腔，将风格诙谐、表现幽默含蓄感情的叫丑角腔，抒情性强的叫一字腔，强猛高亢的叫高腔，哀怨、伤感的叫二簧腔，悲愤、哀伤的叫大哭腔等。吹吹腔演唱时没有伴奏，当艺人演唱到某一阶段时，用唢呐伴奏，与之相配合的有小鼓、板凳、大鼓、大钵、小钵、芒锣、大锣、梆子等，曲牌有小开门、耍龙调、二子哭娘等20多种。唱完一句或四句后用唢呐伴奏。唱词一半以上用白语演唱。在伴奏时，艺人会随着旋律翩翩起舞。现在，吹吹腔仍然是云龙县白族人民喜闻乐见的剧种，在云龙所有流行吹吹腔的地区，逢年过节，迎神赛会，婚丧嫁娶，起房竖柱都常演吹吹腔。

5. 记录白语地名、人名，或者临时借用

至今白族地名、人名多以白语称谓，仍大量沿用方块白文来记录。此外，白族人需要记录白语，但又苦于找不到合适的文字时，也会很自然地借用读音相同或相近的汉字来记录，即使是不会方块白文的白族人也会用这个方法，对方块白文有所了解的人，这种临时借用的情况更多。

这些情况表明，方块白文不但在历史上产生过相当的影响，而且至今还有着一定的生命力。

（四）白文研究历史与现状

白文的研究过去并没有受到关注，甚至在很长的历史时期，学界普遍认为白族有语言无文字。代表人物有徐嘉瑞先生（1949）、杜乙简先生（1957）。其实，早在20世纪30年代，就首次在南诏大理国遗址发现有字残瓦。杨堃先生、孙太初先生、马曜先生等先后发表论文认为白族历史上有古白文。此后又陆续发现了一些夹杂白文的经卷、白文碑刻、白文曲本、白文对联和白文祭文，这些资料证明白族先民早在南诏中后期（公元9~10世纪）就已有使用，并且在民间使用至今。当时人们已开始通过增减汉字笔画或仿照汉字造字法重新造字的方法来书写白语。这种新造的字，白族民间称之为"白字"。由于自身的局限，加上历代统治阶级都以汉文为官方文字，对白文不予重视，未对其进行规范、推广的工作，因此，白文一直没有能发展成为成熟、规范、通用的民族文字。在明代，由于政权斗争的原因，大量白文纸质文献典籍被焚毁，白文的发展受到极大的影响。这也使得遗留下来的经卷、碑刻、白文作品越发显得弥足珍贵。它承载着古代白族语言、文化、社会等多方面的信息。

白文的发现开拓了白语研究的新思路，白文研究也成为白语研究中重要的一部分。白文的研究主要集中在三个方面。（1）综合系统介绍。第一篇对白文进行系统研究的论文是石忠健先生的《论白族的白文》，①文中展示了作者搜集到的白文碑文拓片资料，并在白文存在与否、白文特点、白文著作、白文使用时期、白文历史价值等方面阐述了他的观点。杨应新先生《方块白文辨析》②详细列举出现存七种白文文献，并运用大量的历史记载，论证了白文在历史上是客观存在的，是一种独立的民族文字。（2）白文文献释读。白文文献释读是20世纪80年代以来白文研究的主攻方向，普遍的做法是运用汉语音韵学和训诂学的方法，结合现代白语音与义，在具体文献的上下文语境中考释词语的演变。主要成果有：徐琳、赵衍荪《白文〈山花碑〉释读》③；徐琳《明代白文〈故善士杨宗墓志〉译释》④；何一琪《白文哀词〈赵坚碑〉之研究》⑤；徐琳《白族〈黄氏女对经〉研究》⑥；徐琳《明代〈处士杨公同室李氏寿藏〉碑阴〈山花一韵〉解释和再译》⑦；杨应新《〈白语本祖祭文〉释读》⑧；徐琳《古今三篇白文汉字的释读》⑨；张锡禄、甲斐胜二《中国白族白文文献释读》⑩等。综合介绍白文研究的文章有：林超民《漫话白文》⑪；赵衍荪《关于白文及白文的研究》⑫、《白文》⑬、

---

①　石忠健：《论白族的白文》，载中央民族学院研究部编《中国民族问题研究辑刊》第六辑，1957。

②　杨应新：《方块白文辨析》，《民族语文》1991年第5期。

③　徐琳、赵衍荪：《白文〈山花碑〉释读》，《民族语文》1990年第3期。

④　徐琳：《明代白文〈故善士杨宗墓志〉译释》，中国社会科学院民族研究所，1982。

⑤　何一琪：《白文哀词〈赵坚碑〉之研究》，《云南民族学院学报》1987年第2期。

⑥　徐琳：《白族〈黄氏女对经〉研究》，《大理丛书·白语篇》卷二，云南民族出版社，2008。

⑦　徐琳：《明代〈处士杨公同室李氏寿藏〉碑阴〈山花一韵〉解释和再译》，《辑芬集——张政烺先生九十华诞纪念文集》，社会科学文献出版社，2001。

⑧　杨应新：《〈白语本祖祭文〉释读》，《民族语文》1996年第2期。

⑨　徐琳：《古今三篇白文汉字的释读》，《汉字的应用与传播》，华语教学出版社，2000。

⑩　张锡禄、甲斐胜二：《中国白族白文文献释读》，广西师范大学出版社，2011。

⑪　林超民：《漫话白文》，《思想战线》1980年第5期。

⑫　赵衍荪：《关于白文及白文的研究》，《大理文化》1982年第1期。

⑬　赵衍荪：《白文》，载《中国民族古文字》，天津古籍出版社，1987。

《浅论白族文字》①;周祜《白文考证》②;赵寅松《关于白文的思考》③;杨政业《论"白(僰)文"的形态演化及其使用范围》④;段伶《论"白文"》⑤;田怀清《南诏大理国瓦文》⑥等。(3)对白文的文字性质、文字结构、书写系统进行的探讨。徐琳先生《关于白族的白文》⑦归纳出利用汉字记录白文的方式有四种:一是音读汉字,利用汉字的字音记录白语同音词的义;二是训读汉字,利用汉字的字义,读白语同义词的音;三是直接借用汉字,与汉字的形、音、义一致,并保留入声调类;四是自造新字,利用汉字部首构造白文,多数是形声字,有少数会意字。段伶先生将方块白文划分为白文汉字和白文白字两大类型,白文汉字又细分训读、假借和直读三种记录白语方式。王锋《略谈方块白文及其历史发展》⑧、《从书写符号系统看"古白文"的文字属性》⑨在继承前人研究的基础上,运用文字学理论,探讨了方块白文的字体类型,他将方块白文分为汉字假借字、汉字仿造字、汉字省略字和汉字变体字四大类。其中,汉字假借字细分为音读汉字、训读汉字、借词字和借形字;汉字仿造字细分为形声字、音意合体字、意义合体字和加形字。周有光先生从文字来源的角度,认为方块白文属于孳乳仿造的汉字型文字,完全可以利用"六书"进行分析。⑩

　　综合来看,已有的方块白文字体类型研究成果,以"六书"为分类原则,划分方块白文字体类型,并说明了各字体类型具有的特征。前辈学者揭示了方块白文字符的由来和使用的一般规律,对白文造字理据的分析合情合理,在一定的分类原则指导下,构建了白文字体类型框架。可以说,这些研究成果对我们开拓方块白文字体类型研究,具有很高的借鉴价值。但是,研究者们侧重从音韵、历史层次以及文化心理等角度进行字体类型

---

① 赵衍荪:《浅论白族文字》,《云南民族语文》1989 年第 3 期。
② 周祜:《白文考证》,《南诏文化论》,云南人民出版社,1991。
③ 赵寅松:《关于白文的思考》,《白族学研究》,2005。
④ 杨政业:《论"白(僰)文"的形态演化及其使用范围》,《大理学院学报》(社会科学版)1997 年第 11 期。
⑤ 段伶:《论"白文"》,《大理学院学报》2001 年第 4 期。
⑥ 田怀清:《南诏大理国瓦文》,云南人民出版社,2011。
⑦ 徐琳:《关于白族的白文》,《云南民族语文》1997 年第 2 期。
⑧ 王峰:《略谈方块白文及其历史发展》,《云南民族语文》2000 年第 3 期。
⑨ 王锋:《从书写符号系统看"古白文"的文字属性》,《大理学院学报》第三卷第 4 期,2004。
⑩ 周有光:《汉字文化圈的文字演变》,《民族语文》1989 年第 1 期。

研究，在研究理论和研究方法上存在着不足之处，这必然影响了研究结果的正确性和全面性。

二　新白文

新中国成立后，党和国家十分关心民族文字工作。1954 年，政务院批准了《关于帮助少数民族创立文字问题的报告》，这是新创文字工作开始的标志。1955 年在北京召开全国民族语文科学讨论会，会议决定，为一些有语言而无文字的民族或者传统文字不完备的民族创制或改进文字的全面规划。1958 年，白文文字方案（草案）拟定，但由于受到"左"的思想的干扰，少数民族新创文字方案，未能实验推行。改革开放后，随着政治稳定、经济发展，白族文字方案重新启动。1982 年，修订了 1958 年拟定草案，为白族人民创制了以 26 个拉丁字母为基础的白文，一般称作新白文，并迅速在白族地区推广开来。由于新白文文字方案是以剑川县金华镇的语音为标准音编写，没有充分考虑其他两个方言，该方案尽管在剑川县受到普遍欢迎，学习效果显著，但其他白族地区的推广学习情况并不理想。1993 年，制定了试行的"白文方案"（修订稿）。修订稿确立两个基础方言（剑川方言和大理方言）并存，形成了两种文字变体并用的新的文字方案。该文字方案制定以后进行了试验和推广，在剑川、大理都取得了一定的成绩。

新白文是拉丁型拼音文字，属表音文字。白语标准音有 27 个声母、37 个韵母、8 个声调，新白文只用 26 个字母表示。白族文字方案（简称白文方案）遵照国务院批准的关于少数民族文字方案中设计的五项原则制定。字母形式采用拉丁字母，白语中与汉语相同或相近的音，用与汉语拼音方案相同的字母表示。采用同一方案拼写两个方言。南部方言（大理方言）以大理喜洲的语音为代表；中部方言（剑川方言）以剑川金华镇的语音为代表（见表 1-3）。

表 1-3　新白文字母表

字母	名称	国际音标
a	a	ɑ
b	be	p
c	ce	tsʰ
d	de	t

续表

字母	名称	国际音标
e	e	ɛ
f	ef	f
g	ge	k
h	ha	x
i	i	i
j	je	tɕ
k	ke	kh
l	el	l
m	em	m
n	ne	n
o	o	o
p	pe	ph
q	qui	tɕh
r	ar	r
s	es	s
t	te	th
u	u	u
v	ve	v
w	wa	w
x	xi	ɕ
y	ya	j
z	ze	ts

　　新白文声母共 27 个，基本与汉语拼音相同，其中有五个字母，即 v、hh、ng、ny、ss 是白文特有而汉语拼音方案中没有的，字母 v 比较特殊，既可做声母，又可做韵母。新白文韵母共 37 个。根据发音部位的不同，韵母分为口韵母和鼻韵母两大类。口韵母和鼻韵母又都分成单韵母和双韵母两种，双韵母由两个单韵母构成。口韵母中，er、ier、uer 是剑川方言特有的音，ai、iai 是大理方言特有的音，并且两方言之间有对应关系，er—

ai、ier—iai、uer—uai 即大理方言发音 er，则剑川方言发音 ai，后面两组以此类推。新白文声调共有 8 个，分松喉和紧喉（见表 1-4、1-5、1-6）。

表 1-4　新白文声母

21 个声母	b
	p
	m
	f
	v
	d
	t
	n
	l
	g
	k
	ng
	h
	hh
	j
	q
	x
	y
	z
	c
	s
南部方言特有声母	ny
	ss
北部方言中相当于普通话里面的卷舌发音	zh
	ch
	sh
	r

前三行后边加 ɑ 读，后三行后边加 i 读。zh、ch、sh、r 四个声母是为拼写北部方言和汉语普通话借词而设的。

表 1-5　新白文韵母

	a
	o
	e
	i
单元音韵母	u
	v
	ei
	ai
	er
	ia
	iai
	iao
	io
	iou
	ie
复元音韵母	ier
	ui
	uai
	ua
	uo
	uer
	ao
	ou

	an
鼻韵母	ain
	on
	en
	ein
	in
	vn
	ian
	ion
	ien
	iain
	uan
	uain
	uin

表 1-6　新白文声调

	55 调
松喉	35 调
	33 调
	31 调
	55 调
紧喉	44 调
	42 调
	21 调

新白文采用拉丁字母转写，文字形式上虽是字母，实质仍与白语相一致，类似于汉语拼音记录汉语。优点是易写、易记、易认，经过实践证明，

会讲白语的白族群众学习新白文时间短、效果好，对于具有汉语拼音基础的儿童和青年，更是自学即可。虽然新白文易学易写，但它基本使用汉语拼音字母记录白语，准确度肯定不够，因为语言不同，语音肯定不会完全一样。另外，用一套拼写方案记录三种语音差异明显的方言，即使在这套拼写方案中设计了某些方言中的特殊发音，如剑川方言的鼻化韵，还是不够准确，因为各方言即使发同一个音，实际音值上还是有差异的。所以说，新白文只能是目前能够大概记录白语的一种文字。

总体而言，新白文可以使白语以文字形式固定下来，对于少数民族而言是历史上的创举，它提升了民族文化内涵，凝聚了民族精神，有利于民族长远发展。许多民族语言学者对新创文字的制定付出了艰苦的探索和努力，现行方案是综合考虑了多方研究成果的结果，也接受了实践的检验，在现阶段是科学适用的。

第二章

白文文献

第一节　白文文献概况

从文献使用的文字类型来说，白文文献有三种类型，分别是完全使用汉字的方块白文文献、汉字与自造拼合字掺杂使用的方块白文文献和新白文文献。

一　完全使用汉字的白文文献

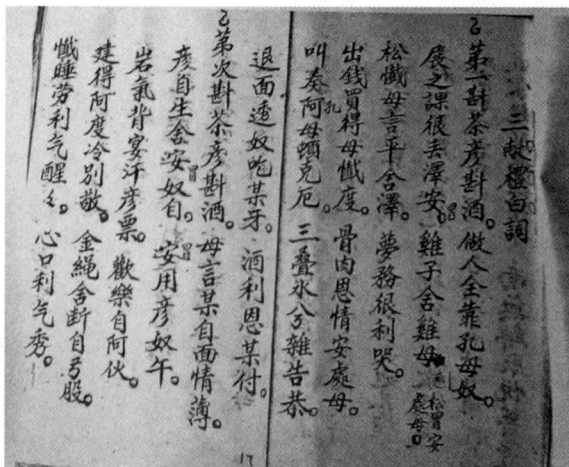

图 2-1　方块白文文献

2-1 图翻拍于张锡禄、甲斐胜二编写的《中国白族白文文献释读》。这段经文完全使用汉字记录。懂白语又识汉字的人一般会看能读懂，不识字的白族人也能听懂。只认识汉字不会白语的人虽然知道每个汉字的音意，但段落意却不知所云了。

表2-1是宗教经文《三献礼白词》全文的详细音义，基本采纳原文的白语音义注释，其中有六个字的直译汉语义根据上下文有改动（在表中直译汉语义的右上角标○）①，并增加了汉语音义。音读字（白语义与汉语义不一致，仅读音相同或相近）的汉语义在表2-1中标＊号，表2-2是音读字字表。

表2-1　《三献礼白词》全文音义表

字序	句序	字	白语音	汉语普通话音	直译汉语义	汉语义
1	1	第	ti^{31}	ti^{51}	第	次序
2	1	一	ji^{44}	ji^{55}	一	数词
3	1	斟	$tsũ^{55}$	$tʂən^{55}$	斟	斟茶
4	1	茶	tso^{21}	$tʂʻa^{35}$	茶	茶水
5	1	彦	$jĩ^{55}$	$jɛn^{51}$	和	＊
6	1	斟	$tsũ^{55}$	$tʂən^{55}$	斟	斟茶
7	1	酒	$tsv̩^{33}$	$tɕiu^{214}$	酒	酒水
8	2	做	tsu^{55}	$tsuo^{51}$	做	做人
9	2	人	$jĩ^{21}$	$zən^{35}$	人	人
10	2	全	$tɕhuɛ^{31}$	$tɕʻuan^{35}$	全	全部
11	2	靠	$khao^{54}$	$kʻau^{51}$	靠	依靠
12	2	孔	kho^{31}	$kʻuŋ^{214}$	亲	＊
13	2	母	mo^{33}	mu^{214}	妈	母亲
14	2	奴	no^{33}	nu^{35}	上	＊
15	3	展	$tsɛ^{21}$	$tʂan^{214}$	一	＊
16	3	之	$tʂʅ^{33}$	$tʂi^{55}$	时	＊
17	3	课	$khɣ^{44}$	$kʻɣ^{51}$	之	＊
18	3	很	$xɯ^{31}$	$xən^{214}$	间	＊

---

① 字序25"鸡"原文翻译"母"；字序26"母"原文翻译"鸡"；字序164"解"原文翻译"改"；字序188"打"原文翻译"打伙"；字序195"孤"原文翻译为"古"；字序196"劳"原文翻译为"了"。

续表

字序	句序	字	白语音	汉语普通话音	直译汉语义	汉语义
19	3	丢	$piɛ^{55}$	tiu^{55}	丢	丢掉
20	3	泽	$tshɯ^{55}$	$tsɣ^{35}$	掉	*
21	3	冒	ma^{55}	mau^{51}	他们	*
22	4	鸡	ke^{55}	$tɕi^{55}$	鸡	鸡
23	4	仔	$tsɿ^{33}$	$tsai^{214}$	仔	幼小
24	4	失	$sɛ^{44}$	$ʂi^{55}$	失	失去
25	4	鸡	ke^{55}	$tɕi^{55}$	鸡°	鸡
26	4	母	mo^{33}	mu^{214}	母°	母亲
27	5	松	so^{33}	$suŋ^{51}$	给	*
28	5	忏	$tsɛ̃^{55}$	$tʂʻan^{51}$	身	忏悔
29	5	母	mo^{33}	mu^{214}	妈	母亲
30	5	言	$jĩ^{21}$	jen^{35}	一	*
31	5	平	$pɛ̃^{21}$	$pʻiŋ^{35}$	时	*
32	5	私	$sɛ^{44}$	si^{55}	失	*
33	5	泽	$tshɯ^{55}$	$tsɣ^{35}$	掉	*
34	6	梦	$mɯ^{31}$	$məŋ^{51}$	梦	梦幻
35	6	务	$ɣ̃^{42}$	u^{51}	幻	*
36	6	很	$xɯ^{31}$	$xən^{214}$	里	*
37	6	利	li^{55}	li^{51}	也	*
38	6	哭	kho^{44}	$kʻu^{55}$	哭	哭泣
39	7	出	$tsɣ^{44}$	$tʂʻu^{55}$	出	往外拿
40	7	钱	$tsɛ̃^{21}$	$tɕʻian^{35}$	前	*
41	7	买	me^{42}	mai^{214}	买	购买
42	7	得	$tɯ^{44}$	$tɣ^{35}$	得	获取，接受
43	7	磨	mo^{33}	mo^{51}	母	*
44	7	忏	$tshɛ̃^{55}$	$tʂʻan^{51}$	身	忏悔
45	7	多	tua^{42}	tuo^{55}	不得	*
46	8	骨	ku^{35}	ku^{214}	骨	骨肉

续表

字序	句序	字	白语音	汉语普通话音	直译汉语义	汉语义
47	8	肉	zu³⁵	zəu⁵¹	肉	骨肉
48	8	恩	ʔũ³³	ən⁵⁵	恩	恩情
49	8	情	tɕhũ⁴²	tɕiŋ³⁵	情	感情
50	8	找	ʔã³³	tʂau²¹⁴	看	*
51	8	处	tshɤ³⁵⁵	tʂʻu⁵¹	处	地方
52	8	没	mo³³	mei³⁵	没	没有
53	9	叫	ʔɯ⁵⁵	tɕiau⁵¹	喊	叫喊
54	9	奏	tso⁴²	tsəu⁵¹	着	*
55	9	孔	kho³¹	kʻuŋ²¹⁴	亲	*
56	9	母	mo³³	mu²¹⁴	妈	母亲
57	9	站	tue⁵⁵	tʂan⁵¹	站	站立
58	9	起	khɯ³³	tɕʻi²¹⁴	起	起来
59	9	来	ɣɯ³⁵	lai³⁵	来	起来
60	10	三	sã³³	san⁵⁵	三	数字
61	10	叠	ti³⁵	tie³⁵	叠	叠加
62	10	水	sue³¹	ʂui²¹⁴	水	三叠水
63	10	兮	ɕi⁵⁵	ɕi⁵⁵	席	*
64	10	杂	tsa³⁵	tsa³⁵	只是	*
65	10	告	ka⁴⁴	kau⁵¹	供	*
66	10	恭	kõ³³	kuŋ⁵⁵	供	*
67	11	退	thue³¹	tʻui⁵¹	（难以推辞）	*
68	11	面	mi⁴²	mian⁵¹	（难以推辞）	*
69	11	透	tho⁵⁵	tʻəu⁵¹	（难以推辞）	*
70	11	奴	no³³	nu³⁵	的	*
71	11	吃	jɯ⁴⁴	tʂʻi⁵⁵	吃	吃饭
72	11	某	mo³¹	məu²¹⁴	它	*
73	11	牙	jã⁴²	ja³⁵	一样	*
74	12	酒	tsỹ³³	tɕiu²¹⁴	酒	酒水

续表

字序	句序	字	白语音	汉语普通话音	直译汉语义	汉语义
75	12	利	li^{55}	li^{51}	也	*
76	12	恩	ʔũ^{33}	ən^{55}	喝	*
77	12	某	mo^{31}	məu^{214}	它	*
78	12	付	fγ^{44}	fu^{51}	一小口	*
79	13	第	ti^{31}	ti^{51}	第	次序
80	13	二	zɿ^{31}	ɚ^{51}	二	数字
81	13	斟	tsũ^{55}	tʂən^{55}	斟	斟茶
82	13	茶	tso^{21}	tʂʻa^{35}	茶	茶水
83	13	彦	jĩ^{55}	jɛn^{51}	和	*
84	13	斟	tsũ^{55}	tʂən^{55}	斟	斟茶
85	13	酒	tsγ̃^{33}	tɕiu^{214}	酒	酒水
86	14	母	mo^{33}	mu^{214}	母	母亲
87	14	彦	jĩ^{21}	jɛn^{51}	亲	*
88	14	某	mo^{33}	məu^{214}	没有	不明确
89	14	自	tsɿ^{55}	tsi^{51}	则	*
90	14	面	mi^{42}	mian^{51}	心	*
91	14	情	tɕɛ̃^{21}	tɕʻiŋ^{35}	情	感情
92	14	薄	po^{42}	bo^{35}	薄	不庄重, 不厚道
93	15	彦	jĩ^{55}	jɛn^{51}	您	*
94	15	自	tsɿ^{55}	tsi^{51}	则	*
95	15	生	xɛ̃^{55}	ʂən^{55}	健	生命
96	15	舍	sɿ^{44}	ʂγ^{214}	康	*
97	15	冒	ŋã^{55}	mau^{51}	我们	*
98	15	奴	no^{33}	nu^{35}	上	*
99	15	自	tsɿ^{55}	tsi^{51}	则	*
100	16	冒	ŋã^{55}	mau^{51}	我们	*
101	16	用	jõ^{33}	yŋ^{55}	要	*
102	16	彦	jĩ^{55}	jɛn^{51}	您	*

续表

字序	句序	字	白语音	汉语普通话音	直译汉语义	汉语义
103	16	奴	no^{33}	nu^{35}	上	*
104	16	午	u^{44}	u^{214}	守护	*
105	17	岩	ŋe^{21}	jɛn^{35}	出	*
106	17	气	tɕhi^{44}	tɕʻi^{51}	去	*
107	17	背	pe^{44}	pei^{51}, pei^{55}	走	*
108	17	宴	jĩ^{44}	jɛn^{51}	进	*
109	17	汗	xã^{55}	xan^{51}	望	汗水
110	17	彦	jĩ^{55}	jɛn^{51}	您	*
111	17	票	phio^{55}	pʻiau^{51}	面影	*
112	18	欢	xuẽ^{55}	xuan^{55}	欢	欢乐
113	18	乐	lu^{55}	lɣ^{51}	乐	欢乐
114	18	自	tsŋ^{33}	tsi^{51}	是	*
115	18	阿	ʔa^{31}	a^{55}	一	*
116	18	伙	xo^{31}	xuo^{214}	家	合伙
117	19	建	tɕi^{42}	tɕian^{51}	兴	*
118	19	得	tuɯ^{44}	tɣ^{35}	得	获取，接受
119	19	阿	ʔa^{31}	a^{55}	不	*
120	19	度	tua^{42}	tu^{51}	得	*
121	19	冷	lɯ^{31}	ləŋ^{214}	这	*
122	19	别	pi^{55}	bie^{35}	件	*
123	19	敬	tɕɛ^{55}	tɕiŋ^{51}	怎么	*
124	20	金	tɕĩ^{55}	tɕin^{55}	金	黄金
125	20	绳	so^{44}	ʂəŋ^{35}	绳	绳索
126	20	舍	sɛ^{44}	ʂɣ^{214}	割	*
127	20	断	tse^{42}	tuan^{51}	断	断裂
128	20	自	tsŋ^{55}	tsi^{51}	则	*
129	20	弓	kõ^{33}	kuŋ^{55}	两	丈量土地的计算单位
130	20	股	ku^{31}	ku^{214}	股	量词

字序	句序	字	白语音	汉语普通话音	直译汉语义	汉语义
131	21	忏	tshẽ³³	tʂ'an⁵¹	睡	忏悔
132	21	睡	sue³³	ʂui⁵¹	着	睡觉
133	21	劳	la⁴²	lau³⁵	了	*
134	21	利	li⁵⁵	li⁵¹	也	*
135	21	气	tɕhi⁴⁴	tɕ'i⁵¹	气	气恼
136	21	醒	çẽ⁵⁵	çiŋ²¹⁴	醒	清醒
137	21	醒	çẽ⁵⁵	çiŋ²¹⁴	醒	清醒
138	22	心	çĩ⁵⁵	çin⁵⁵	心	心脏
139	22	口	kho³³	k'əu²¹⁴	不译	口腔
140	22	也	li⁵⁵	j²¹⁴	也	副词，表同样
141	22	气	tɕhi⁴⁴	tɕ'i⁵¹	气	气恼
142	22	烂	ço⁴²	lan⁵¹	烂	腐烂
143	23	安	ŋa⁵⁵	an⁵⁵	我们	*
144	23	认	ma⁵⁵	zən⁵¹	认	认真
145	23	真	zũ⁴⁴	tʂən⁵⁵	真	认真
146	23	掌	tsũ⁵⁵	tʂaŋ²¹⁴	掌	掌握
147	23	言	tsã³¹	jen³⁵	您	*
148	23	旗	jĩ⁵⁵tɕi³¹	tɕ'i³⁵	旗	*
149	23	干	kã⁵⁵	kan⁵⁵	杆	*
150	24	鸭	ja³⁵	ja⁵⁵	不	鸭
151	24	亏	khɣ⁵⁵	k'ui⁵⁵	亏	亏欠
152	24	彦	jĩ⁵⁵	jen⁵¹	您	*
153	24	干	kã⁵⁵		教	*
154	24	斗	tõ²¹	təu²¹⁴	育	*
155	25	空	khɣ̃⁵⁵	k'uŋ⁵⁵	空	空手
156	25	手	suɯ³³	ʂəu²¹⁴	手	手臂
157	25	敬	tɕuɯ⁴⁴	tɕiŋ⁵¹	敬	敬酒
158	25	彦	jĩ⁵⁵	jen⁵¹	您	*

续表

字序	句序	字	白语音	汉语普通话音	直译汉语义	汉语义
159	25	再	tse⁴⁴	tsai⁵¹	再	再
160	25	恩	ʔɯ̃³³	ən⁵⁵	喝	*
161	25	盅	tsɣ̃⁵⁵	tʂuŋ⁵⁵	盅	酒盅
162	26	一	ji³⁵	ji⁵⁵	一	数词
163	26	醉	tsue⁵⁴	tsui⁵¹	醉	醉酒
164	26	解	ke³¹	tɕie²¹⁴	解°	拆解
165	26	千	tɕhĩ³³	tɕʻian⁵⁵	千	万千
166	26	愁	tsho²¹	tʂʻəu³⁵	愁	忧虑
167	27	第	ti³¹	ti⁵¹	第	次序
168	27	三	sã⁵⁵	san⁵⁵	三	数字
169	27	斟	tsɯ̃⁵⁵	tʂən⁵⁵	斟	斟茶
170	27	茶	tso²¹	tʂʻa³⁵	茶	茶水
171	27	彦	jĩ⁵⁵	jen⁵¹	又	*
172	27	斟	tsɯ̃⁵⁵	tʂən⁵⁵	斟	斟茶
173	27	酒	tsɣ̃³³	tɕiu²¹⁴	酒	酒水
174	28	昧	me⁵⁴	mei⁵¹	民	*
175	28	彦	jĩ⁴⁴	jen⁵¹	团	*
176	28	送	sõ³³	suŋ⁵¹	送	护送
177	28	中	tso³³	tʂuŋ⁵⁵	上	*
178	28	彦	jĩ⁵⁵	jen⁵¹	您	*
179	28	墓	mu³¹	mu⁵¹	坟	墓地
180	28	奴	no³³	nu³⁵	地	*
181	29	三	sã³³	san⁵⁵	三	数字
182	29	亲	tɕhɯ̃³³	tɕʻin⁵⁵	亲	亲戚
183	29	六	lu³⁵	liu⁵¹	六	数字
184	29	眷	jỹẽ⁵⁴	tɕuan⁵¹	眷	家眷
185	29	一	ji³⁵	ji⁵⁵	一	数词
186	29	首	so³¹	ʂəu²¹⁴	首	量词

字序	句序	字	白语音	汉语普通话音	直译汉语义	汉语义
187	29	厄	ɣuɯ³⁵	ɣ⁵¹	来	*
188	30	打	ta³¹	ta²¹⁴	大○	敲击
189	30	伙	xo³¹	xuo²¹⁴	伙	合伙
190	30	送	so³³	suŋ⁵¹	送	护送
191	30	彦	jĩ⁵⁵	jɛn⁵¹	您	*
192	30	孤	ku³³	ku⁵⁵	古	孤老
193	31	建	tɕi⁴²	tɕian⁵¹	兴	*
194	31	得	tuɯ⁴⁴	tɣ³⁵	得	获取，接受
195	31	孤	ku³³	ku⁵⁵	孤○	孤老
196	31	劳	la⁴²	lau³⁵	老○	孤老
197	31	岩	ŋe²¹	jɛn³⁵	去	*
198	31	归	kue⁵⁵	kui⁵⁵	归	归来
199	31	山	sẽ⁵⁵	ʂan⁵⁵	山	山川
200	32	古	ku³³	ku²¹⁴	老	*
201	32	人	jĩ²¹	zən³⁵	人	人
202	32	牙	ja⁴⁴	ja³⁵	回	*
203	32	苦	khɣ³¹	kʻu²¹⁴	去	甘苦
204	32	孤	ku³³	ku⁵⁵	老	*
205	32	档	tã³¹	taŋ²¹⁴	地方	档案
206	32	奴	no³³	nu³⁵	上	*
207	33	三	sã³³	san⁵⁵	三	数字
208	33	皇	xuã⁴²	xuaŋ³⁵	皇	君王
209	33	五	u³¹	u²¹⁴	五	数词
210	33	帝	ti⁵⁴	ti⁵¹	帝	帝王
211	33	利	li⁵⁵	li⁵¹	也	*
212	33	初	tshu³³	tʂʻu⁵⁵	就	开始
213	33	辽	lia⁴²	liau³⁵	这样	*
214	34	长	tshã⁴²	tʂaŋ³⁵	长	长生

字序	句序	字	白语音	汉语普通话音	直译汉语义	汉语义
215	34	生	$su\tilde{u}^{33}$	$\c{s}\partial\eta^{55}$	生	生命
216	34	不	pu^{35}	pu^{51}	不	用在动词、形容词和其他词前面表示否定，或加在名词或名词性语素前面，构成形容词
217	34	老	lao^{31}	lau^{35}	老	衰老
218	34	奴	no^{33}	nu^{35}	的	*
219	34	鸭	ja^{35}	ja^{55}	没	鸭
220	34	母	mo^{33}	mu^{214}	有	母亲
221	35	等	$tu\ui^{31}$	$t\partial\eta^{214}$	（安心做这里）	等待
222	35	心	$\c{c}\tilde{i}^{55}$	$\c{c}in^{55}$	（安心做这里）	心脏
223	35	个	$k\gamma^{425}$	$k\gamma^{51}$	（安心做这里）	*
224	35	大	ta^{44}	ta^{51}	（安心做这里）	大小
225	35	岩	$\eta\varepsilon^{21}$	jen^{35}	去	*
226	35	彦	$j\tilde{i}^{55}$	jen^{51}	您	*
227	35	亡	$v\gamma^{31}$	$ua\eta^{35}$	的	*
228	36	保	po^{31}	bau^{214}	保	负责
229	36	佑	jo^{44}	$j\partial u^{51}$	佑	保佑
230	36	彦	$j\tilde{i}^{55}$	jen^{51}	您	*
231	36	后	$\gamma u\ui^{33}$	$x\partial u^{51}$	后	后代
232	36	侯	xo^{33}	$x\partial u^{35}$	人	*
233	37	三	$s\tilde{a}^{33}$	san^{55}	三	数字
234	37	献	$\c{c}\tilde{i}^{54}$	$\c{c}ian^{51}$	献	*
235	37	礼	li^{31}	li^{214}	礼	典礼
236	37	敬	$t\c{c}u\tilde{u}^{44}$	$t\c{c}i\eta^{51}$	敬	敬酒
237	37	茶	tso^{21}	$t\c{s}\text{'}a^{35}$	茶	茶水
238	37	彦	$j\tilde{i}^{55}$	jen^{51}	和	*
239	37	酒	$ts\tilde{y}^{33}$	$t\c{c}iu^{214}$	酒	酒水

续表

字序	句序	字	白语音	汉语普通话音	直译汉语义	汉语义
240	38	诚	tshɯ̃⁴²	tṣʻən³⁵	诚	真心
241	38	心	çɯ̃³³	çin⁵⁵	心	心脏
242	38	诚	tshɯ̃⁴²	tṣʻən³⁵	诚	真心
243	38	意	ji⁵⁴	ji⁵¹	意	心意
244	38	再	tse⁴⁴	tsai⁵¹	再	再
245	38	告	ka⁴⁴	kau⁵¹	供	*
246	38	恭	kõ³³	kuŋ⁵⁵	供	*
247	39	叫	ʔɯ⁵⁵	tçiau⁵¹	叫	叫喊
248	39	奏	tso⁴²	tsəu⁵¹	着	*
249	39	孔	kho³¹	kʻuŋ²¹⁴	亲	*
250	39	母	mo³³	mu²¹⁴	妈	母亲
251	39	吃	jɯ⁴⁴	tṣʻi⁵⁵	吃	吃饭
252	39	某	mo³¹	məu²¹⁴	他	不明确
253	39	牙	ja⁴²	ja³⁵	一样	*
254	40	岩	ŋɛ²¹	jɛn³⁵	去	*
255	40	则	tsɛ̃²¹	tsɣ³⁵	从	*
256	40	西	sɛ̃⁵⁵	çi⁵⁵	西	西方
257	40	夫	fɣ³³	fu⁵⁵	方	*
258	40	奴	no³³	nu³⁵	上	*

表 2-2　音读字字表

字序	句序	字	白语音	汉语普通话音	直译汉语义	汉语义
5	1	彦	jĩ⁵⁵	jɛn⁵¹	和	彦士
12	2	孔	kho³¹	kʻuŋ²¹⁴	亲	1.孔洞。2.孔武有力。3.量词，一孔土窑。4.姓
14	2	奴	no³³	nu³⁵	上	1.奴隶。2.奴役。3.奴化

字序	句序	字	白语音	汉语普通话音	直译汉语义	汉语义
15	3	展	tsɛ̃²¹	tʂan²¹⁴	一	1.展开。2.展缓。3.展示。4.施展
16	3	之	tsɿ³³	tʂi⁵⁵	时	1.助词，表示联属关系。2.助词，表示修饰关系。3.用作主谓结构间，使成为句子成分。4.代词。5.虚词，无所指
17	3	课	khɣ⁴⁴	kʻɣ⁵¹	之	1.上课。2.课程。3.课税
18	3	很	xɯ³¹	xən²¹⁴	间	1.非常，表示程度加深。2.古同"狠"，凶恶。3.古代指争讼
20	3	泽	tshɯ⁵⁵	tsɣ³⁵	掉	1.沼泽。2.光泽。3.恩泽。4.汗渍
21	3	冒	ma⁵⁵	mau⁵¹	他们	1.冒尖。2.冒险。3.冒失。4.冒充
27	5	松	so³³	suŋ⁵⁵	给	1.松树。2.松散。3.松绑
30	5	言	ji²¹	jen³⁵	一	言语
31	5	平	pɛ̃²¹	pʻiŋ³⁵	时	1.平面。2.平分。3.平列。4.平安。5.平定。6.平价。7.平素
32	5	私	sɛ⁴⁴	si⁵⁵	失	1.私有。2.走私
33	5	泽	tshɯ⁵⁵	tsɣ³⁵	掉	1.沼泽。2.光泽。3.恩泽。4.汗渍
35	6	务	ỹ⁴²	u⁵¹	幻	1.事务。2.务实。3.务必
36	6	很	xɯ³¹	xən²¹⁴	里	1.非常，表示程度加深。2.古同"狠"，凶恶。3.古代指争讼
37	6	利	li⁵⁵	li⁵¹	也	1.利益。2.利己。3.吉利。4.利刃。5.利息
40	7	钱	tsɛ̃²¹	tɕʻian³⁵	前	1.钱币。2.费用

续表

字序	句序	字	白语音	汉语普通话音	直译汉语义	汉语义
43	7	磨	mo^{33}	mo^{51}	母	1.磨练。2.磨难。3.磨损。4.缠磨
45	7	多	tua^{42}	tuo^{55}	不得	1.多少。2.多年。3.多余。4.多心。5.多好
50	8	找	$\widetilde{?a}^{33}$	$tʂau^{214}$	看	1.找寻。2.找平
54	9	奏	tso^{42}	$tsəu^{51}$	着	1.演奏。2.奏效。3.奏折
55	9	孔	kho^{31}	$k'uŋ^{214}$	亲	1.孔洞。2.孔武有力。3.量词,一孔土窑。4.姓
63	10	兮	$çi^{55}$	$çi^{55}$	席	助词
64	10	杂	tsa^{35}	tsa^{35}	只是	1.杂乱。2.杂交
65	10	告	ka^{44}	kau^{51}	供	1.告诫。2.控告。3.告急。4.公告
66	10	恭	$k\bar{o}^{33}$	$kuŋ^{55}$	供	肃敬
67	11	退	$thue^{31}$	$t'ui^{51}$	(难以推辞)	1.倒退。2.退休。3.退还。4.减退
68	11	面	mi^{42}	$mian^{51}$	(难以推辞)	1.脸面。2.面对。3.地面。4.前面。5.量词。6.当面。7.平面。8.面粉。9.面瓜
69	11	透	tho^{55}	$t'əu^{51}$	(难以推辞)	1.透明。2.透彻
70	11	奴	no^{33}	nu^{35}	的	1.奴隶。2.奴役。3.奴化
72	11	某	mo^{31}	$məu^{214}$	它	不明确
73	11	牙	$j\tilde{a}^{42}$	ja^{35}	一样	牙齿
75	12	利	li^{55}	li^{51}	也	1.利益。2.利己。3.吉利。4.利刃。5.利息
76	12	恩	$?\widetilde{ɯ}^{33}$	$ən^{55}$	喝	恩爱

字序	句序	字	白语音	汉语普通话音	直译汉语义	汉语义
77	12	某	mo³¹	məu²¹⁴	它	不明确
78	12	付	fɣ⁴⁴	fu⁵¹	一小口	1.交，给 2.量词，指中药
83	13	彦	jĩ⁵⁵	jɛn⁵¹	和	彦士
87	14	彦	jĩ²¹	jɛn⁵¹	亲	彦士
89	14	自	tsʅ⁵⁵	tsi⁵¹	则	1.自己。2.自从 3.自然
90	14	面	mi⁴²	mian⁵¹	心	1.脸面。2.面对。3.地面。4.前面。5.量词。6.当面。7.平面。8.面粉。9.面瓜
93	15	彦	jĩ⁵⁵	jɛn⁵¹	您	彦士
94	15	自	tsʅ⁵⁵	tsi⁵¹	则	1.自己。2.自从。3.自然
96	15	舍	sʅ⁴⁴	ʂɣ²¹⁴	康	宿舍
97	15	冒	ŋã⁵⁵	mau⁵¹	我们	1.冒尖。2.冒险。3.冒失。4.冒充
98	15	奴	no³³	nu³⁵	上	1.奴隶。2.奴役。3.奴化
99	15	自	tsʅ⁵⁵	tsi⁵¹	则	1.自己。2.自从。3.自然
100	16	冒	ŋã⁵⁵	mau⁵¹	我们	1.冒尖。2.冒险。3.冒失。4.冒充
101	16	用	jõ³³	yŋ⁵¹	要	1.使用。2.费用。3.不用
102	16	彦	jĩ⁵⁵	jɛn⁵¹	您	彦士
103	16	奴	no³³	nu³⁵	上	1.奴隶。2.奴役。3.奴化
104	16	午	u⁴⁴	u²¹⁴	守护	1.午时。2.地支第七位
105	17	岩	ŋe²¹	jɛn³⁵	出	岩石

续表

字序	句序	字	白语音	汉语普通话音	直译汉语义	汉语义
106	17	气	tɕhi⁴⁴	tɕʻi⁵¹	去	1. 气体。2. 气息。3. 气候。4. 气味。5. 气概。6. 气恼。7. 气功。8 气氛
107	17	背	pe⁴⁴	bei⁵¹/bei⁵⁵	走	1. 背影。2. 背负。3. 背诵。4. 背离。5. 背面
108	17	宴	ji̱⁴⁴	jen⁵¹	进	宴席
110	17	彦	ji⁵⁵	jen⁵¹	您	彦士
111	17	票	phio⁵⁵	pʻiau⁵¹	面影	1. 钞票。2. 票据
114	18	自	tsʐ³³	tsi⁵¹	是	1. 自己。2. 自从。3. 自然
115	18	阿	ʔa³¹	a⁵⁵	一	加在称呼上的词头
117	19	建	tɕi⁴²	tɕian⁵¹	兴	1. 设置，成立。2. 造，筑。3. 提出，倡议
119	19	阿	ʔa³¹	a⁵⁵	不	加在称呼上的词头
120	19	度	tua⁴²	tu⁵¹	得	1. 尺度。2. 风度。3. 角度。4. 温度。5. 制度。6. 气度。7. 度假
121	19	冷	lɯ³¹	ləŋ²¹⁴	这	1. 冷天。2. 冷寂。3. 冷僻。4. 冷漠。5. 姓
122	19	别	pi⁵⁵	bie³⁵	件	1. 别离。2. 差别。3. 类别。4. 别字。5. 别针。6. 别动
123	19	敬	tɕɛ⁵⁵	tɕiŋ⁵¹	怎么	1. 尊重。2. 表示敬意的礼物。3. 有礼貌地送上去。4. 谨慎。5. 姓
126	20	舍	sɛ⁴⁴	ʂɤ²¹⁴	割	宿舍
128	20	自	tsʐ⁵⁵	tsi⁵¹	则	1. 自己。2. 自从。3. 自然
129	20	弓	kõ³³	kuŋ⁵⁵	两	丈量土地的计算单位

续表

字序	句序	字	白语音	汉语普通话音	直译汉语义	汉语义
133	21	劳	la⁴²	lau³⁵	了	1. 劳动。2. 劳苦。3. 劳工。4. 勤劳。5. 慰劳。6. 姓
134	21	利	li⁵⁵	li⁵¹	也	1. 利益。2. 利己。3. 吉利。4. 利刃。5. 利息
143	23	安	ŋa⁵⁵	an⁵⁵	我们	1. 安宁。2. 安慰。3. 心安。4. 平安。5. 安置。6. 疑问词，哪里
147	23	言	tsã³¹	jen³⁵	您	言语
148	23	旗	ji⁵⁵tɕi³¹	tɕʻi³⁵	旗	1. 旗帜。2. 旗袍
149	23	干	kã⁵⁵	kan⁵⁵/kan⁵¹	杆	1. 干扰。2. 干系。3. 干戈。4 若干。5. 干旱。6. 干杯。7. 干着急。8. 树干。9. 干事。10. 干练
152	24	彦	ji⁵⁵	jen⁵¹	您	彦士
153	24	干	kã⁵⁵	kan⁵⁵/kan⁵¹	教	1. 干扰。2. 干系。3. 干戈。4 若干。5. 干旱。6. 干杯。7. 干着急。8. 树干。9. 干事。10. 干练
154	24	斗	tõ²¹	təu²¹⁴/təu⁵¹	育	1. 斗胆。2. 斗笠。3. 一斗米。4. 斗殴。5. 斗志。6. 斗牛。7. 斗眼
158	25	彦	ji⁵⁵	jen⁵¹	您	彦士
160	25	恩	ʔũĩ³³	ən⁵⁵	喝	形声。本义：恩惠〈形〉1. 恩爱〈动〉2. 恩赐 3. 感恩 4. 爱
171	27	彦	ji⁵⁵	jen⁵¹	又	彦士
174	28	昧	me⁵⁴	mei⁵¹	民	1. 幽昧。2. 愚昧。3. 昧心。4. 冒昧
175	28	彦	ji⁴⁴	jen⁵¹	团	彦士

字序	句序	字	白语音	汉语普通话音	直译汉语义	汉语义
177	28	中	tso³³	tʂuŋ⁵⁵	上	1.中心。2.暗中。3.中文。4.中看。5.中等。6.中意。7.中计。8.中举
178	28	彦	ji⁵⁵	jɛn⁵¹	您	彦士
180	28	奴	no³³	nu³⁵	地	1.奴隶。2.奴役。3.奴化
187	29	厄	ɣɯ³⁵	ɣ⁵¹	来	1.困苦 2.阻隔 3.险要的地方
191	30	彦	ji⁵⁵	jɛn⁵¹	您	彦士
193	31	建	tɕi⁴²	tɕian⁵¹	兴	1.设置，成立。2.造，筑。3.提出，倡议
197	31	岩	ŋe²¹	jɛn³⁵	去	岩石
202	32	牙	ja⁴⁴	ja³⁵	回	牙齿
206	32	奴	no³³	nu³⁵	上	1.奴隶。2.奴役。3.奴化
211	33	利	li⁵⁵	li²¹⁴	也	1.利益。2.利己。3.吉利。4.利刃。5.利息
213	33	辽	lia⁴²	liau³⁵	这样	辽远
218	34	奴	no³³	nu³⁵	的	1.奴隶。2.奴役。3.奴化
223	35	个	kɣ⁴²⁵	kɣ⁵¹	（安心做这里）	1.个数。2.个人。3.高个
225	35	岩	ŋe²¹	jɛn³⁵	去	岩石
226	35	彦	ji⁵⁵	jɛn⁵¹	您	彦士
227	35	亡	vɣ³¹	uaŋ³⁵	的	1.逃亡。2.亡佚。3.死亡。4灭亡
230	36	彦	ji⁵⁵	jɛn⁵¹	您	彦士
232	36	侯	xo³³	xəu³⁵	人	1.封建制度五等爵位的第二等。2.古代用作士大夫之间的尊称。3.姓

续表

字序	句序	字	白语音	汉语普通话音	直译汉语义	汉语义
234	37	献	$çi^{54}$	$çian^{51}$	献	1.奉献。2.献媚。3.文献
238	37	彦	$ji̋^{55}$	jen^{51}	和	彦士
238	37	彦	$ji̋^{55}$	jen^{51}	和	彦士
245	38	告	ka^{44}	kau^{51}	供	1.告诫。2.控告。3.告急。4.公告
246	38	恭	$kõ^{33}$	$kuŋ^{55}$	供	肃敬
248	39	奏	tso^{42}	$tsəu^{51}$	着	1.演奏。2.奏效。3.奏折
249	39	孔	kho^{31}	$kʻuŋ^{214}$	亲	1.孔洞。2.孔武有力。3.量词，一孔土窑。4.姓
253	39	牙	ja^{42}	ja^{35}	一样	牙齿
254	40	岩	$ŋe^{21}$	jen^{35}	去	岩石
255	40	则	$tsɛ̃^{21}$	$tsɣ^{35}$	从	1.规则。2.模范。以身作则。3.表示因果关系，就。4.表示转折，却。5.表示肯定判断，是
257	40	夫	$fɣ̩^{33}$	fu^{55}	方	1.农夫。2.丈夫。3.夫子
258	40	奴	no^{33}	nu^{35}	上	1.奴隶。2.奴役。3.奴化

　　根据统计得出，白语音义与汉语的音义一致的字，即全借字有 36 个，约占 14%；义相同而音不同，即训读字有 110 个，约占 42%；剩余 112 个字，约占 44%，是音读字，白语义与汉语义不一致，仅读音相同。我们可以看到，白文是以训读字和音读字为主，要么借用汉字的音，要么借用汉字的义。即使是全借字，它的读音与汉语普通话读音还是有些差别，这有方言的原因，但根本原因是白语与汉语的音位系统有差异。完全借用汉字不能准确地记录白语，而且，时而训读时而音读的记录方式，使得识读比较费劲，虽然白族很聪明地使用了圈白点汉的读写规则，即字的下面画圈表示读白语音，字下画点表示读汉语音，但毕竟

造成了书写的复杂，增加了识别读写的难度。这必然促使白族创制新的契合白语音位的系统，以准确表达白语音义，易于识读。

二 掺杂使用自造拼合字的方块白文文献

节选自《云龙白曲残本》第99首短曲：

1. 㑇高佛納施上㲎

ηa^{55}　ko^{33}　thi^{33}　na^{55}　$s\eta^{44}$　$sa^{55}pe^{44}$

咱们 姐弟 俩 则 很 相配

咱们哥妹真般配

2. 上㲎拿

sa^{55}　pe^{44}　na^{31}

相　配　呀

真般配

3. 㘕㳆廿㘕灘

$k\varepsilon^{44}$　$k\gamma^{35}$　li^{55}　$k\varepsilon^{44}$　φyi^{33}

隔　河　和　隔　水

隔河又隔水

4. 㘕崩㘕崫侣廿諾

$k\varepsilon^{44}$　se^{55}　$k\varepsilon^{44}$　$s\gamma^{42}$　ηa^{55}　$t\gamma^{31}$　$t\varphi hi^{44}$

隔　山　隔　山　我们　也　越

隔山隔岭也翻越

5. 㘕㳆㘕灘侣渡千

$k\varepsilon^{44}$　$k\gamma^{3}$　$k\varepsilon^{44}$　φyi^{33}　ηa^{55}　$t\gamma^{31}$　$t\varphi hi^{44}$

隔　河　隔　水　我们　涉　出

隔河隔水也渡过

6. 蓢慈戛崩膴慈㳆

$tsui^{33}t\varphi\varepsilon^{21}$　ka^{35}　se^{55}　$mo^{33}t\varphi\varepsilon^{21}k\gamma^{35}$

有 情 高山 无 情 水

有情高山无情水

这首短曲唱词除了几个汉字外，几乎全部是自造拼合字的方块白文。不光不懂白语的人看不懂，即便是有一定汉语文水平、会说白语的白族人也看不明白。只有既认识汉字又懂民族方言，还掌握其文字规律的人才能读懂。这种方块字是不利传播的，流通领域很小，传播极受限制。

三　新白文文献

Kail de heinl gorx cairx,	早晨天边红，
Beinx gainrt vux dort xuairx,	傍晚雨淋漓，
Beinx gainrt heinl gorx cairx,	傍晚天边红，
Meil yinrx jit bainl hairx,	明日地干裂。

20 世纪 50 年代开始创制的新白文是拉丁型拼音文字，属表音文字，它的书写符号表示音素。由于地域不同，白语各方言间或多或少有些差异，语音系统和文字符号之间不是一一对应的关系，那么用一套拼写方案记录各种方言，是不合适和不准确的。即使针对方言差异较大的语言，设计了某些方言中的特殊发音或干脆为各方言编写一套拼写方案，看似解决了问题，实际还是不够，因为同一方言区的人在实际用语中还是有语音差异的。

第二节　《云龙白曲残本》概况

方块白文民间诗歌集《云龙白曲残本》是中国科学院少数民族语言调查第三工作队白语小组于 1958 年在云南省云龙县宝丰乡进行白族语言调查期间收集到的。

残本共 1 册，白棉纸线装，存有 75 页，其中正文 73 页，每页 9 至 10 列，每列 12 至 13 字不等。正文用毛笔书写，有朱笔圈点，从上往下书写，从右向左移行。残本正文有不同程度破损，边角尤为严重。主体内容为白族男女情歌唱词，可识格式为"七三五，七七七五"或"七七五，七七七五"的曲子 177 首。

残本没有页码，没有抄录年代，没有抄录者的介绍，创作年代不详。残本中只有两处可供考察抄录年代的文字，一是中元节给祖先烧的金银包，落款地址是"金泉乡"（宝丰旧名金泉），年代是"民国二十八年"（1939）；二是借款条，年代是"民国二十一年"（1932）。由此可以推测，该残本的抄录年代应该不晚于民国（或在清代）。其传抄地，应是云龙宝丰一带（其押韵的语音是云龙宝丰一带的方音，该地的方言比较特殊）。宝丰是旧时县府所在地，民间知识分子较多，当地有白文使用习俗。而且云龙县地理位置特殊，地处滇西澜沧江纵谷区，是大理州、保山市、怒江州的结合部。东连洱源、漾濞县，南邻永平县和保山市，西靠泸水县，北交剑川、兰坪县。正好同时接触白语三个方言。正是由于特殊的地理位置，曲本中记录的白曲极可能不仅仅是云龙县传唱的民歌，而是广泛来源于周边地区白族人民耳熟能详的民歌。

曲本从搜集至今，未进行系统地整理分析，这是因为曲本中的自造拼合字在整个曲本中数量较多，并且有许多字是第一次出现，也找不到相似的文献资料，曲本释读难度很大。

图 2-2　云龙白曲残本 [①]

方块白文文献《云龙白曲残本》十分宝贵，是不可多得的方块白文文献资料。残本中的文字除白族一般使用的借汉字音、义、借词外，还大量使用两个及两个以上的汉字或汉字部首构造表音兼表意的拼合字，自造拼合字在曲本中数量较多，有别于其他基本使用汉字记录白语的方块白文文献。残本中的拼合字是方块白文研究的重要材料。同时，为能系统考察和分析方块白文字符功能的组合关系，描写方块白文各字体类型的特征，揭示蕴含于字符内部的造字理据，并对判断方块白文的性质提供了较为可靠的证据，是一部具有广泛研究价值的方块白文资料。

---

① 《云龙白曲残本》笔者翻拍图，原件由美国马里兰州圣玛利大学傅京起教授收藏，在此感谢傅教授。

第三章

方块白文文献的信息化处理

第一节　数据库建设的总体思路

一　数据库的选用

数据库系统产生于 20 世纪 60 年代。由于传统的文件系统已不能满足人们对数据管理，数据共享的需要，于是开发出一种能够提供统一管理并共享数据功能的数据库管理系统（DBMS）。数据模型是数据库中数据的存储方式，是数据库系统的基础，也是数据库系统的核心。DBMS 软件的特点以及实现基础就是各类数据模型。根据数据模型的特点，将数据库系统分成网状数据库、层次数据库和关系数据库三类。

20 世纪 60 年代，通用电气公司（General ElectricCo）的 Charles Bachman 设计出集成数据存储 IDS（Integrated Data Store），奠定了网状数据库的基础，并在当时得到了广泛的应用。网状数据库模型对于层次和非层次结构的数据都能比较自然的模拟，因而得到了广泛的应用，在数据库发展史上，占有重要地位。

1968 年 IBM 公司发布的 IMS（Information Management System），是经典的适合其主机的层次数据库系统。层次数据库系统从诞生起，至今已经发展到 IMSV6，提供群集、N 路数据共享、消息队列共享等先进特性的支持，并在如今的 WWW 应用连接、商务智能应用中扮演着重要角色。

1970 年，IBM 公司的研究员 E.F.Codd 博士提出了关系模型的概念，奠定了关系数据库的理论基础，被普遍认为是数据库系统历史上具有划时代意义的里程碑。Codd 又陆续发表多篇文章，论述了范式理论和衡量关系系统的 12 条标准，用数学理论奠定了关系数据库的基础。1973 年加州大学伯克利分校的 Michael Stonebraker 和 Eugene Wong 开发的关系数据库系统 Ingres 项目最后由甲骨文公司、Ingres 公司以及硅谷的其他厂商共同商品化。关系型数据库系统以关系代数为理论基础，经过发展和实际应用，技术越来越成熟和完善。其代表产品有甲骨文公司的 Oracle、IBM 公司的 DB2、微软公司的 MS SQL Server，等等。

1974 年 IBM 公司的 Ray Boyce 和 Don Chamberlin 在 Codd 关系数据库的 12 条准则的数学定义的基础上，通过简单的关键字语法表现出来，里程碑式地提出了 SQL（Structured Query Language）语言。SQL 语言是一个综合的、通用的关系数据库语言，同时又是一种高度非过程化的语言，功能包括查询、操纵、定义和控制。20 世纪 70 年代中期，关系理论通过 SQL 在商业数据库 Oracle 和 DB2 中使用。1986 年，ANSI 把 SQL 语言作为关系数据库语言的美国标准，并于同年公布了标准 SQL 文本。

1976 年 IBM E.F.Codd 发表的论文《R 系统：数据库关系理论》，介绍了关系数据库理论和查询语言 SQL，在关系型数据库的历史上具有里程碑的意义。甲骨文公司的创始人 Ellison 敏锐意识到在这个研究基础上可以开发商用软件系统，并于 1977 年发布 Oracle 数据库。Oracle 数据库在数据库领域一直处于领先地位，是目前世界上流行的关系数据库管理系统，系统可移植性好、使用方便、功能强，适用于各类大、中、小微机环境，是一种高效率、可靠性好的适应高吞吐量的数据库解决方案。Oracle Database 是关系数据库的一种，支持关系对象模型的分布式，面向 Internet 计算，它提供安全的、开放的和科学的信息数据管理方法。由一个 Oracle DB 和一个 Oracle Server 实例组成保障了 Oracle 数据库具有数据自治性并且能提供很好的数据存储机制，方便了用户的使用和操作，提高了信息管理的效率。Oracle 数据库是目前世界上使用最为广泛的数据库管理系统，作为一个通用的数据库系统，它具有完整的数据管理功能；作为一个关系数据库，它是一个完备关系的产品；作为分布式数据库它实现了分布式处理功能。

Oracle 数据库提供了丰富的数据类型，用准确的数据类型和合理的数据长度来定义数据，不但可以降低数据冗余而节省系统存储空间，还可以提高信息系统的检索效率。

二　数据库建设和方块白文研究的关系

语言学的材料一般都很庞大，信息多面，必须考虑采用有效的手段进行组织、存储和管理，并在此基础上充分、有效地实现语言数据共享和数据发布。其中语言数据存储是数据查询检索、管理、共享发布的基础。开展存储构建技术的研究，解决语言数据高效、安全存储问题，为数据的有效集中、高效查询、管理、快速传输提供基础，是迫切需要的。

在语言学的研究中常需要对数据进行索引、搜索、排序、抽取和分组等操作，数据库在这些问题上都很容易实现，并且能形成一个数据库管理系统。因此，用数据库进行方块白文的处理是合适的。

方块白文情况较复杂，提供的信息涉及较多方面，设计和建立方块白文数据库是一项花费巨大精力的工作。在具体操作过程中需要不断地研究和解决问题，思前顾后，如果考虑不周到或有疏忽遗漏，会给后面的研究工作带来不可预计的后果，因此数据库的建设既是基础又是关键，是方块白文文字整理研究的重要基础。

数据库的建设和方块白文文字整理研究思路是相辅相成、互相促进的关系。在最初建立数据库时，方块白文文字整理研究思路还不明晰，数据库的结构也很简单，只是根据材料来源的特点，设计了描述方块白文形音义的几个字段。在大量输入和接触方块白文材料后，逐渐总结出方块白文的特点，摸索出研究的一些规律，由于方块白文字符的类型不同，各类型有自己的特点，需要分别建立数据表，设计能够反映其特性的数据库字段，以求尽量全面地描述出材料的不同信息。建立合成字数据库又单独增加了示音构件、表义构件、标示构件三个字段。因此，数据库是进行方块白文文字整理研究的重要手段，研究方法的进展也必定会反映在数据库上。

三　数据库建设的总体方法和几个阶段

总体方法是根据方块白文的不同类型和特点，分别建立结构不同的数据表，尽量全面地反映各种方块白文的不同信息，以达到分析每一个字形都可以调动多方面信息的效果。一个信息量充足完善的数据库需要一个长期建立的过程，必须不断地完善和补充数据库。

数据库建设主要分为四个阶段，依次是数据库结构设计和建立、数据录入、数据校对和数据整理。对方块白文进行语言学的大量分析处理没有

先例，在进行方块白文数据库的建设时，是摸索前行的，四个阶段交叉推
进。比如录入、校对数据时，需要不断地验证数据库的结构设计是否可以
充分的展示材料各方面信息，并适当加以改进；同样，在录入和校对时也
要根据碰到的新情况、新问题对数据的整理步骤和方法进行调整。需要说
明的是在数据录入时，作者对方块白文材料已有一些粗略的思考并作出一
定的分析，但全面细致的分析是在数据库完全建立后才进行的。因此，建
立方块白文数据库不是遵循一般数据库建设的四个阶段一一分别进行，而
是在四阶段中交叉互进。

四　数据库建设步骤流程图

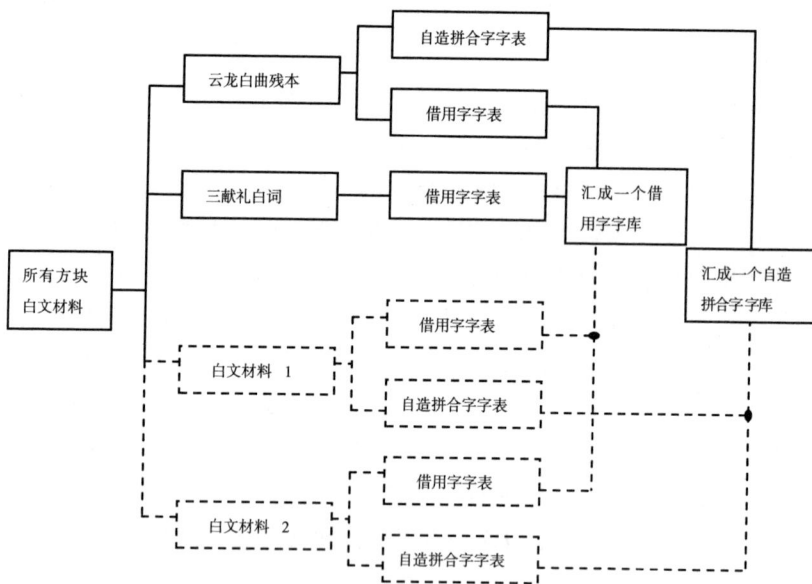

建设步骤流程图

第二节　方块白文文献《云龙白曲残本》数据库建设

残本中只有两处可供考察抄录年代的文字，一是中元节给祖先烧的金银包，年代是"民国二十八年"（1939）；二是借款条，年代是"民国二十一年"（1932）。由此可以推测，该残本的抄录年代应该不晚于民国初期（或在清代）。白语方言调查词表由中国社会科学院民族学与人类学研究所王锋研究员提供，词表是王老师在《白语简志》词表的基础上，结合他多年的白语方言田野调查成果修改完善的。

一　数字化原文

在数字化《云龙白曲残本》文献原文时，基本采用紫光华宇拼音输入法 v6.7，遇到超出输入法所支持的字符，使用逍遥笔手写识别软件和方正超大字符集。如字符不在上述两种输入法所支持的字符集内，则使用 windows 自带的 True Type 造字程序进行造字。

考虑到使用的广泛性和通用性，笔者在数字化材料时，将白曲的注音音标转写为潘悟云、李龙开发的云龙国际音标输入法 4.0 版。

二　建立数据表

（一）建立语言材料元数据表

元数据表是描述数据及其基本属性，相当于是数据的管理中心。为将来数据的使用和管理提供方便。元数据表字段包括各个语言材料的名称，对应的借用字字表表名、自造拼合字字表表名，建库时间和材料收集者信息等。

元数据表字段共八个，结构如表 3-1：

表 3-1　元数据表字段

字段名	字段类型	字段宽度
材料名称	字符型	50

续表

字段名	字段类型	字段宽度
全字表	字符型	50
图文对照表	字符型	50
对应的借用字字表表名	字符型	50
对应的自造拼合字字表表名	字符型	50
建库时间	时间型	
材料收集人	字符型	20
材料来源	字符型	100

下面列举数据（见表 3-2）。

表 3-2　元数据表

材料名称	全字表	图文对照表	借用字字表表名	自造拼合字字表表名	建库时间	材料收集人	材料来源
云龙白曲残本	YLBQ	YLBQT	YLBQ01	YLBQ02	2011-10	韦韧	《中国白族白文文献释读》2011 年：P4-100

（二）建立全字表

全字表是按照文献原文，一字不落的顺序输入，并且每一个字都清晰标音、注释该字的对应汉义及语境义。目的一是为了数字化文献，将文献永久记录并保存；二是便于后续统计分析与深入研究。全字表字段共七个，结构如表 3-3。

表 3-3　全字表字段

字段名	字段类型	字段宽度
曲序号	数字型	10
句序	数字型	2
白字	字符型	20

字段名	字段类型	字段宽度
白语音	字符型	50
对应汉义	字符型	50
句直译	字符型	100
句意译	字符型	100

下面列举数据（见表 3-4）。

表 3-4　全字表

曲序号	句序	白字	白语音	对应汉义	直译	意译
1	1	飹	fv^{55}	蜂	蜂这窝蜜丰盛的	这窝蜂蜜好丰盛
1	1	傇	nu^{31}	这	蜂这窝蜜丰盛的	这窝蜂蜜好丰盛
1	1	彡	$kh\gamma^{31}$	窝	蜂这窝蜜丰盛的	这窝蜂蜜好丰盛
1	1	碱	mi^{44}	蜜	蜂这窝蜜丰盛的	这窝蜂蜜好丰盛
1	1	朝	tso^{21}	丰	蜂这窝蜜丰盛的	这窝蜂蜜好丰盛
1	1	捨	se^{35}	盛	蜂这窝蜜丰盛的	这窝蜂蜜好丰盛
1	1	嘍	lu^{33}	的	蜂这窝蜜丰盛的	这窝蜂蜜好丰盛
1	2	達	ta^{31}	偷	偷吃点	偷吃点
1	2	憂	ju^{44}	吃	偷吃点	偷吃点
1	2	紀	$t\textctc\varepsilon^{44}$	点	偷吃点	偷吃点
1	3	阿	$\textglotstop a^{55}$	谁	谁人认得	谁也不知
1	3	朵	to^{22}	谁	谁人认得	谁也不知
1	3	佷	$\textltailn i^{21}$		谁人认得	谁也不知
1	3	認	zu^{44}	认	谁人认得	谁也不知
1	3	得	tu^{44}	得	谁人认得	谁也不知
1	4	魚	y^{41}	鱼	鱼肉不吃着鱼刺	不吃鱼肉怕鱼刺
1	4	肉	zu^{33}	肉	鱼肉不吃着鱼刺	不吃鱼肉怕鱼刺

续表

曲序号	句序	白字	白语音	对应汉义	直译	意译
1	4	不	pu³⁵	不	鱼肉不吃着鱼刺	不吃鱼肉怕鱼刺
1	4	吃	tshŋ³⁵	吃	鱼肉不吃着鱼刺	不吃鱼肉怕鱼刺
1	4	着	tsuo³⁵	着	鱼肉不吃着鱼刺	不吃鱼肉怕鱼刺

（三）建立图文对照表

图文对照表字段共两个，分别是字形和对应的图片。字形图片是从文献中切分出来的，如果同一个字形在文献中出现两次及以上，则选择字形书写较为清晰美观的字形作为该字形的字形图片（见表3-5）。

表3-5 图文对照表部分事例

字形	图片
過	
彡	
鍼	
噐	
透	

（四）建立借用字方块白文字表

借用字字表字段共 14 个，结构如表 3-6。

表 3-6　借用字字表字段

字段名	字段类型	字段宽度
曲序号	数字型	10
句序	数字型	2
字形	字符型	10
音	字符型	20
字形分析	字符型	100
构形模式	字符型	50
中古拟音	字符型	10
上古音	字符型	10
上古拟音	字符型	10
对应汉义	字符型	20
双音词义	字符型	100
句直译	字符型	100
句意译	字符型	100
备注	字符型	100

下面列举部分数据（见表3-7）：

表3-7 借用字字表

曲序号	句序	字形	音	字形分析	构形模式	中古拟音	上古音	上古拟音	对应汉义	双音词义	直译	意译
4	1	阿	ʔa³¹	加在亲属称呼前面有亲昵的意味	全借汉字	ɑ	影组歌部	a	阿		阿姐心上出两色	阿姐的心有两色
7	1	阿	ʔa⁵⁵	加在亲属称呼前面有亲昵的意味					阿		阿姐硬你心像铁样	阿姐你心硬如铁
108	1	阿	ʔa⁵⁵	"哪"剑川音ʔa⁵⁵云龙音ʔa³¹					哪		打发小姐哪一天	小姐哪天要出嫁？
163	7	阿	ʔa³¹	假借"谁"剑川音ʔa³¹					谁		谁知我的情	有谁知我情？
1	3	阿	ʔa⁵⁵	同上，音调差别					谁		谁人认得	谁也不知
85	3	哀	e⁴⁴	借汉字音	音读汉字	ɒi	影组微部	əi	爱	喜好	应不爱打扮	本不爱打扮
65	5	挨	e⁴²	全借汉字。大理音同	全借汉字	ɒi	影组之部	ə	挨	敲打	人为财上受挨敲	人为财受挨敲
8	5	安	ʔa³³	全借汉字。大理音同	全借汉字	ɑn	影组元部	an	安	安心	你还安乐得安心	你却快乐好安心

（四）建立自造拼合字字表

自造拼合字字表字段共 14 个，结构如表 3-8：

表 3-8　自造拼合字字表字段

字段名	字段类型	字段宽度
曲序号	数字型	10
句序	数字型	2
字形	字符型	10
音	字符型	20
对应汉义	字符型	20
句直译	字符型	100
句意译	字符型	100
双音词义	字符型	100
字形分析	字符型	100
示音构件	字符型	8
表义构件	字符型	8
记号构件	字符型	8
构形模式	字符型	50
备注	字符型	500

　　依据建好的方块白文数据库，统计得出《云龙白曲残本》总字数
7241 字，使用的单字 1307 个（包括异体字），其中，借用字的单字 828
个，自造拼合字的单字 479 个。方块白文条数共计 2815 条，其中，借用
字字表 2057 条，自造拼合字字表 758 条。条数指的是每一个在《云龙白
曲残本》中以不同的形音义出现的字，我们都算作一条。如"阿"在数据
库中以不同的音义出现了 9 次，在统计使用的单字时，算作 1 个方块白
文，数据库字表中算作 9 个方块白文条。我们这样处理的目的是要全面地
反映方块白文的面貌，只有这样才能全面考察方块白文文字系统，使研究
结论更准确。

下面列举部分数据（见表3-9）：

表3-9　自造拼合字字表

曲序号	句序	字形	音	字形分析	示音构件	表义构件	标示/记号构件	构形/构形模式	对应汉义	双音词义	直译	意译
177	5	筶	tɕhe³¹	表义构件+示音构件	切 tshua³³ 青 tɕhe⁵⁵	青 tɕhe⁵⁵		音义拼合字	青	青色	我爱它叶青恰恰	我爱花叶绿荫荫
49	1	䶎	khɣ³¹	表义构件+示音构件	阙调查字无字猜测	足		音义拼合字	(悄声悄气状)	(悄声悄气状)	(悄声悄气状)你们房间	悄声悄气你回家来后
84	1	夆	xe⁵⁵	表义构件+示音构件	天 xe⁵⁵ 亥 te⁴²	天 xe⁵⁵		音义拼合字	天	天上	天上生着独星一颗	天上有颗最亮星
128	5	跙	kɣ⁴²	表义构件+示音构件	古 ku³¹	坐 kɣ⁴²		音义拼合字	坐	闲坐	不得跟你把闲坐	也没跟你坐坐
151	3	鎝	tɕi³⁵	表义构件+示音构件	"金"云龙、剑川 tɕi³⁵ "吉"剑川 tɕho⁵⁵	"金"云龙、剑川 tɕi³⁵		音义拼合字	金	金子	拾着金三钱	拾着金三钱
85	3	衰	e⁴⁴	借汉字音	音读汉字	ɔi	影组微部	ɔi	爱	喜好	应还不爱打扮	本不爱打扮
65	5	挨	e⁴²	全借汉字。大理音同	全借汉字	ɔi	影组之部	ə	挨	藏打	人为财上受挨藏	人为财上受藏藏
8	5	安	ʔa³³	全借汉字。大理音同	全借汉字	an	影组元部	an	安	安心	你还安乐得安心	你却快乐好安心

第四章

方块白文字体类型研究

第一节　字体类型分类原则

　　笔者在充分吸收已有研究成果的基础上，在普通语言学、普通文字学、比较文字学、汉字构形学理论指导下，借鉴汉字整理的方法，通过数据库等信息化处理手段，将《云龙白曲残本》暂时作为一个封闭的系统，首先把所有的字分为借用字和自造拼合字两类。接着对每个字进行形、音、义综合分析，建立构形分析、字音、字义数据库。对借用字方块白文采用形音义对比联系的方法；自造拼合字方块白文借鉴王宁先生首次提出的汉字构形模式分析法，该方法是从字符功能角度，采用"结构—功能"分析法和现代系统论对字符进行分析。本书的创新在于从语言与文字相关联的视角出发，采用语言学与文字学相结合的方法对方块白文进行整体的分析和研究。

　　首先，对构形学理论知识要有一些基本了解。在王宁先生的论著《汉字构形学》中有系统详细的论述，笔者结合南方仿汉字型文字特点，在下面简单阐释本书涉及的构件、成字构件、非字构件、结构次序、基础构件、直接构件和过渡构件这几个专业名词概念。

　　构件是汉字及汉字型文字的构形单位，是被用来构造汉字及汉字型文字并成为其构造字的一部分。构件所承担的构意类别，称为构意功能。构件分四类基本功能：一是表形构件，用与物象相似的形体体现构意；二是表义构件，以构件独立成字时记录的词的词义体现构意；三是示音构件，以构件独立成字时相同或相近的语音体现构意；四是标示构件，附加在另一个构件上，不独立存在，起区别和指示作用。还有一部分构件在文字发展过程中，丧失了构意功能，我们称之为记号构件。

构件分为成字构件和非字构件两种。既能独立成字又能参与构字，并把自身的音或义带入其构造字中的构件称为成字构件。不能独立成字，参与构字时仅起标示或记号作用的构件称为非字构件。例如汉字"刃"，由成字构件"刀"和非字构件"丶"组合而成，"丶"只能依附于成字构件而存在，其构意在"刃"字中才能体现出来，"刃"字的构意是指刀口。再例如方块白文"泊"，由成字构件"白"和非字构件"氵"组合而成，"氵"只能依附于成字构件而存在，在"泊"字中起区别作用，表示与汉字"白"不同。

构件组成的字有两种不同的结构次序，分别是平面结构和层次结构。平面结构是由三个以上的构件一次性集合而成的方式体现构意。层次结构是以逐级累加生成的方式体现构意。最底层的构件是基础构件，也称为形素，形素是能体现构意并且在形体上相对独立的构件。形素是非字或者是不能再由其他构件组合成的字（一般称为独体字）。最上层的构件即第一级构成字的构件是直接构件，体现了全字的构意。处于基础构件与直接构件之间的构件，称为过渡构件，间接的体现构意。例如汉字"诺"，一级构件（直接构件）是"讠"和"若"；二级构件（过渡构件）是"艹"和"右"；三级构件（基础构件）是"𠂇"和"口"。再例如方块白文"䶂"，一级构件是"切"和"青"，同时这也是"䶂"的直接构件。

笔者采用结构功能分析法对方块白文的字体类型进行分析，选择该方法的原因主要源于三个方面。首先，汉字构形学的理论前提是汉字是表意性文字，汉字构形学理论反映的是意音文字的特征。方块白文是一种借助于汉字的意音文字，挛乳仿造的汉字型文字，因此，使用汉字构形学理论是恰当的。其次，汉字构形学虽是对汉字的分析，但是方块白文也由构件组合而成，构件具有表义、示音等功能，那么采用"结构—功能"分析法和现代系统论作为其构形分析理论是完全适用的，可以对已是一个封闭系统中的文献方块白文的构意功能进行有理分析，归纳总结出方块白文的构形模式。再次，字形是经过漫长、不断发展的历史进程而逐步演成的，每一阶段的文字，都有这个阶段的特点。对不同阶段的文字，可用于分析的理论方法也应有所不同。汉字构形学既是分析造字方法的理论，也是分析构字功能的理论。方块白文从造字之初到现在，其形体结构一直没有发生大的改变，所以方块白文的造字法和构字法往往是结合在一起的。其字体类型特点主要是通过字体各构件的功能来实现的，对方块白文的字形分析，就是同时对其造字方法、构字方法和功能属性的综合分析，可以与汉字构形学理论相匹配。因此，我们应该借鉴汉字分析的理论，大胆借鉴汉字构形学理论，采用结构功能分析法对方块白文的字体类型进行分析研究。

在已有的南方仿汉字型民族文字研究中，学者们基本运用"六书"理论。传统"六书"在分析汉字时，把独体字全归为象形字，在小篆里划分没问题，但经过隶变和楷化后，独体字已经义化，统称这些字为象形字似乎不妥。而且，"六书"把只要有标示构件的字统称为指示字，带有示音构件的字统称为形声字，不带示音构件的字统称为会意字。那么运用到方块白文的字体类型分析中，有些字就会含糊不清，不知道应该划分到哪一类。这对全面细致地分析方块白文、划分它的字体类型是有困难的。而采用构形模式就可以清晰的按照构件功能标示出来，让人一目了然。这样既可以体现"六书"的基本原理，又可以避免"六书"的局限性。

但是，我们借鉴汉字构形学说的同时也要明确两点。

第一，本书运用"结构—功能"分析法，是对方块白文构形模式分析的一种大胆尝试。至于方块白文是否完全符合，需要经过细致周密的分析后才能下定论。

第二，继承汉字构形学说理论，开创符合孳乳仿造的汉字型少数民族文字字形分析的理论方法。汉字构形学说是可据参考的方法论，但它是专门针对汉字设计的分析方法，归纳总结出的11种字体类型也仅仅符合汉字，方块白文不能生搬硬套。要从"结构—功能"分析法入手，以客观事实为基础，而不能简单以汉字构形学为方法论桎梏我们对客观事实的观察。

根据以上理论方法和基本原则，具体的分类原则有三项。

（1）将方块白文分成借用字和自造拼合字。从字形上看，借用字就是汉字，而自造拼合字继承了汉字所具有的形体特点，字形方块，分布均匀，笔划相仿等。从构字方式上看，借用字是直接借用汉字的字符形体，其音和义与借用的汉字在一定程度上有关联，这也是方块白文中借用字的选字依据。而自造拼合字完全是通过对汉字字符、偏旁部首、笔画的组合而产生的，其组合构件的方法蕴含着白族人民的造字思维。从产生使用的先后顺序上看，首先是借用汉字，最后产生拼合字，在创制拼合字的同时也在借用汉字。最初通过大量借用汉字，从而逐步积累了一批表达白语音义、借用汉字字形的白文，在此基础上，再利用这些具备白语形音义的字构造拼合字，共同构成方块白文文字系统。因此，把借用字和自造拼合字分开讨论，可以更容易凸显出方块白文的独特属性。

（2）借用字，是白文借用汉字。以字符构件具有的功能属性，即白文字符与汉字字符的形音义对应关系为标准，可分为全借字、音读字、训读字、记号字四类。

（3）自造拼合字，是借用字进入白语言语音系统后，白族仿造汉字构字原理创制。依据"结构—功能"分析法，从字符功能角度，分为七类：音义拼合字、会义拼合字、双音拼合字、标音拼合字、标义拼合字、标示音义拼合字、记号拼合字。

自造拼合字是通过对汉字字符、笔画、偏旁部首等组合而成的，其组合构件的方法虽和汉字有一定的承续关系，但毕竟是白族人自己造出的字体，富有白族独特的文化思维。即使造字方法近似汉字造字法，但具体每种字体类型所体现的具体构字方式是不同的，这就是方块白文具有自己独特造字思维的价值所在。我们研究方块白文的字体类型，重点就是要发掘这些独特属性。

依据上述分类原则，确定了以下分类框架：

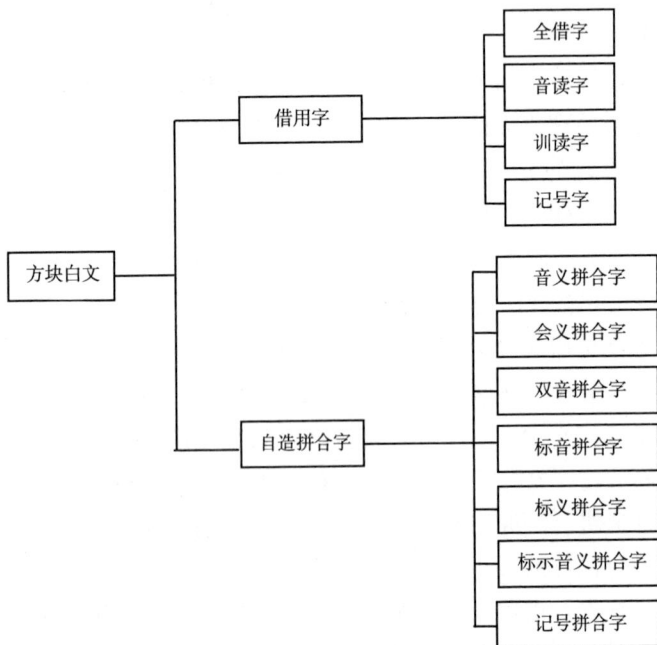

```
                                    ┌─ 全借字
                          借用字 ─────┼─ 音读字
                    ┌────────         ├─ 训读字
                    │                 └─ 记号字
            方块白文 ┤
                    │                 ┌─ 音义拼合字
                    │                 ├─ 会义拼合字
                    └──────           ├─ 双音拼合字
                          自造拼合字 ──┼─ 标音拼合字
                                      ├─ 标义拼合字
                                      ├─ 标示音义拼合字
                                      └─ 记号拼合字
```

第二节　借用字

借用字是由汉字而来，从文字的外形来看，它们与汉字完全一样。徐琳先生根据六书分类方法总结出的汉字方块白文类型是直接借用汉字、音读汉字和训读汉字。依据"结构—功能"分析法，从字符功能的角度，结合借用字与汉字的形音义对应关系，可以将借用字分为全借字（与徐琳先生分类对应的是直接借用汉字）、音读字（与徐琳先生分类对应的是音读汉字）、训读字（与徐琳先生分类对应的是训读汉字）、记号字四类。

一　全借字

全借汉字是对汉字的完全借用，即两者形同、义同、音同或音近。

例一"阿"

（1）原文：律　　必　　阿　　朵　　招

　　注音：lue^{55}　pi^{55}　ʔa^{55}　tuo^{31}　tso^{44}

　　汉义：脱　　给　　谁　　戴

（2）原文：阿姐　　嘚　　细　　朝　　鋈　　申

　　注音：ʔa^{31}tɕi^{33}　ŋe^{42}　ɕi^{35}　tsɔ^{42}　the^{44}　sɯ^{33}

　　汉义：阿姐　　硬　　心　　是　　铁　　样

（3）原文：偲　　细　　阿　　科　　儞　　能　　坡

　　注音：ŋɯ^{55}　ɕi^{35}　ʔa^{31}　khɔ^{33}　khɔ^{44}　nɯ^{55}　pho^{44}

　　汉义：我的　　心　　一　　颗　　靠　　你们　　一边

"阿"[ʔa^{55}/ʔa^{31}]，白文读音与汉字的读音相近，在白文中有三个义项，分别是：（1）加在亲属称呼前面有亲昵的意味；（2）用在疑问代词"谁"前；（3）用在表示排行意的字或数词前，用作行第的前缀。白文"阿"与汉字"阿"义相同，并且"阿"用在疑问代词"谁"前面是古汉语的用法。字形也与汉字字形完全一致。综上分析得出，"阿"字是一个全借字。

例二"挨"

原文：人 　為 　財 　上 　受 　挨 　敲

注音：zɯ^{42} 　ui^{55} 　tshe^{42} 　sa^{55} 　so^{55} 　e^{42} 　khɔ^{33}

汉义：人 　为 　财 　上 　受 　挨 　敲

"挨" [e^{42}]，白语读音与汉字读音相近，在白文中表示"遭受"义，汉字"挨"也有这个义项，字形与汉字字形完全一致。综上分析得出，"挨"字是一个全借字。

例三 "薄"

原文：人 　情 　似 　紙 　張 　張 　薄

注音：zɯ^{42}tɕʰɯ^{42} 　sʅ^{55} 　tsi^{31} 　tsa^{33} 　tsa^{33} 　po^{35}

汉义：人 　情 　似 　纸 　张 　张 　薄

"薄" [po^{35}]，白语读音与汉字读音相近，在白文中表示"厚度小"义，汉字"薄"也有这个义项，字形与汉字字形完全一致。综上分析得出，"薄"字是一个全借字。全借字见表4-1。

表4-1　全借字字表

序号	字形	音	汉义
1	阿	ʔa^{55}	阿
2	挨	e^{42}	挨
3	安	ʔa^{33}	安
4	暗	ŋa^{55}	暗
5	白	pɯ^{35}	白
6	百	pɯ^{35}	百
7	擺	pe^{31}	摆
8	般	pe^{33}	般
9	半	pe^{55}	半
10	保	pɔ^{31}	保
11	寶	pɔ^{31}	宝
12	報	pɔ^{55}	报
13	北	pɯ^{35}	北
14	本	pɯ^{31}	本
15	逼	pi^{35}	逼

序号	字形	音	汉义
16	鼻	pi^{35}	鼻
17	比	pi^{31}	比
18	必	pi^{35}	必
19	殯	piɯ^{33}	殡
20	波	po^{33}	波
21	薄	po^{35}	薄
22	哺	pu^{31}	哺
23	不	pu^{35}	不
24	财	tshe^{42}	财
25	插	tsha^{35}	插
26	趁	tshɯ^{55}	趁
27	成	tshɯ^{42}	成
28	吃	tshɿ^{35}	吃
29	愁	tsho^{42}	愁
30	愁	tshou^{42}	愁
31	出	tshɣ^{44}	出
32	除	tshɣ^{42}	除
33	处	tshɣ^{31}	处
34	處	tshɣ^{31}	处
35	船	tshue^{42}	船
36	刺	tshɿ^{55}	刺
37	答	ta^{35}	答
38	打	ta^{31}	打
39	丹	ta^{33}	丹
40	担	ta^{42}	担
41	單	ta^{55}	单
42	膽	ta^{33}	胆
43	當	ta^{33}	当

续表

序号	字形	音	汉义
44	儅	ta^{33}	当
45	擋	ta^{31}	挡
46	的	ti^{33}	的
47	滴	ti^{55}	滴
48	地	ti^{55}	地
49	弟	thi^{33}	弟
50	定	$tiɯ^{44}$	定
51	毒	tu^{35}	毒
52	獨	tu^{35}	独
53	讀	tu^{35}	读
54	對	tui^{55}	对
55	多	tuo^{33}	多
56	而	$ɣe^{42}$	而
57	二	$ɛ^{55}$	二
58	發	fa^{35}	发
59	法	fa^{35}	法
60	父	$fɣ^{55}$	父
61	婦	$fɣ^{55}$	妇
62	富	$fɣ^{55}$	富
63	復	$fɣ^{35}$	复
64	隔	$kɯ^{35}$	隔
65	股	ku^{31}	股
66	骨	ku^{35}	骨
67	顧	ku^{55}	顾
68	歸	kui^{33}	归
69	桂	kui^{42}	桂
70	桂	kui^{55}	桂
71	跪	kui^{55}	跪

序号	字形	音	汉义
72	過	ko^{55}	过
73	猴	xou^{42}	猴
74	蝴	xu^{42}	蝴
75	虎	xu^{31}	虎
76	花	xua^{33}	花
77	话	xua^{55}	话
78	話	xua^{55}	话
79	懷	xue^{42}	杯
80	回	xui^{42}	回
81	悔	xui^{31}	悔
82	會	xui^{55}	会
83	急	tɕi^{35}	急
84	己	tɕi^{31}	己
85	幾	tɕi^{31}	几
86	家	tɕa^{33}	家
87	假	tɕa^{31}	假
88	價	tɕa^{55}	价
89	久	tɕiu^{31}	久
90	局	tɕu^{35}	局
91	苦	khu^{31}	苦
92	烙	lo^{55}	烙
93	理	li^{31}	理
94	裏	li^{31}	里
95	力	li^{35}	力
96	路	lu^{55}	路
97	洛	lo^{35}	洛
98	落	luo^{55}	落
99	馬	ma^{31}	马

序号	字形	音	汉义
100	米	mi^{31}	米
101	蜜	mi^{35}	蜜
102	摸	mo^{33}	摸
103	麽	mo^{55}	么
104	莫	mo^{35}	莫
105	姆	mo^{33}	妈
106	姆	mo^{33}	母
107	穆	mu^{35}	穆
108	你	ni^{31}	你
109	年	ni^{42}	年
110	濃	no^{442}	浓
111	女	nv^{31}	女
112	糯	nuo^{55}	糯
113	怕	pa^{55}	怕
114	披	phi^{33}	披
115	皮	phi^{42}	皮
116	屁	phi^{55}	屁
117	贫	pi^{42}	贫
118	品	piɯ^{31}	品
119	樸	phu^{35}	朴
120	欺	tɕhi^{33}	欺
121	其	tɕhi^{31}	其
122	棋	tɕhi^{42}	棋
123	骑	tɕhi^{42}	骑
124	起	tɕhi^{31}	起
125	气	tɕhi^{55}	气
126	氣	tɕhi^{55}	气
127	去	tɕhy^{55}	去

序号	字形	音	汉义
128	識	$s\gamma^{35}$	识
129	市	$s\gamma^{55}$	市
130	事	$s\gamma^{55}$	事
131	水	sui^{31}	水
132	死	$s\gamma^{31}$	死
133	似	$s\gamma^{55}$	似
134	素	su^{55}	素
135	訴	su^{55}	诉
136	雖	sui^{33}	虽
137	隨	sui^{55}	随
138	崴	sui^{55}	岁
139	索	so^{35}	索
140	替	thi^{55}	替
141	天	thi^{33}	天
142	头	$thou^{42}$	头
143	頭	$thou^{42}$	头
144	團	$thu\varepsilon^{42}$	团
145	退	$thui^{55}$	退
146	脱	$thuo^{35}$	脱
147	屋	u^{35}	屋
148	烏	u^{33}	乌
149	五	u^{31}	五
150	伍	u^{33}	伍
151	務	$v\gamma^{44}$	务
152	野	je^{31}	野
153	夜	je^{55}	夜
154	折	tse^{55}	折
155	知	$ts\gamma^{33}$	知

序号	字形	音	汉义
156	直	tsʅ^{35}	直
157	值	tsʅ^{35}	值
158	止	tsʅ^{31}	止
159	纸	tsi^{31}	纸
160	准	tsui^{31}	准
161	着	tso^{42}	着
162	子	tsʅ^{31}	子
163	自	tsʅ^{55}	自
164	醉	tsui^{55}	醉
165	尊	tsui^{33}	尊
166	做	tsu^{55}	做
167	得	tɯ^{35}	得
168	合	xo^{55}	合
169	何	xo^{35}	何
170	河	xo^{42}	河
171	開	khe^{33}	开
172	樂	lo^{35}	乐
173	時	sʅ^{42}	时
174	已	ji^{31}	已
175	便	pi^{55}	便
176	草	tshɔ^{31}	草
177	歹	tu^{35}	毒
178	刀	to^{33}	刀
179	爹	ti^{33}	爹
180	蝶	ti^{35}	蝶
181	頂	tiɯ^{31}	顶
182	頂	tiɯ^{31}	顶
183	東	to^{33}	东

序号	字形	音	汉义
184	董	to³¹	董
185	恩	ʔɯ³³	恩
186	煩	fe⁴²	烦
187	反	fe³¹	反
188	方	fa³³	方
189	分	fɯ³³	分
190	風	fɯ³³	风
191	蜂	fɯ³³	蜂
192	甘	ka³³	甘
193	羔	kɔ³³	羔
194	高	kɔ³³	高
195	閣	kuo³⁵	阁
196	個	ko⁵⁵	个
197	跟	kɯ³³	跟
198	更	kɯ⁵⁵	更
199	拱	ko³¹	拱
200	光	kua³³	光
201	害	xe⁵⁵	害
202	豪	xɔ⁴²	豪
203	好	xɔ³¹	好
204	皇	xua⁴²	皇
205	凰	xua⁴²	凰
206	火	xu³¹	火
207	間	tɕi³³	间
208	見	tɕi⁵⁵	见
209	江	tɕa³³	江
210	講	tɕa³¹	讲
211	將	tɕa³³	将

序号	字形	音	汉义
212	焦	tɕɔ³³	焦
213	脚	tɕu³⁵	脚
214	皆	ke³³	皆
215	接	tɕe³⁵	接
216	结	tɕi³⁵	结
217	姐	tɕi³³	姐
218	解	ke³¹	解
219	金	tɕɯ³³	金
220	近	tɕi³³	近
221	看	xa⁵⁵	看
222	看	xa⁵⁵	养
223	眶	ka⁴⁴	眶
224	雷	lyi⁴²	雷
225	连	ni⁴²	连
226	亮	lia⁵⁵	亮
227	了	liɔ³¹	了
228	稟	piɯ³¹	稟
229	满	me³¹	满
230	没	mɔ³³	没
231	媒	me⁴²	媒
232	面	mi⁵⁵	面
233	明	miɯ⁴²	明
234	命	miɯ⁵⁵	命
235	能	nɯ⁴²	能
236	鳥	tso⁴⁴	雀
237	千	tɕhi⁵⁵	千
238	前	tɕhe⁴²	前
239	侵	tɕɯ³³	侵

序号	字形	音	汉义
240	清	tɕhɯ³³	清
241	情	tɕhɯ⁴²	情
242	請	tɕhɛ³³	请
243	求	tɕhio³¹	求
244	劝	tɕhy³³	劝
245	饒	zɔ⁴²	饶
246	繞	zɔ³³	绕
247	人	ȵi²¹	人
248	如	zɣ⁴²	如
249	乳	zɣ³¹	乳
250	三	sa³³	三
251	山	sɛ³³	山
252	傷	sa³³	伤
253	生	sɯ³³	生
254	聲	sɯ³³	名
255	省	sɯ³¹	省
256	勝	sɯ⁵⁶	胜
257	十	sʅ³⁵	十
258	时	sʅ⁴²	时
259	是	sʅ⁵⁵	是
260	受	so⁵⁵	受
261	書	sy³³	书
262	熟	su³⁵	熟
263	双	sua⁴⁴	双
264	同	tho⁴²	同
265	万	va⁵⁵	万
266	萬	va⁵⁵	万
267	問	vɯ⁵⁵	问

序号	字形	音	汉义
268	無	$v\gamma^{42}$	无
269	惜	φi^{35}	惜
270	席	φi^{35}	席
271	喜	φi^{31}	喜
272	系	φi^{55}	系
273	先	φi^{33}	先
274	縣	φi^{55}	县
275	香	φa^{33}	香
276	消	$\varphi \mathfrak{o}^{33}$	消
277	笑	$\varphi i \mathfrak{o}^{55}$	笑
278	新	$\varphi \mathrm{w}^{33}$	新
279	星	$\varphi \mathrm{w}^{33}$	星
280	休	$\varphi i u^{33}$	休
281	虚	φy^{33}	虚
282	許	φy^{31}	许
283	羊	ja^{44}	羊
284	杨	ja^{42}	杨
285	陽	ja^{42}	阳
286	楊	ja^{42}	杨
287	養	ja^{31}	养
288	遙	$j\mathfrak{o}^{42}$	遥
289	遥	$j\mathfrak{o}^{42}$	遥
290	藥	ju^{35}	药
291	一	ji^{35}	一
292	衣	ji^{33}	衣
293	意	ji^{55}	意
294	義	ji^{44}	义
295	義	ji^{55}	意

续表

序号	字形	音	汉义
296	因	juɯ³³	因
297	音	juɯ³³	音
298	蔭	juɯ³³	荫
299	英	juɯ³³	英
300	永	jo³¹	永
301	用	jo⁵⁵	用
302	玉	jy⁴⁴	玉
303	遇	jy⁴⁴	遇
304	冤	jye³³	冤
305	緣	jye⁴²	缘
306	遠	jye⁴²	缘
307	遠	tue³³	远
308	約	jo⁵⁵	约
309	再	tse⁴⁴	再
310	在	tse⁵⁵	在
311	葬	tsa⁵⁵	葬
312	遭	tsɔ³³	遭
313	早	tsɔ³¹	早
314	曾	tshɯ⁴²	曾
315	張	tsa³³	张
316	漲	tsa³¹	涨
317	招	tsɔ⁵⁵	招
318	中	tsɔ³³	中
319	忠	tsɔ³³	忠
320	眾	tsɔ⁵⁵	众
321	转	tsuɛ³¹	转
322	轉	tsui⁴²	转
323	交	tɕɔ³³	交
324	良	nia⁴²	良

二 音读字

音读字是根据音同或音近原则借用汉字的读音，表示白语的词义，即字符表示的词义在白语中读音与该字符的汉语读音相同或相近。所借的音主要来源是白语方言读音。音读字在材料中占到比例较大。

例一 "哀"

（1）原文：哀那 刷 狠 吉 桂 合

注音：e⁴⁴na⁵⁵ sua³⁵ xɯ³¹ tɕi³⁵ kui⁴² xuo³⁵

汉义：爱你们 园 里 金 桂 花

"爱"大理白语读音 [ʔe⁴⁴]，"哀"汉字读音 [ai⁵¹]，两者读音相近，意义不相干。综上分析得出，"哀"字是一个音读字。

例二 "閹"

（1）原文：偘 合 行 拿 閹 達 劳

注音：ŋa⁵⁵ xuo³⁵ ɕɯ⁴² tsʅ⁵⁵ ʔa³¹ ta⁴⁴ miɔ³⁵

汉义：我们 花 谢 则 谁 谁 瞄

（2）原文：自 己 閹 咪 科

注音：tsʅ⁵⁵ tɕi³¹ ʔa³³ pɯ³¹ thɔ⁴⁴

汉义：自 己 看 不 不想

"谁"剑川白语读音 [ʔa³¹]，"看"云龙白语读音 [ʔa³³]，"閹"汉字读音 [an⁵¹]，由于白语没有鼻音韵尾，他们读音相近，意义不相干。综上分析得出，"閹"字是一个音读字。

例三 "吧""把"

（1）原文：申 伍 喏 吧 翍 能 后

注音：sɯ³³ ɣy²¹ tɕy³³ pa⁴² kho³³ nɯ⁵⁵ ɣɯ³³

汉义：手 扶 腮 巴 哭 你的 后

（2）原文：把 櫈 顶 美 耷

注音：pa⁴² tɯ⁵⁵ tiɯ³¹ me²¹ ɣɯ³³

汉义：板 凳 顶 门 后

（3）原文：醋 債 把 自 馨 付 付

注音：tshu⁵⁵ pɯ⁵⁵ pa²¹ tsʅ⁵⁵ ɕiɔ³⁵ fɣ⁵⁵ fɣ⁵⁵

汉义：闻 它 味 则 香 喷 喷

"巴"大理白语读音 [pa⁴⁴]，"吧"汉字读音 [pa²¹⁴]，两者读音相近，意义不相干。综上分析得出，"吧"字是一个音读字。"板"在三个白语方言中读音均为 [pɛ³³]，"味"大理白语读音 [pa³¹]，"把"汉字读音 [pa²¹⁴]，他们读音相近，意义不相干。综上分析得出，"把"字是一个音读字。

　　从例二和例三可以看到，音读字往往是一个汉字可以对应多个白语义项，只要他们的音相同或相近即可。

表 4-2　音读字字表

序号	字形	音	汉义
1	哀	e⁴⁴	爱
2	闇	ŋa⁵⁵	我们
3	黯	ŋa⁵⁵	我们
4	八	pa⁵⁵	坝
5	吧	pa⁴²	巴
6	把	pa²¹	味
7	把	pa⁴²	板
8	霸	pa⁵⁵	他们
9	邦	pa⁴⁴	倒
10	梆	pa⁴²	绊
11	榜	pha⁵⁵	搬
12	谤	pa⁵⁵	他们
13	保	pɔ²¹	坡
14	保	pɔ³¹	边
15	保	pɔ³¹	她
16	卑	pe⁴⁴	出
17	卑	pe⁴⁴	回
18	卑	pe⁴⁴	走
19	本	puɯ³¹	不
20	本	puɯ³¹	那
21	必	piɛ⁵⁵	抛
22	别	piɛ⁵⁵	抛
23	剥	pɔ³⁵	包

序号	字形	音	汉义
24	菜	tshɛ^{55}	钱
25	操	tsho^{44}	搓
26	띰	tsha^{55}	早饭
27	長	tsa^{31}	长
28	常	tsha^{42}	常
29	廠	tsha^{31}	场
30	朝	tso^{21}	藏
31	朝	tso^{33}	上
32	朝	tso^{42}	是
33	炒	tshɔ^{55}	操
34	车	tshe^{44}	红
35	車	tshe^{33}	睡
36	橙	tɯ^{55}	凳
37	啻	thi^{55}	替
38	椆	tsɯ^{33}	柱
39	丑	tshɯ^{31}	菜
40	初	tshu^{31}	就
41	初	tshγ^{55}	处
42	楚	tshu^{31}	臭
43	次	tsɳ^{55}	身
44	醋	tɕhu^{55}	从
45	醋	tshu^{55}	错
46	醋	tshu^{55}	闻
47	篡	tshua^{55}	双
48	寸	tshui^{55}	存
49	錯	tshu^{55}	从
50	达	ta^{55}	刀
51	達	ta^{31}	偷

序号	字形	音	汉义
52	達	ta^{35}	跟
53	達	ta^{35}	拿
54	達	ta^{44}	谁
55	達	ta^{55}	搭
56	達	ta^{55}	担
57	達	ta^{55}	耽
58	達	ta^{55}	当
59	達	ta^{55}	刀
60	達	ta^{55}	拿
61	達	ta^{55}	挑
62	躂	ta^{42}	踩
63	打	ta^{42}	回
64	僤	ta^{35}	单
65	当	ta^{44}	跟
66	當	ta^{44}	跟
67	擋	ta^{55}	当
68	禱	tuo^{21}	话
69	禱	tuo^{31}	谁
70	登	$tuɯ^{44}$	道
71	登	$tuɯ^{44}$	得
72	登	$tuɯ^{44}$	的
73	登	$tuɯ^{44}$	见
74	佛	thi^{33}	弟
75	娣	thi^{33}	弟
76	刁	$tiɔ^{44}$	吊
77	刁	$tiɔ^{44}$	调
78	刁	$tiɔ^{44}$	样
79	都	tu^{33}	不得

序号	字形	音	汉义
80	斗	$tuɯ^{21}$	才
81	斗	$tuɯ^{21}$	饭
82	斗	$tuɯ^{21}$	前
83	斗	$tuɯ^{21}$	头
84	斗	$tuɯ^{31}$	指
85	堆	tue^{33}	远
86	夺	$tuɯ^{44}$	这里
87	夺	tu^{44}	不得
88	朵	$tɔ^{21}$	糖
89	朵	to^{21}	谁
90	峨	$ɣo^{21}$	握
91	峨	$ɣo^{42}$	落
92	额	$ɣɛ^{35}$	去
93	额	$ɣɛ^{35}$	去
94	搗	$kɛ^{44}$	捉
95	恩	$ɣɯ^{33}$	柳
96	发	fa^{35}	法
97	方	fa^{33}	妨
98	方	fa^{44}	放
99	啡	fe^{33}	非
100	债	$puɯ^{55}$	丈夫
101	债	$puɯ^{55}$	夫
102	夫	$fɣ^{44}$	肚
103	服	$fɣ^{55}$	飞
104	服	$fɣ^{55}$	觉
105	父	$fɣ^{55}$	蜂
106	付	$fɣ^{42}$	浮
107	付	$fɣ^{55}$	喷

序号	字形	音	汉义
108	富	fɣ⁵⁵	蜂
109	盖	ke⁵⁵	今
110	概	khe⁵⁵	牵
111	蓋	ke⁵⁵	今
112	干	ka⁴⁴	想
113	橄	ka⁴²	道
114	鋼	ku⁵⁵	指
115	高	ko³³	两
116	高	ko⁴⁴	脚
117	搞	kɔ²¹	稻
118	稿	ko³³	供
119	擱	ko³³	搁
120	格	ka⁴²	狭道
121	格	kɛ³⁵	家
122	格	kɛ³⁵	人
123	格	kɛ⁴²	怕
124	隔	ke²¹	肉
125	膈	kɛ²¹	肉
126	各	ko⁵⁵	跟
127	各	ku⁵⁵	架
128	更	kɯ⁵⁵	今
129	哽	kɯ³³	惰
130	喏	tɕy³³	嘴
131	苟	kɯ²¹	流
132	苟	ko⁴⁴	脚
133	耈	kɯ²¹	流
134	够	kɯ⁵⁵	今
135	够	kou⁵⁵	青谷子

续表

序号	字形	音	汉义
136	古	ku^{21}	拱
137	谷	ku^{55}	孤
138	光	kua^{44}	骨
139	光	kua^{44}	挂
140	光	kua^{55}	裤
141	歸	kui^{33}	关
142	果	$kɔ^{21}$	爱
143	果	kuo^{21}	富
144	害	xe^{55}	天
145	汉	xa^{55}	看
146	漢	xa^{55}	望
147	漢	xa^{55}	看
148	漢	xa^{55}	生
149	漢	xa^{55}	羞
150	漢	xa^{55}	养
151	好	$xɔ^{31}$	房
152	佷	$ȵi^{21}$	别
153	佷	$ȵi^{21}$	个
154	佷	$ȵi^{21}$	活
155	佷	$ȵi^{21}$	男子
156	佷	$ȵi^{21}$	人
157	很	$xɯ^{31}$	里
158	狠	$kɯ^{42}$	恨
159	狠	$xɯ^{31}$	里
160	狠	$xɯ^{31}$	天
161	狠	$xɯ^{31}$	这里
162	狠	$xɯ^{33}$	后
163	吼	$xɣ^{31}$	家

序号	字形	音	汉义
164	后	$\gamma\mathrm{u}^{35}$	来
165	后	xu^{55}	掉
166	厚	$\gamma\mathrm{u}^{33}$	后
167	厚	$\gamma\mathrm{u}^{33}$	柳
168	後	$\gamma\mathrm{u}^{33}$	后
169	後	$\gamma\mathrm{u}^{33}$	柳
170	乎	xu^{33}	好
171	乎	xu^{55}	呼
172	滑	xua^{35}	欢
173	滑	xua^{35}	还
174	輝	hui^{44}	会
175	咟	$\mathrm{p\varepsilon}^{44}$	百
176	跻	$\mathrm{t\varphi i}^{31}$	唱
177	跻	$\mathrm{t\varphi i}^{42}$	赶
178	跻	$\mathrm{t\varphi i}^{42}$	追
179	躋	$\mathrm{t\varphi i}^{31}$	唱
180	躋	$\mathrm{t\varphi i}^{31}$	赶
181	躋	$\mathrm{t\varphi i}^{31}$	寄存
182	及	$\mathrm{t\varphi i}^{35}$	多
183	及	$\mathrm{t\varphi i}^{35}$	尖
184	及	$\mathrm{t\varphi i}^{35}$	肩头
185	及	$\mathrm{t\varphi i}^{42}$	许
186	及	$\mathrm{t\varphi i}^{55}$	关了又关
187	及	$\mathrm{t\varphi i}^{55}$	记
188	吉	$\mathrm{t\varphi i}^{35}$	金
189	岌	$\mathrm{t\varphi i}^{35}$	尖
190	伎	$\mathrm{ts\gamma}^{33}$	男
191	紀	$\mathrm{t\varphi \varepsilon}^{44}$	点

序号	字形	音	汉义
192	紀	tɕi³¹	西
193	加	tɕa⁴⁴	接
194	夾	ça³⁵	看
195	戛	ka³⁵	高
196	戛	ka⁴⁴	肝
197	戛	ka⁵⁵	尺子
198	戛	ka⁵⁵	肝
199	戛	ʔa³⁵	哪
200	戛	ka³⁵	干
201	假	tɕa²¹	回
202	將	tɕa⁴⁴	接
203	絞	tɕɔ³¹	紧
204	教	tɕɔ⁵⁵	叫
205	接	tɕi⁵⁵	间
206	結	tɕɛ⁴⁴	一点儿
207	結	tɕɛ⁵⁵	怎
208	結	tɕi²¹	怎
209	結	tɕi⁵⁵	怎
210	戒	kɛ⁵⁵	怕
211	今	tɕɯ⁴⁴	敬
212	斤	tɕɯ³³	斤
213	經	tɕɯ³¹	敬
214	掬	tɕu³⁵	哄
215	觉	tɕɔ⁴⁴	焦
216	覺	tɕiɔ³⁵	焦
217	喀	khɛ⁴⁴	客
218	坎	ka³¹	想
219	坎	kha⁴⁴	渴求

序号	字形	音	汉义
220	柯	kho⁴⁴	靠
221	科	khɔ³³	颗
222	科	khɔ⁴⁴	靠
223	科	khɣ⁴⁴	曲
224	科	ko⁴²	过
225	搭	kɛ⁴⁴	捉
226	可	khɣ³¹	曲
227	可	khɣ⁴⁴	哥
228	肯	khɯ³¹	里
229	铿	khɯ³³	坑害
230	铿	khɯ³³	起
231	口	kɯ³¹	里
232	口	ko³¹	口
233	扣	khɯ⁵⁵	开
234	扣	khɯ⁵⁵	去
235	宽	khui³³	穷
236	匡	khua³³	狗
237	愧	khui⁵⁵	块
238	困	khui⁵⁵	亏
239	困	khui⁵⁵	另
240	困	kui⁵⁵	山
241	老	lɔ²¹	虎
242	勒	lɛ⁵⁵	哪
243	勒	lɛ⁵⁵	又
244	梁	mia⁴²	这
245	嚨	nv²¹	龙
246	嘍	lɯ⁴⁴	更
247	嘍	lɯ⁴⁴	越

序号	字形	音	汉义
248	律	lie⁵⁵	脱
249	嘛	ma⁴²	发
250	麥	mɛ⁵⁵	嘛
251	没	mo³³	可
252	妹	me⁵⁵	明
253	嚜	mɛ²¹	鸣
254	门	mu³¹	梦
255	門	mu³¹	梦
256	孟	mu⁵⁵	才
257	孟	mu⁵⁵	或
258	孟	mu⁵⁵	么
259	孟	mu⁵⁵	没
260	孟	mu⁵⁵	前
261	迷	mi⁴²	面
262	迷	mi⁴²	眼
263	米	mi³³	想
264	洣	mi⁴²	面
265	密	mi⁵⁵	大麦
266	嘧	mi³³	睐
267	面	mi⁵⁵	月
268	描	mia⁴⁴	不要
269	妙	mia⁴⁴	不要
270	滅	miɛ⁵⁵	名
271	末	mu⁵⁵	芒
272	莫	mo³³	都
273	拿	na³¹	哪
274	拿	na³⁵	又
275	拿	na⁴²	了

序号	字形	音	汉义
276	拿	na^{42}	那里
277	拿	na^{55}	你们
278	那	na^{55}	你
279	納	na^{42}	拿
280	乃	nɛ^{55}	呢
281	南	na^{21}	愧
282	南	na^{31}	哪
283	南	na^{42}	那里
284	喃	na^{21}	南
285	喃	na^{31}	哪
286	喃	na^{44}	那里
287	㪽	na^{21}	难
288	㪽	na^{44}	烂
289	脑	nɔ^{31}	你
290	腦	nɔ^{31}	你
291	奴	nɯ^{55}	你的
292	虐	n̪o^{44}	要
293	諾	nɔ^{55}	越
294	諾	no^{44}	腻
295	耦	ŋɯ^{31}	凝结
296	呋	pɯ^{31}	不
297	呋	pɯ^{55}	白
298	捞	pa^{21}	搬
299	皮	phi^{55}	脾
300	匹	phi^{31}	片
301	漂	pio^{55}	容貌
302	票	phiɔ^{55}	貌
303	坡	jy^{42}	语气词

序号	字形	音	汉义
304	坡	pho^{44}	方面
305	坡	pho^{33}	处
306	坡	po^{44}	边
307	期	$t\varphi hi^{44}$	气
308	期	$t\varphi hi^{44}$	去
309	楼	$t\varphi hi^{44}$	漆
310	欺	$t\varphi hi^{44}$	气
311	其	$t\varphi hi^{44}$	气
312	奇	$t\varphi hi^{31}$	其
313	起	$t\varphi hi^{31}$	刺
314	起	$t\varphi hi^{31}$	都
315	起	$t\varphi hi^{31}$	给
316	启	$t\varphi i^{21}$	昨
317	千	$t\varphi hi^{44}$	出
318	千	$t\varphi hi^{55}$	亲
319	欠	$t\varphi hi^{55}$	千
320	欠	$t\varphi hi^{55}$	亲
321	巧	$t\varphi hu^{31}$	超过
322	峭	$t\varphi hio^{35}$	好
323	且	$t\varphi hi^{31}$	青
324	趋	tsu^{35}	着
325	劝	$t\varphi hy^{55}$	一座
326	蕘	jo^{31}	夜
327	忍	$zɯ^{31}$	给
328	忍	$zɯ^{31}$	闰
329	認	$zɯ^{55}$	认
330	認	$zʅ^{31}$	给
331	人	zu^{55}	兄

序号	字形	音	汉义
332	煞	sa^{55}	三
333	閃	se^{31}	小
334	商	sa^{42}	散
335	尚	sa^{55}	相
336	燒	so^{33}	送
337	稍	sɔ^{44}	绳
338	稍	so^{44}	带
339	燒	so^{44}	扮
340	勺	ɕɔ^{33}	少
341	勺	sɔ^{55}	红
342	勺	sɣ^{31}	疼
343	睰	se^{33}	让
344	舍	se^{31}	什么
345	捨	se^{31}	舍
346	捨	sɛ^{31}	何
347	捨	sɛ^{31}	哪
348	捨	se^{35}	盛世
349	捨	se^{42}	深
350	捨	sɛ^{55}	时
351	捨	tsŋ^{21}	是
352	捨	sɛ^{33}	让
353	設	se^{33}	知
354	設	se^{33}	知
355	申	se^{33}	放
356	申	sɯ^{33}	手
357	申	sɯ^{33}	停歇
358	申	sɯ^{33}	一座
359	申	sɯ^{33}	

序号	字形	音	汉义
360	申	$suɯ^{44}$	色
361	申	$suɯ^{44}$	停
362	笙	$suɯ^{33}$	手
363	剩	$suɯ^{33}$	让
364	剩	$suɯ^{44}$	给
365	施	se^{44}	很
366	施	se^{44}	子
367	施	$sʅ^{33}$	极
368	施	$sʅ^{44}$	离
369	施	$sʅ^{44}$	实
370	施	$sʅ^{44}$	适
371	師	$sʅ^{55}$	是
372	拾	$phia^{44}$	到
373	拾	se^{31}	舍
374	拾	se^{31}	哪
375	拾	se^{44}	让
376	拾	$tsʅ^{21}$	时
377	食	$sʅ^{35}$	食
378	實	se^{33}	让
379	實	$sʅ^{35}$	想
380	拭	$tshʅ^{31}$	始
381	是	$suɯ^{55}$	什
382	是	$sʅ^{35}$	实
383	手	$suɯ^{33}$	戒
384	庶	$sɣ^{44}$	宿
385	庶	$sɣ^{55}$	双
386	刷	sua^{35}	园
387	双	sua^{44}	说

序号	字形	音	汉义
388	双	sua^{44}	血
389	霜	sua^{44}	血凝
390	雙	sua^{44}	说
391	斯	sʅ^{44}	是
392	緦	ɕi^{35}	心
393	死	sɣ^{31}	痛
394	搜	tso^{21}	藏
395	所	sɔ^{31}	笑
396	太	te^{42}	台
397	談	tha^{55}	塘
398	体	thi^{31}	只
399	體	thi^{31}	只
400	湞	ji^{31}	泪
401	透	thɯ^{55}	下
402	兔	thu^{55}	讨
403	兔	thu^{55}	图
404	歪	ue^{44}	为
405	頑	ui^{21}	为
406	巫	u^{21}	握
407	五	u^{31}	握
408	伍	ɣu^{21}	扶
409	武	vɣ^{21}	云
410	西	ɕi^{33}	无实义
411	昔	ɕi^{55}	串
412	昔	ɕi^{35}	心
413	習	ɕi^{35}	串
414	習	ɕi^{35}	弦
415	洗	se^{33}	知

序号	字形	音	汉义
416	細	çi^{35}	心
417	細	çi^{55}	新
418	狎	ça^{35}	闲
419	下	ça^{55}	下
420	閑	çi^{33}	闲
421	腺	çi^{35}	心
422	綫	çi^{35}	心
423	相	ça^{44}	杀
424	相	ça^{44}	死
425	相	ça^{44}	下
426	香	ça^{44}	死
427	香	jo^{21}	羊
428	消	ço^{35}	乡
429	些	çɛ^{44}	纪
430	些	çɛ^{44}	日
431	邪	çɯ^{44}	信
432	須	çye^{33}	水
433	卹	se^{33}	洗
434	學	ço^{35}	香
435	學	ço^{55}	乡村
436	學	çu^{35}	炫
437	央	ja^{44}	回
438	央	ja^{44}	压
439	陽	ja^{42}	样
440	夭	jo^{44}	悠
441	嘤	ŋɔ^{44}	不要
442	杳	jo^{21}	羊
443	要	miɔ^{44}	别

序号	字形	音	汉义
444	葉	n̠i^{35}	别人
445	業	n̠i^{35}	你
446	衣	ji^{31}	翅
447	仪	ji^{31}	意
448	夷	ji^{31}	泪
449	移	ji^{42}	穿
450	詥	tu^{44}	不得
451	儀	ji^{31}	意
452	乙	ji^{31}	一
453	乙	ji^{33}	依
454	乙	ji^{55}	腰
455	乙	ji^{55}	衣
456	乙	ji^{55}	易
457	以	ji^{31}	以
458	因	juɯ^{33}	音
459	因	juɯ^{44}	吃
460	因	juɯ^{44}	村
461	音	juɯ^{44}	吃
462	音	juɯ^{44}	村
463	音	juɯ^{44}	照应
464	英	juɯ^{44}	吃
465	英	juɯ^{44}	乡村
466	憂	juɯ^{44}	吃
467	憂	jo^{33}	持
468	憂	jo^{33}	忧
469	猶	jou^{42}	犹
470	有	tsɯ^{33}	在
471	云	jye^{33}	冤

97

续表

序号	字形	音	汉义
472	云	jye^{55}	运
473	哉	tse^{44}	再
474	哉	tse^{44}	摘
475	栽	ze^{33}	栽
476	宰	tɕhi^{31}	刺
477	宰	tɕhi^{31}	剪
478	宰	tse^{21}	齐
479	宰	tshɿ^{31}	刺
480	丈	tsa 疳	整
481	招	tsɔ^{55}	照应
482	招	tso^{44}	戴
483	招	tsɔ^{44}	照
484	詔	tsɔ^{44}	照
485	棏	ta^{44}	打
486	者	tsɛ^{21}	成
487	鍼	tsɯ^{33}	蜇
488	徵	tsɯ^{33}	有
489	之	tsɿ^{33}	儿
490	支	tsɿ^{33}	点
491	支	tsɿ^{33}	儿
492	支	tsɿ^{33}	男
493	支	tsɿ^{33}	子
494	知	tsɿ^{55}	志
495	直	tɕɿ^{21}	时
496	直	tsɿ^{55}	油
497	直	tsɿ^{55}	真
498	墌	zʏ^{31}	双
499	止	tsɛ^{21}	成

序号	字形	音	汉义
500	止	tsɛ²¹	时
501	止	tsʅ³¹	话
502	訨	tsʅ³¹	话
503	訨	tsɛ³¹	事
504	制	tsʅ⁵⁵	真
505	仲	tso²¹	肠
506	朱	tsv⁴⁴	竹
507	株	tsv⁴⁴	竹
508	助	tso⁴²	或
509	助	tsu⁵⁵	做
510	桌	tso⁵⁵	张
511	着	tso²¹	藏
512	着	tso²¹	尝
513	着	tso⁵⁵	藏
514	着	tso⁵⁵	领
515	子	tsʅ⁵⁵	则
516	子	tsʅ⁵⁵	做
517	自	tsʅ²¹	去
518	自	tsʅ⁴²	做
519	自	tsʅ⁵⁵	则
520	作	tsɔ⁴⁴	照
521	作	tso⁵⁵	藏
522	吶	ne⁴²	柔
523	傩	nɯ⁵	你的
524	傩	nɯ⁵⁵	我的
525	伩	ɲ.ɣ³³	姑
526	伩	ɲ.ɣ³³	妹
527	利	li⁵⁵	也

三 训读字

训读字是指只借汉字的意义，而读白语音的字。

例一 "病"

原文：我 为 你 上 氣 成 病

注音：ŋɔ³¹ ui⁴⁴ nɯ⁵⁵ nɔ³³ tɕhi⁴⁴ tsɛ²¹ pɛ³¹

汉义：我 为 你的 上 气 成 病

意译：我因相思染了病

"病"在白文中表示"疾病"义，与汉字义相同。"病"白语读音 [pɛ³¹]，与汉语读音完全不同。综上分析得出，"病"字是一个训读字。

例二 "見"

原文：急 難 何 曾 見 一 人

注音：tɕi³⁵ na⁵⁵ xu⁴² tshɯ⁴² tɕi⁵⁵ ji³⁵ zɯ⁴²

汉义：急 难 何 曾 见 一 人

意译：急难何曾见一人

"見"在白文中表示"看到"义，与汉字义相同。"見"汉语读音 [tɕian⁵¹]，白语读音 [tɕi⁵⁵]，读音不同。综上分析得出，"見"字是一个训读字。

例三 "水"

原文：脑 廿 我 蒒 滈 渿 水

注音：nɔ³¹ li⁵⁵ ŋɔ³¹ tsɯ³³ ko³³ kɣ³⁵ ɕye³³

汉义：你 和 我 是 俩 河 水

意译：你和我是两河水

"水"在白文中表示"河水"义，与汉字义相同。"水"白语读音 [ɕye³³]，与汉语读音完全不同。综上分析得出，"水"字是一个训读字。

例四 "忍"

原文：挈 着 鼻 子 暗 忍 招

注音：tɕhi³³tsu³⁵ pi³⁵ tsɿ³¹ ŋa⁵⁵ zɯ³¹ tso⁴⁴

汉义：牵 着 鼻 子 暗 忍 着

意译：我捏着鼻子暗忍着

"忍"在白文中表示"忍耐"义，与汉字义相同。"忍"白语读音 [zɯ³¹]，与汉语读音完全不同。综上分析得出，"忍"字是一个训读字。

例五 "心"

原文：有　心　各　脑　自　合　鸷

注音：tsɯ³³　çi³⁵　ko⁵⁵　nɔ³¹　tsɿ⁵⁵　xuo³⁵　ɣɯ³³

汉义：有　心　跟　你　做　花　柳

意译：有心跟你要做花柳伴

"心"在白文中表示"心思"义，与汉字义相同。"心"白语读音[çi³⁵]，与汉语读音完全不同。综上分析得出，"心"字是一个训读字。

表4-3　训读字字表

序号	字形	音	对应汉义
1	梆	fv^{42}	绑
2	病	pe^{31}	病
3	朝	$tsɔ^{31}$	朝
4	到	$phia^{44}$	到
5	非	fe^{33}	非
6	鳳	fe^5	凤
7	杲	ko^{21}	杲
8	后	$ɣɯ^{33}$	后
9	緊	$tɕɯ^{31}$	紧
10	靠	$khɔ^{55}$	靠
11	渴	$khɯ^{35}$	渴
12	客	khe^{44}	客
13	勒	$lɯ^{35}$	勒
14	名	$miɯ^{42}$	名
15	牡	mo^{31}	牡
16	南	na^{21}	南
17	難	na^{21}	难
18	難	na^{42}	难
19	惱	$nɔ^{31}$	恼
20	鬧	$nɔ^{55}$	闹
21	呢	ni^{55}	呢

续表

序号	字形	音	对应汉义
22	錢	tɕhe^{55}	钱
23	敲	khɔ^{33}	敲
24	親	tɕhɯ^{33}	亲
25	讓	za^{55}	让
26	仁	zɯ^{42}	仁
27	忍	zɯ^{31}	忍
28	肉	zu^{33}	肉
29	上	to^{33}	上
30	燒	su^{55}	烧
31	申	sɯ^{33}	申
32	身	sɯ^{33}	身
33	深	sɯ^{33}	深
34	審	sɯ^{31}	审
35	世	se^{42}	世
36	水	ɕye^{33}	水
37	死	ɕi^{33}	死
38	送	so^{33}	送
39	天	xe^{55}	天
40	跳	tiɔ^{44}	跳
41	銕	thi^{55}	铁
42	聽	tɕhɛ^{55}	听
43	头	tɯ^{21}	头
44	透	thɯ^{31}	透
45	為	ui^{44}	为
46	我	ŋɔ^{31}	我
47	想	mi^{33}	想
48	小	se^{31}	小
49	心	ɕi^{35}	心

序号	字形	音	对应汉义
50	眼	ui^{33}	眼
51	要	ȵo^{44}	要
52	鹞	jɔ^{33}	鹞
53	椅	ji^{31}	椅
54	易	ji^{55}	易
55	有	tsɯ^{33}	有
56	語	ɣo^{42}	语
57	月	ua^{44}	月
58	照	tso^{42}	照
59	真	tsʅ^{55}	真
60	主	tsɯ^{33}	主
61	桌	tsʅ^{55}	桌
62	着	tɯ^{44}	着
63	可	ko^{31}	可
64	龍	nɣ^{21}	龙

四 记号字

记号字是指字符在白文系统中所具有的音义属性与在汉字系统中的音义属性完全不同，即字符与其在汉字系统中代表的汉字音义均没有任何联系，只借用字形。文献中记号字很少，只有一个，表示"也"的意思。

例："廿"

原文： 次 廿 狎 拿 夫 廿 嘍

注音： tshʅ^{55} li^{55} ça^{35} na^{55} fɣ^{44} li^{55} lia^{42}

汉义： 身 也 闲 则 肚 也 圆

表 4-4 记号字字表

字形	音	汉义
廿	li^{5}	也

五 假借字与通假字

例一 "時"

（1）原文：一　　時　　非　　來　　一　　時　　是

注音：ji^{35}　$s\gamma^{42}$　fe^{33}　$l\epsilon^{42}$　ji^{35}　$s\gamma^{42}$　$s\gamma^{55}$

汉义：一　　时　　非　　来　　一　　时　　是

（2）原文：交　　喁　　没　　言　　時

注音：$s\epsilon^{33}$　ηa^{55}　mo^{33}　ji^{21}　$s\gamma^{31}$

汉义：让　　我　　们　　可　　怜

（1）句中的"時"[$s\gamma^{42}$]，白语读音与汉字读音相近，在白文中表示"时间"义，汉字"時"也有这个义项，字形与汉字字形完全一致。综上分析得出，"時"字是一个全借字。最初作为全借字进入白语系统，"可怜"云龙宝丰语音[$mu^{35}ta^{44}ts\gamma^{21}$]，当记录人遇到白语语音[$ts\gamma^{21}$]，没有再根据词义来造新字，而是选择了在白语系统中读音相同的"時"字。此时，即是"本无其字"的假借。

例二 "合"

（1）原文：上　　憛　　悇　　嗱　　合　　處　　孟

注音：sa^{55}　$\eta\epsilon^{21}$　tsw^{33}　na^{55}　xuo^{35}　$tsh\gamma^{31}$　mu^{55}

汉义：互　　去　　在　　则　　合　　处　　处

（2）原文：漢　　能　　票　　吐　　乎　　合　　申

注音：xa^{55}　nw^{5}　$pio^{55}no^{33}$　xu^{33}　xuo^{34}　sw^{33}

汉义：看　你的　面貌　上　好　花　像

"合"[xuo^{35}]白语读音与汉字西南官话读音相同，在白文中表示"合适"义，汉字"合"也有这个义项，字形与汉字字形完全一致。综上分析得出，"合"字是一个全借字。最初作为全借字进入白语系统。"花"大理白语、云龙宝丰白语音[xua^{44}]，记录人书写时，用白语文系统里读音相同的"合"字，文献中"合"义项为观赏植物的字频是54。表示观赏植物的全借字"花"字在文献中的字频是15。这是"本有其字"的通假。

例三 "高"

（1）原文：緣　　法　　更　　比　　嘛　　发　　高

注音：$jye^{42}fa^{35}$　kw^{55}　pi^{31}　ju^{35}　fa^{35}　ko^{33}

汉义：缘　　法　　更　　比　　药　　法　　高

（2）原文：次　嚶　<u>高</u>　墵　細　上　結

注音：tʂŋ⁵⁵ kɛ⁴⁴ ko³³ ta³¹ çi³⁵ sa⁵⁵ tɕɛ⁵⁵

汉义：身　隔　两　地方　心　相　牵

（3）原文：僾　稍　<u>高</u>　後　南　嵵　高

注音：ŋɯ⁵⁵ so⁴⁴ ko⁴⁴ xɯ⁵⁵ na²¹ sv⁴² ko⁴⁴

汉义：我的　绳　下　在　南　山　脚

（1）句中的"高"[ko³³]，白语读音与汉字读音相近，在白文中表示"等级在上的"义，汉字"高"也有这个义项，字形与汉字字形完全一致。综上分析得出，"高"字是一个全借字。但值得注意的是，"高"还有（2）句和（3）句中"两"和"脚"两个义项。"两"字作为数量词"两"在文献中的字频是 8，表示数量词义的"兩"是本字。云龙宝丰白语表示数量词"两"读音是 [ko³³]，记录人在书写时，可能是仓促写成白语文系统里读音相同的"高"字，文献中"高"义项为数量词"两"的字频是 1。词义"脚"白语音 [ko⁴⁴]，记录人书写时，用白语文系统里读音相同的"高"字，文献中义项为山脚的"高"字字频是 5。全借字"脚"字在文献中的字频是 3。这是"本有其字"的通假。

第三节　自造拼合字

白语属于彝语支语言，其声、韵、调系统与汉字没有完全一一对应的关系，这导致白语和汉语不能进行完整有效的音义互译，用汉字记录白语更为困难和不准确。这也间接促成了白族人另辟蹊径进行造字。

自造拼合字从文字的外形来看，保留了汉字的方块形结构，都是由汉字的整字、部件、笔画或将汉字作变形处理之后组合而成。字形分析主要参照构成方块白文的各构件功能将方块白文进行拆分，可以进一步拆分的汉字构件如是作为一个功能整体进入方块白文的，则不再进一步按汉字进行拆分。

从字符功能角度，拼合形方块白文主要包括以下类型：

一 音义拼合字

音义拼合字的字符由两个构件组合而成，一个构件起示音作用，另一个构件用来表义。构件有可能是一个完整的汉字字形，可能是部首，也有可能是汉字省略字。字符读音与示音构件读音之间的联系有两种情况：一是示音构件的白语音与字符的白语音相同或相近；二是示音构件的汉语音与字符的白语音相同或相近。

（一）读白语音的示音构件

例一 "蹲"

原文：卑　申　那　南　初　冷　蹲

注音：pe^{44}　sɯ^{33}　na^{55}　na^{42}　tshu^{33}　lɯ^{31}　tsuɛ^{44}

汉义：走停　歇　你们　处　就　这　转

意译：到你们那里就这回

"蹲"[tsuɛ^{44}]，2个直接构件，分别是"足"和"專"。"足"表义，"專"表音，"專"汉语读音[tʂuan^{55}]，云龙宝丰白语音[tsuɛ^{44}]"转"云龙宝丰白语音[tsuɛ^{44}]。综上分析得出，"蹲"字是一个白语音的音义拼合字。

例二 "籔""簪"

原文：央　起　吉　籔　簪　斗　保

注音：ja^{44}　tɕhi^{31}　tɕi^{55}　sʅ^{55}　sʅ^{31}　tɯ^{21}　po^{21}

汉义：压　给　金　梳　梳　头　无实义

意译：送你金梳梳长发

"簪"[sʅ^{55}]，有2个直接构件，分别是"梳"和"書"。"書"汉语读音[ʂu^{55}]，剑川白语音[sʅ^{55}]。"梳"表义，"書"表音。综上分析得出，"簪"字是一个白语音的音义拼合字。

"籔"[sʅ^{55}]，有2个直接构件，分别是"梳"和"蔗"。根据结构功能分析法，参考"簪"字的构形分析，得出"梳"是表义构件，"蔗"是表音构件，但"蔗"汉语读音[tʂʅ^{214}]，白语读音[tʂʅ^{55}]，与"籔"读音不相关，所以推测是书写错误，应为"庶"字。"庶"汉语读音[ʂu^{51}]，剑川白语音[sʅ^{55}]。综上分析得出，"籔"字是一个白语音的音义拼合字。

"簪"、"籔"两字音同，表示的白语义相同，示音构件的音也相同，只是示音构件的选字不同而已，这两字是异体字。

例三 "亮"

原文：瞥　嫑　苦　刭　后　害　鼤

注音：mɛ²¹　pɛ⁴²　khu³³　phia⁴⁴　ɣɯ³³　xe⁵⁵　miɛ⁴²

汉义：天　亮　苦　到　了　天　黑

意译：从天亮苦到了天黑

"嫑"，两个直接构件，"亮"表义，"白"表音。"白"汉语音 [pai³⁵]，白语音 [pɛ⁴²]。综上分析得出，"嫑"字是一个白语音的音义拼合字。

例四"悳"

原文：偲　悳　干　那　孟　谤　认

注音：ŋɯ⁵⁵　tsɯ³¹　ka⁴⁴　na⁵⁵　mɯ⁵⁵　pa²¹　zʅ³¹

汉义：我的　情　把　你们　处　讲　给

意译：我的此情说给你

"悳" [tsɯ³¹]，2 个直接构件，分别是"直"和"心"。"直"汉语音 [tʂi³⁵]，大理白语音、剑川白语音、云龙白语音依次是 [miɔ³²]、[tuẽ⁵⁵]、[miɔ⁴²]，"心"白语音 [ɕi⁵⁵]，都跟"悳"音 [tsɯ³¹] 没关联，义也无关。"真"剑川白语音 [tsɛ̃⁵⁵]，汉语音 [tʂən⁵⁵]，"真"是起示音作用的，只是造字时，为了简略和美观，省略为"直"。"心"表义。综上分析得出，"悳"字是一个白语音的音义拼合字。

例五"籫"

原文：纳　偲　籫　纪　做　人　情

注音：na⁴²　ŋɯ⁵⁵　vv³³　tɕi³¹　tsu⁵⁵　zɯ⁴²　tɕhɯ⁴²

汉义：拿　我的　东　西　做　人　情

意译：拿我的礼物做人情

"籫" [vv³³]，有两个直接构件，分别是"物"和"毋"。"物"表义，"毋"示音。"毋"白语音 [v̩³³]，"物"白语音 [v̩³³]，字义是表示一个具体的东西。综上分析得出，"籫"是一个白语音的音义拼合字。

例六"豎"

原文：豎　豎　矣　廿　能　吐　魙

注音：tɯ³³　tɯ³³　ji³¹　li⁵⁵　nɯ⁵⁵　no³³　kui⁴²

汉义：等　等　找　也　你的　上　不见

意译：等了又找没见你

"豎" [tɯ³³]，有两个直接构件，分别是"斜"和"豆"，"斜"是表义，"豆"示音。"斜"表示等待的意思，"豆"白语音 [tɯ³¹]。综上分析得出，"㙯"是一个白语音的音义拼合字。

表4-5　白语音的音义拼合字字表 [①]

序号	字形	音	表义构件	示音构件	对应汉义	词义	注释
1	方	tɔ³³	上	刀	上	上面	"刀"云龙音 ta³⁵
2	旭	tɕɯ³³	九	久	九	九	"久"大理、云龙音 tɕɯ³³
3	斜	tɯ³³	彳	斗	等	等待	"斗"tɯ³³
4	㣺	pɯ⁵⁵	夫	本	夫，丈夫	夫妻	"本"大理、剑川音 pɯ²¹ 夫 pɯ³³
5	埠	tso⁴²	工	早	活	干活	"早"云龙音 tsɔ³³"干活"大理音 tsʅ⁵⁵tsuo³²sɯ³³ 剑川音 tsu⁵⁵tso⁴²sɯ³³ 云龙音 tsʅ⁵⁵tso⁴²sɯ³³
6	㚈	te⁴⁴	代	歹	带	携带	"歹"大理音 te⁴⁴"带"大理音 te⁴⁴
7	宭	jɯ³³	宀	因	村	乡村	"因"云龙音 jɯ³³"村"jɯ⁴⁴
8	悐	ɕi³³	死	心	死	死亡	"心"、"死"ɕi³³
9	侰	ŋa⁵⁵	亻	昂	我	我	"我们"ŋa⁵⁵
10		tshy⁴⁴	出	处	出	出门	"处"tshy⁴⁴
11	桼	kua⁴²	束	条	棍	棍子	"条"kua⁴²
12	搨	tε⁴⁴	得	扌	打	打发	"得"tε⁴⁴
13	嗃	mu⁵⁵	口	孟	口	门口	"孟"me²¹
14	㤆	xε⁵⁵	生	亥	生	生米	"亥"xε⁵⁵"生（米）"云龙音 xε⁵⁵
15	佫	kε⁴⁴	亻	客	客	客人	客 khε⁴⁴
16	袘	ji⁵⁵	衤	衣	衣	衣服	衣 ji³⁵
17	掔	pe³³	手	板	遮	遮盖	"板"pe³³
18	惪	tsu³¹	心	真	情	情意	真笔画删减。"真"剑川音 tsẽ⁵⁵
19	醋	ɕi³³	死	西	死	死亡	"西"tɕi³¹"死"ɕi³³
20		ɕi³³	死	西	死	死亡	"西"tɕi³¹"死"ɕi³³
21	胶	tɕo⁴²	匠	交	匠	银匠	"匠"云龙音 tɕo⁴²"交"云龙音 tɕɔ³⁵

---

① 　自造字字表均按照字体笔画数升序排列，相同笔画数的字以笔画顺序：横、竖、撇、捺、折依次排列。

序号	字形	音	表义构件	示音构件	对应汉义	词义	注释
22	晆	çɛ44	日	些	天	日子	"些"ça44 "天"剑川、云龙音çɛ44
23	睥	pe33	日	卑	饭	饭	"饭"pe33
24	雬	vv33	物	毋	东	东西	"毋"ɣ33
25	愚	tsɯ42	心	周	情	情意	"周"云龙音tsue42
26	高	ko33	㇏	高	俩	咱俩	"高"ka 疒
27	㶵	ti33	氵	点	一滴	一滴	"点"ti21 "一滴"剑川音kõ42çui33ti33
28	浩	se33	洗	山	洗	清洗	"山"sɣ42 "洗"se33
29	間	mɛ21	白	門	亮	天亮	"亮"mɛ21 "门"me21
30	岗	se31	小	闪	小	大小	"闪"剑川音sɛ44
31	㭴	jɯ44	村	因	村	村落	"村"jɯ44 "因"大理音jɯ44
32	嵪	ka55	山、高	高	高	高度	"高"大理、云龙音ka35
33	筹	nu21	⺮	弄	龙	龙竹	"弄"大理、云龙音nɣ21 剑川音nɣ21
34	䶎	xuo35	花	合	花	鲜花	"合"大理音xuo35 "花"大理、云龙音xua44
35	㮮	zʅ31	米	饭	饭	米饭	"饭"大理、云龙音zʅ31
36	搊	tsɯ33	主	周	主	做主	"周"云龙音tsue42 "主"tsɯ33
37	旇	pɔ21	方	保	边	表方位	"保"云龙音pɔ21 "边"大理、云龙音pɔ21
38	娪	ʔa33	見	安	看	看见	"安"ʔa33 "看"云龙音ʔa33
39	婺	vɣ33	女	務	妻	妻子	"務"ɣ55 "妻"大理、剑川音ɣ33
40	辪	tso21	镸	早	长	长度	"早"云龙音tso33
41		tshɣ44	出	处	出	出门	"处"tshɣ44
42	瞤	ŋui33	目	昷	眼	眼睛	"眼睛"云龙音ŋue33 "温"云龙音ŋue35
43	憁	mi33	忄	密	思	想法	"密"、"想"mi33
44	㕭	kɛ44	爪	咼	甲	指甲	"咼"、"甲"kɛ44
45	豋	tɯ31	豆		饭	午饭	"斗"tɯ31

序号	字形	音	表义构件	示音构件	对应汉义	词义	注释
46	亮	pe^{42}	亮	白	亮	明亮	"白"剑川、云龙音 pe^{42}
47	翀	$khɣ^{55}$	羽	空	膀	翅膀	"空"、"膀"剑川、云龙音 $khɣ^{55}$
48	橐	$piɔ^{33}$	不	票	不是	不是	"票" $phiɔ^{55}$ "不是"云龙音 $piɔ^{33}$
49	骹	to^{31}	背	朵	背	背后	"朵"剑川音 to^{33}
50	岣	kho^{33}	哭	可	哭	哭泣	"哭"大理、云龙音 kho^{44} 剑川音 kho^{44} "可"大理、剑川音 $khɔ^{31}$
51	蝶	se^{44}	葉	山	叶	树叶	"山" $sɣ^{42}$ "叶" se^{44}
52	瀞	$tɕɯ^{42}$	更、净	净	净	干净	"净" $tɕɯ^{42}$
53	痜	pe^{42}	病	白	病	生病	"白"剑川、云龙音 pe^{42} "病"大理音 $pe\tilde{e}^{31}$ 剑川音 $pe\tilde{e}^{31}$ 云龙音 $pe\tilde{e}^{31}$
54	瞀	$z\mathrm{l}^{31}$	米、日	申	饭	米饭	"申"云龙音 $s\mathrm{l}^{55}$ "饭"云龙音 $z\mathrm{l}^{31}$
55	粿	$z\mathrm{l}^{31}$	米	神	饭	午饭	"神"、"饵块"大理、云龙音 $z\mathrm{l}^{31}$
56	桷	$tsɯ^{33}$	真、有	有	有	存在	"有" $tsɯ^{33}$
57	瓜	kua^{35}	瓜	國	瓜	冬瓜	"國" kue^{35} "瓜" kua^{35}
58	絨	mie^{55}	名	威	名声	名声	"滅" mie^{35}
59	燠	$ʔue^{55}$	温、火	温	暖	温暖	"(温)暖" $ue^{35}uo^{21}$
60	绛	$tɕɛ^{21}$	井	結	井	下井	"井"云龙音 $tɕɛ^{33}$ "结(果)"云龙音 $tɕɛ^{35}$
61	懃	$tɕɛ^{21}$	心	結	情	情意	"结(果)"云龙音 $tɕɛ^{35}$ "情" $tɕhu^{42}$
62	餐	pe^{33}	食	板	晚饭	晚饭	"板"云龙音 pe^{33} "晚饭"大理、云龙音 pe^{33}
63	檊	jo^{21}	松、香	松	松	松树	"松"云龙音 jo^{21}
64	裴	fe^{55}	非	费	非	是非	"非""费"云龙音 fe^{55}
65	艵	fe^{55}	非	费	非	是非	"非""费"云龙音 fe^{55}
66	踦	ko^{44}	足	高	脚	脚下	"高" $kɔ^{44}$
67	鑿	$vɣ^{33}$	妻	物	妻	妻子	"物"云龙音 $ɣ^{44}$ "妻"大理、剑川音 $ɣ^{33}$
68	犕	$tsɔ^{42}$	着	早	遭	遭受	"早"云龙音 $tsɔ^{42}$
69	悫	ji^{31}	义	心	意	情意	"心" $ɕi^{55}$

续表

序号	字形	音	表义构件	示音构件	对应汉义	词义	注释
70	㲪	$xɛ^{55}$	客	生	汤	汤羹	"生" $xɛ^{55}$ "汤" $xɛ^{55}$
71	褆	ji^{55}	衣	壹	衣	衣服	"壹" ji^{44} "衣" ji^{35}
72	䮣	$fɣ^{55}$	飛	服	飞	飞翔	"飞" 大理、云龙音 $fɣ^{35}$ 剑川音 $fɣ^{55}$ "服" $fɣ^{35}$
73	鎈	$tɕi^{21}$	金	紀	手	手镯	"紀" $tɕi^{21}$
74	癍	$pɛ^{31}$	病	板	病	生病	"板" 云龙音 pe^{33} "病" 大理音 $pɛʐ^{31}$ 剑川音 $pẽ^{31}$ 云龙音 pe^{31}
75	楇	kua^{42}	木	寡	棍	木棍	"寡" 剑川音 $kuã^{33}$
76	鴲	tso^{44}	鳥	招	雀	麻雀	"招" 大理、云龙音 tso^{44} "雀" 大理、剑川、云龙音: tso^{44}、tso^{44}、tsa^{42}
77	踌	$tsuɛ^{44}$	足	專	转	转圈	"專" 云龙音 $tsue^{44}$
78	牄	ke^{35}	牢	皆	结	结实	"皆" ke^{42} "结" ke^{35}
79	犇	$ŋɯ^{21}$	耦	牛	牛	耕牛	"牛" $ŋɯ^{21}$
80	鬠	$tshui^{44}$	髻	春	发	头发	髻 $tshue^{44}$ "春" 大理、云龙音 $tshɣ^{55}$ 剑川音 $tshɣ̃^{55}$
81	曌	$tsɔ^{42}$	照	早	照	照镜子	"早" $tsɔ^{42}$
82	跕	$tsɯ^{31}$	足、走	占	站	站立	"占" $tsɯ^{31}$
83	顺	$sɣ^{31}$	顺	書	顺	温顺	"書" 剑川音 $sɣ^{55}$
84	斜登	$tɯ^{33}$	斜	登	等	等待	"登" $tɯ^{35}$
85	鑁	$ɣɯ^{33}$	後	恩	后	前后	"恩"、"后" 大理、剑川音 $ɣɯ^{33}$
86	遶	so^{33}	辶	燒	送	送还	"燒" 云龙音 so^{33}
87	䍖	$ɣɔ^{21}$	網	凹	网	猎网	"凹" 剑川音 $ɣɔ^{21}$ "网" 剑川音 $ɣo^{21}$
88	嶨	se^{55}	寺	山、扇	寺	寺庙	"山" $sɣ^{42}$ "扇" se^{42}
89	黣	$xɯ^{42}$	恨	黑	恨	仇恨	"黑"、"恨" 大理、云龙音 $xɯ^{44}$ "根" 剑川音 $xɯ^{42}$
90	瘈	$tɕɯ^{55}$	精	尽	瘦	瘦肉	"尽" 云龙音 $tɕɯ^{35}$
91	梳書	$sɣ^{31}$	梳	書	梳	梳子	"書" 剑川音 $sɣ^{55}$

序号	字形	音	表义构件	示音构件	对应汉义	词义	注释
92	𤲃	ta⁴²	担	当	担子	担子	"当"大理音 ta³⁵
93	鱫	v³⁵	鱼	務	鱼	鱼刺	"鱼"剑川音 ɣ̃⁵⁵ 务 ɣ⁵⁵
94	䨮	sui⁴⁴	雪	孙	雪	雪花	雪 sue⁴⁴ "孙"大理、云龙音 suã⁵⁵ 剑川音 suã⁵⁵
95	䋆	tsɔ³³	繞	上	结	结晶	"上"云龙音 tsɔ³³ 结（果实）tsɔ⁴²
96	𩛩	Tui	食	顿	顿	两顿饭	"顿"大理、云龙音 tue3²tue⁴²
97	馫	çiɔ³⁵	香	學	香	香味	"香"云龙音 çɔ³⁵ "学校"大理、云龙音 çɔ³⁵tha⁵⁵
98	翻	fɛ³³	反	翻	反	反对	"翻"云龙音 fɛ³³
99	𪐝	xɯ⁴⁴	黑	狠	黑	黑色	"狠"云龙音 xɯ³³ 黑 xɯ⁴⁴
100	鐵	the⁴⁴	鉄	泰	铁	铁尺	"泰"te⁴⁴
101	攃	sɣ⁵⁵	梳	蔗	梳	梳子	"梳"云龙音 sɣ³⁵
102	𥢔	çɔ⁵⁵	相匚	學	箱	箱子	"学校"大理、云龙音 çɔ³⁵tha⁵⁵
103	𩕊	ɣɯ⁴²	學	恩	学	学习	"學"大理、剑川音 ɣɯ⁴² "恩"云龙、剑川音 ʔɯ³⁵
104	鬻	tsɣ⁴²	熟	煮	熟	成熟	"熟"tsɣ⁴² "煮"tsɣ³³

（二）读汉语音的示音构件

例一"𧰼"

原文：我　哀　債　嵊　𧰼　疆　疆

注音：ŋɔ³¹　e⁴⁴　pɯ⁵⁵　se⁴⁴　tɕhɛ⁵⁵　tɕha⁴⁴　tɕha⁴⁴

汉义：我　爱　它　叶　青　恰　恰

意译：我爱花叶绿荫荫

"𧰼"[tɕhɛ⁵⁵]，有 2 个直接构件，"切"和"青"。"切"汉语音 [tɕ'ie⁵⁵]，"切"大理白语音、云龙白语音是 [tshua³³] 剑川白语音是 [tshuã³³]，切是示音构件。"青"是表义构件，白语音 [tɕhɛ⁵⁵]。综上分析得出，"𧰼"是一个汉语音的音义拼合字。音义拼合字的表义构件往往也示音。

例二"㐱"

原文：衾　吐　生　登　獨　謝　科

注音：xe⁵⁵　nɔ³³　xɛ⁵⁵　tɯ⁴⁴　tu⁵⁵　çɛ⁵⁵　khɔ³³

汉义：天　上　生　着　独　星　一颗

意译：天上有颗最亮星

"衾" [xe⁵⁵]，有 2 个直接构件，"天"和"亥"。"亥"汉语音 [xai⁵¹]，是示音构件。"天"是表义构件，白语音 [xe⁵⁵]。综上分析得出，"衾"是一个汉语音的音义拼合字。

例三"甕"

原文：一　分　半　湝　甕　花　漂

注音：ji³⁵　fɯ³³　pe⁵⁵　zʅ³¹　mɛ⁴²　xuo⁵³　pio⁵⁵

汉义：一　分　半　用　买　花　容貌

意译：分一半用它买花容貌

"甕" [mɛ⁴²]，有两个直接构件，"贾"和"墨"。"墨"汉语音 [mo⁵¹]，是示音构件。"贾"汉语音 [ku²¹⁴]，表示义，是表义构件。综上分析得出，"甕"是一个汉语音的音义拼合字。

表 4-6　汉语音的音义拼合字字表

序号	字形	音	表义构件	示音构件	对应汉义	词义
1	壭	sa⁵⁵	三	上	三	三个
2	圯	tɕi³¹	土	己	田	田地
3	兊	zu³³	兄	人	兄弟	兄弟
4	挈	tɕhi³³	手	切	牵	牵引
5	岶	se⁴²	世	山	世	世上
6	衾	n̠i⁴⁴	入	衣	进	进入
7	肛	ua⁴⁴	月	王	月亮	月亮
8	玗	jy⁴⁴	玉	云	玉	宝玉
9	而	ɣɛ³³	下	而	下	上下
10	枀	tɔ⁴²	大	朵	大	大小
11	抻	sɯ³³	手	申	手	手掌
12	涻	kɯ³⁵	丷	更	寒	寒冷
13	怢	mi³³	忄	米	想	想念
14	羜	tsʅ³¹	羊、子	子	羔	羊羔

序号	字形	音	表义构件	示音构件	对应汉义	词义
15	衮	xe^{55}	天	亥	天	天空
16	泰	ji^{42}	水	夷、水	泪	眼泪
17	智	$t\varphi he^{55}$	耳	切	听	听见
18	翠	sua^{44}	年	双	年	今年
19	盉	sua^{44}	血	双	血	鲜血
20	厷	$mi\mathfrak{o}^{44}$	不	妙	不要	不要
21	晶	γa^{42}	爪	昂	集中	集中
22	蚰	suu^{44}	色	申	色	颜色
23	扈	$t\varphi i^{33}$	底	己	底	底部
24	犞	$li\mathfrak{o}^{44}$	料	了	料	照料
25	淌	kuu^{21}	氵	苟	（流不停状）	（流不停状）
26	淌	kuu^{21}	氵	苟	流	流水
27	豬	$z\gamma^{31}$	用	汝	用	使用
28	槃	$mi\mathfrak{o}^{44}$	不	妙	不要	不要
29	觢	mia^{44}	勿	妙	别	不要
30	孚	xu^{33}	好	乎	好	良好
31	晉	sua^{44}	言	双	说	说话
32	乖	$\gamma\varepsilon^{33}$	下	耶	下	下面
33	嚠	$t\varphi he^{31}$	青	切	青	青色
34	胥	ua^{44}	月	旺	月亮	月亮
35	岵	$k\gamma^{35}$	兵	古	兵	士兵
36	偓	ηa^{55}	亻	恩	我们	我们
37	銮	γa^{42}	合	安	合	合抱
38	絲	tuo^{33}	朵	多	朵	花朵
39	頹	puu^{55}	夫	贲	夫	丈夫
40	尳	$khuu^{55}$	早	克	早	早上
41	菷	puu^{44}	北	朋	北	北方
42	嵧	se^{55}	山	扇	山	高山
43	盒	mie^{42}	命	皿	命	生命

续表

序号	字形	音	表义构件	示音构件	对应汉义	词义
44	㶑	ka^{21}	氵	敢	冷	冰冷
45	䫫	xou^{33}	好	厚	美	美丽
46	鑫	$tɕi^{35}$	金	吉	金	金子
47	蔽	na^{21}	艹	报	花园	花园
48	鑫	$tɕi^{35}$	金	吉	金	金子
49	㜽	$tsʅ^{33}$	產、子	子	儿	儿子
50	糕	me^{33}	米	美	米	米饭
51	淎	$ɣa^{21}$	汗	昂	汗	汗水
52	尾	v^{33}	尾	巫	尾	末尾
53	鹐	ke^{55}	鸟	皆	鸡	公鸡
54	橆	mo^{33}	無	母	无	没有
55	㜽	$tsʅ^{33}$	產、子	子	儿	儿子
56	㸋	$tsʅ^{33}$	纸	支	纸	纸张
57	鉒	$tsɯ^{33}$	主	真	主	主人
58	醂	mi^{42}	面	米	面	两面
59	峛	$sɣ^{42}$	山	尌	山	山峰
60	骺	kua^{44}	骨	光	骨	骨头
61	躬	$khɯ^{31}$	身	苟	身体	身体
62	鴠	xu^{44}	鸟	乎	乌	乌鸦
63	嗘	se^{31}	小	善	小	大小
64	緂	$nɔ^{33}$	糸	虐	绵	缠绵
65	嗳	$ʔe^{42}$	吞	哀	咽	吞咽
66	塦	$kɯ^{33}$	垢	更	垢	汗垢
67	㮙	$kɯ^{33}$	厚	更	实	厚实
68	儢	$tɕa^{42}$	亻	嘉	伴	同伴
69	㼦	kua^{55}	瓜	國	瓜	冬瓜
70	脁	ta^{31}	盗	打	偷	偷盗
71	爾	$ɣɯ^{33}$	下	爾	下	下面
72	鵭	u^{55}	鸟	吾	鸦	乌鸦

续表

序号	字形	音	表义构件	示音构件	对应汉义	词义
73	⿱昂安	ʔa^{55}	安	昂	安	安装
74	⿱吐麥	thy̩^{31}	麥	吐	头	馒头
75	⿰生黑	xɛ^{55}	生	黑	生	生长
76	⿰牛黑	xɛ^{55}	牛	黑	家	家业
77	⿰角高	ky̩^{44}	角	高	角	屋角
78	⿱外圍	ui^{55}	圍	外	围	围栏
79	⿰善乎	xu^{33}	善	乎	好	好坏
80	⿱兩高	ko^{33}	兩	高	兄	兄妹
81	⿱雨孫	sue^{44}	雨	孫	雪	雨雪
82	⿰殆帶	tɛ^{44}	带	殆	带	带领
83	⿱更救	kɯ^{42}	救	更	救	挽救
84	⿸處春	tshv^{55}	春	處	春	春季
85	⿱跪古	ky̩^{31}	跪	古	跪	跪下
86	⿱成短	tshɯ^{55}	短	成	短	长短
87	⿰飠卑	pe^{33}	食	卑	晚饭	晚饭
88	⿱苟舊	kɯ^{31}	舊	苟	旧	新旧
89	⿱挌鬲	kɛ^{55}	鬲	挌	隔	分隔
90	⿰生赫	xɛ^{55}	生	赫	生	生死
91	⿱姐菓	tɕɛ^{33}	菓	姐	梅果	梅果
92	⿱鮮山	se^{55}	鲜	山	鲜	新鲜
93	濉	ɕye^{33}	氵	雖	水	泪水
94	⿱斯是	sɿ^{44}	是	斯	是	是非
95	⿱朝骨	tshua^{33}	骨	朝	一把	一把
96	⿱雖水	ɕyi^{33}	水	雖	水	水流
97	⿱默白	mɛ^{21}	白	默	天	天空
98	⿱矣銀	ȵi^{21}	銀	矣	银	白银
99	⿰剪宰	tse^{42}	剪	宰	断	剪断
100	⿺辶額	ɣɛ^{21}	辶	額	来	过来
101	⿺辶額	ŋɛ^{21}	辶	額	去	过去

序号	字形	音	表义构件	示音构件	对应汉义	词义
102	䗪	tsɯ⁴²	贼	真	贼	小偷
103	黻	miɛ⁴²	黑	威	暗	黑暗
104	遟	khɯ³³	辶	鋞	起	启程
105	縿	xou³³	索	猴	弦	琴弦
106	躝	kho⁴⁴	足	闊	（声响悄悄状）	（声响悄悄状）
107	厞	fe⁵⁵	非	廢	非	不是
108	樜	sɣ⁵⁵	梳	蔗	梳	梳子
109	鞳	ta³⁵	單	達	单	单独
110	䰠	ʔɯ⁴⁴	罵	恩	骂	打骂
111	𩲡	mɛ³¹	鬼	默	魄	魂魄
112	䆧	kua⁴²	"管"变体	寡	管	管理
113	霮	ta²¹	彈	党	弹	弹奏
114	賈	mɛ⁴²	賈	墨	买	购买
115	鸄	ke⁵⁵	雞	皆	鸡	鸡肉
116	遄	tui³³	遠	端	远	远近
117	鑉	kɛ⁴²	镜子	鬲	镜	镜子

二　会义拼合字

　　会义拼合字的字符由两个构件组合而成，两个构件都起表义的作用，构件一般是汉字。两个构件的读音与字符的读音完全不同，但两个构件的汉字字义与字符的字义相同或相近，或两个构件的汉字字义组合引申为字符的字义。例如：

例一"絷"

原文：絲　綃　鑻　綃　絷　次　吐

注音：sɿ³³　sɔ⁴⁴　the⁴⁴　sɔ⁴⁴　fɣ⁴²　tshɿ⁵⁵　nɔ³³

汉义：麻绳　铁索　拴　身　上

意译：麻绳铁索拴我身

　　"絷"[ɣa⁴²]，2个直接构件，分别是"扎"和"系"。"扎"白语音

[tsa^{44}]，"系"白语音 [ŋe^{21}]，两个构件的白、汉读音和"絷"的读音均没有关系。"扎"、"系"均有表示缠束的意思。综上分析得出，"絷"字是一个会义拼合字。

例二 "偼"

原文：佷　格　债　偼　上　五　傝

注音：ȵi^{21}　kɛ^{55}　pɯ^{55}　tshe^{55}　sa^{55}　u^{31}　ɣa^{42}

汉义：人　家　夫　妻　相　握　合

意译：人家夫妻相恩爱

"偼" [tshe^{55}]，有两个直接构件，分别是"亻"和"妻"。"妻"汉语音 [tʂi^{55}]，大理白语音、剑川白语音和云龙白语音依次是 [ɣ^{33}；ȵɣ^{33}xou^{55}mɔ^{33}]、[ɣ^{33}ji^{21}]、[lɔ^{42}the^{55}ȵi^{21}]。直接构件"妻"的白、汉读音与"偼"读音没有关联。"亻"起表义作用，表示类别"人"。综上分析得出，"偼"是一个会义拼合字。

表 4-7　会义拼合字

序号	字形	音	表义构件	对应汉义	词义
1		ua^{42}	爪、鸟	鹰	老鹰
2		phia^{44}	到、了	到	看到
3	偼	tshe^{55}	亻、妻	妻	夫妻
4		ȵi^{44}	入、拖	进	进入
5	絷	fɣ^{42}	扎、系	拴	拴住
6		kɣ^{55}	河、水	河	河水
7		miɔ^{44}	不、要	不是	不是
8		ɣa^{42}	爪、按	合	合拢
9		xou^{33}	好、厚	业	家业
10		ȵi^{44}	裹、入	进	进入
11		tsu^{55}	大、粗	粗	粗细
12		tua^{42}	不、得	不得	不得
13		tha^{55}	塘、水	塘	池塘
14		ma^{55}	拭、麦	馒	馒头
15		ju^{21}	動、重	动	移动
16		ke^{42}	顕、见	看	看见

| 第四章　方块白文字体类型研究 |

三　双音拼合字

双音拼合字的字符由两个直接构件组合而成，两个构件都起示音的作用，构件一般是汉字。两个直接构件的音与其拼合而成的字符音的关系分为语音相同或相近与反切两种情况。

（一）两个示音构件的白语音与字符的白语音相同或相近。

例一"蟢"

原文：犁　　那　　蟢　　橄干　　傮傮

注音：phia^{44}　na^{55}　tshɣ̩^{55}　ka^{42}ka^{44}　ɣɯ^{31}ɣɯ^{31}

汉义：到　　你们　　巷道　　把　　（悄等状）

意译：到你村里等一等

"蟢"[tshɣ̩^{55}]，有两个直接构件，分别是"出"和"春"。"出"白语音是[tshɣ̩^{55}]，表示出发义。"春"白语音是[tshɣ̩^{55}]，表示春季义。两个构件的字义与"蟢"字义均无关。综上分析得出，"蟢"是一个双音拼合字。

例二"撞"

原文：撞　　侣　　上　　施　　吐

注音：tsɯ^{42}　n̠a^{55}　sa^{55}　sʅ^{44}　nɔ^{33}

汉义：有　　咱们　　相　　离　　上

意译：就为我们分离

"撞"[tsɯ^{42}]，有两个直接构件，分别是"正"和"振"。"正"白语音[tsɯ^{42}]，表示不偏斜的意思，"振"白语音[tsɛ^{21}]，表示触碰的意思。两个构件的字义与"撞"字义均无关。综上分析得出，"撞"是一个双音拼合字。

表 4-8　双音拼合字字表

序号	字形	音	示音构件	对应汉义	词义	注释
1	蛋	tshɣ̩^{55}	出、春	村巷	村巷	"冲"tshɣ̩^{55}"出"tshɣ̩^{55}"村巷"tshɣ̩^{55}
2	孥	le^{31}	勒、乃	又	表重复又	"勒"大理、云龙音：leɹ^{35}、luɹ^{44}"又"大理、剑川、云龙音：la^{32}、le^{31}tse^{44}、le^{31}
3	荳	tɯ^{33}	斜、豆	等	等待	"等待"tɯ^{33}
4	蟢	tshɣ̩^{55}	出、春	巷	街巷	"出"tshɣ̩^{55}"春"tshɣ̩^{55}"巷"tshɣ̩^{55}

119

序号	字形	音	示音构件	对应汉义	词义	注释
5	塑	tsɔ³³	朝、上	终	始终	"终"剑川音 tsõ³³
6	祙	mi⁴²	面、米	门	大门	"面"、"米"mi⁴²"门"me²¹
7	揸	tsɯ⁴²	正、振	有	有	正、有 tsɯ⁴² 振的错别字
8	尪	kɛ⁴⁴	夹、禺	些	一些	"夹"大理、剑川、云龙音：keɹ⁴²、ke⁴²；tɕɛ⁵⁵、ke⁴² 些 ça⁴⁴
9	獮	ɣe³³	爾、牙	下	下面	"下"剑川音 ɣe³³
10	𪐴	po³¹	保、背	头	肩头	"保"、"背"pe⁴² 头 po²¹
11	濤	la⁴⁴	浪、南	烂	腐烂	"浪"、"南"na⁴⁴"烂"大理音 na³¹
12	氅	ke²¹	戒、給	在	存在	"給"云龙音 khe⁴⁴ "斋戒"的"戒"剑川音 ke⁴⁴
13	𪗨	ke⁴²	解、皆	见	看见	"解、皆"音同 ke⁴² 见 tɯ⁴⁴，云龙音 ɕi³⁵ "看"xa⁵⁵
14	𪗯	ke⁴⁴	解、禺	捉	捉拿	"解"、"禺"、"捉"ke⁴⁴
15	𫃎	sui⁴⁴	算、孙	岁	岁数	"算"云龙音 sue⁴⁴"孙"sua⁵⁵"岁"sua⁴⁴

（二）反切

反切是汉字的一种注音方法，它是用两个汉字注出另一个汉字的读音，上字取声、下字取韵（包括声调），两者结合起来连续快读才能切出被切字的字音来。方块白文运用了反切法进行造字，将两个汉字作为构字部件拼合成单字，取这两个汉字构件的反切读音，造出方块白文反切字。但是对反切字的识别是一项较为复杂的工作，需要深厚的文字学和音韵学知识，还需要对方块白文直接构件的读音进行翔实的调查，有些直接构件的白语读音资料欠缺，阻碍了我们分析反切字的工作。并且方块白文的音韵涉及中古汉语语音、西南官话和白语音的一个复杂的音韵系统，对这些字进行音韵研究本身就是一个艰难的工作，而方块白文中反切字的识别更是切入音韵研究的一个重点，是一项较难解决的问题。

例"繁"

原文：晒 狠 晒 狠 细 繁 勺

注音：n̠i⁴⁴ xɯ³¹ n̠i⁴⁴ xɯ³¹ çi³⁵ le⁴⁴ sʏ³¹

汉义：白天 里 白天 里 心 又 疼

"⿱勒糸" [le^{44}]，有两个直接构件，分别是"勒"和"糸"。"勒"大理白语音 [leɹ^{35}]，"糸（丝线）"白语音 [se^{42}]。综上分析得知，"⿱勒糸" [le^{44}] 是一个反切字。

表 4-9　反切字字表

字形	音	字形分析	示音构件	注释	对应汉义	词义
⿰負勿	fv^{55}	反切	負、勿	蜂 fv^{55}	蜂	蜜蜂
⿱勒糸	le^{44}	反切	勒、糸	"又"云龙音 lɛ^{31} "丝线"大理、剑川、云龙音：se^{32}、sẽ^{42}、se^{42}	又	表重复
⿱艹毒	tɯ^{42}	反切字	毒	毒 tv̩^{42}、tu^{55}、tu^{35}	草窝	草窝
⿱隔又	kɛ^{44}	反切	隔、又	隔 kɛ^{44} 又 lɛ^{31}	隔	分隔
⿰扌⿱人上	ʦɛ^{42}	反切	拾、上	"拾"剑川音 ʦɛ^{42} "上"云龙音 tsɔ^{33}	十	十
⿰扌⿱人上	ʦɿ^{42}	反切	拾、上	"拾"剑川音 ʦɛ^{42} "上"云龙音 tsɔ^{33}	拾	捡拾
⿰學恩	ɣɯ^{42}	反切	學、恩	"學"大理、剑川音 ɣɯ^{42} "恩"云龙、剑川音 ʔɯ^{35}	学	学习
⿰氵⿱可用	kv^{55}	反切	河、用	河 kv̩^{35} 用 zv̩^{31}	河	河流
⿸疒反	pɛ^{31}	反切	病、反	病 pɛ^{31} 反 fɛ^{33}	病	生病
⿰上早	ʦu^{33}	反切	早、上	"早"大理、剑川音 tsu^{33}"上"云龙音 tsɔ^{33}		
⿱勒来	lɛ^{31}	反切	勒、来	"勒"大理音 leɹ^{35} "来"大理、云龙、剑川：ŋeɹ^{21}、jɯ^{35}、ɣɯ^{35} "又"剑川、云龙音 lɛ^{31}	又	又

四　标音拼合字

标音拼合字的字符由两个构件组合而成，一个构件起示音作用，另一个构件起区别作用。标示构件通常是偏旁部首。示音构件的白语音与字符的白语音相同或相近。

例一"⿰亻關"

原文：偲　次　干　能　次　吐　⿰亻關

注音：ŋɯ^{55}ʦhɿ^{55}　ka^{44}　nɯ^{55}　ʦhɿ^{55}　nɔ^{33}　kho^{44}

汉义：我的身　把　你的　身　上　靠

意译：我的身子靠着你

"儠"[kho⁴⁴]，表依靠义。有两个直接构件，分别是"亻"和"闍"。"靠"剑川白语音 [kho⁴⁴]，与"闍"音近，"亻"起区别作用。综上分析得出，"儠"是一个标音拼合字。

例二"喥"

（1）原文：踏　登　那　孟　可　冷　喥

注音：tɕi⁴² tu⁴⁴ na⁵⁵ mu⁵⁵ khɣ⁴⁴ lɯ³¹ tso³¹

汉义：唱　着　你们　处　曲　这　调

意译：跟你独唱这曲子

（2）原文：尚　夺　闇　喥　廿　登　囃

注音：sa⁵⁵ to⁵⁵ ʔa³¹ tso³¹ li⁵⁵ tu⁴⁴ na⁵⁵

汉义：相　遇　一　次　也　得　难

意译：相遇一次也难得

"喥"[tso³¹]，表曲调义。有两个直接构件，分别是"口"和"枣"。"枣"大理白语音和剑川白语音是 [tso³¹]，与"喥"音近，"口"起区别作用。综上分析得出，"喥"是一个标音拼合字。

表 4-10　标音拼合字字表

序号	字形	音	示音构件	标示/记号构件	对应汉义	词义	备注
1	吷	tsɛ⁴⁴	仄	口	狭	狭窄	"窄"剑川、云龙音 tsɛ⁴⁴
2	俔	tɕi⁵⁵	見	亻	计	计较	"计"tɕi⁵⁵
3	唲	zu⁴⁴	忍	口	认	认识	"认识"云龙音 zu⁴⁴tu⁴⁴
4	俫	ti³⁵	迭	亻	点	丁点	"点"大理音 tie³⁵
5	喋	ju³³	英	口	因	因为	"因"ju³³
6	喋	ju³⁵	英	口	来	过来	"来"大理、云龙音 ju³⁵
7	喋	ju⁵⁵	英	口	姻	姻缘	"姻"ju³³
8	喠	tɣ⁵⁵	東	口	里	里面	"里"khu³¹
9	喥	tso³¹	枣	口	次	次数	"枣"大理、剑川音 tsɔ³¹
10	嗳	sɛ⁴⁴	受	口	实在	实在	
11	淏	ju³⁵	英	氵	来	来去	"来"大理、云龙音 ŋe²¹ju³⁵

续表

序号	字形	音	示音构件	标示 / 记号构件	对应汉义	词义	备注
12	⿱京心	tɕɯ^{55}	京	心	井	盐井	“井”大理、剑川、云龙音：tɕieɹ^{33}、tɕɛ̃^{33}、tɕɛ^{33}
13	嗱	na^{42}	拿	口	那里	那里	“那”云龙音 na^{55}
14	⿱勒口	lɯ^{31}	勒	口	又	又	“又”大理、剑川、云龙音：la^{32}、lɛ^{31}tse^{44}、lɛ^{31}
15	⿺辶朝	tso^{42}	朝	辶	做	做工	“做”tsɿ^{55}
16	⿰扌黑	xɯ^{55}	黑	扌	冈栗	青冈栗	“黑”xɯ^{55}
17	⿰亻闊	khɔ^{44}	闊	亻	靠	依靠	“靠”大理、剑川、云龙音：khɔ^{55}、khɔ^{44}、kɯ^{33}；khɔ^{44}
18	⿰亻闊	ko^{21}	闊	亻	过	经过	“经过”剑川音 ko^{42}

五　标义拼合字

标义拼合字的字符由两个构件组合而成，一个构件起表义作用，另一个构件起区别作用。标示构件通常是偏旁部首。字符的白语音与构件的白语音和汉语音都不相关。

例“⿱得口”

原文：脑　㔹　别　透　⿱得口　我　拿

注音：nɔ^{31}　lɛ^{55}　piɛ^{55}　thou^{55}　tou^{44}　ŋɔ^{31}　na^{55}

汉义：你　呢　丢　下　得　我　则

意译：你是狠心抛弃我

“⿱得口”[tou^{44}]，有两个直接构件，分别是“得”和“口”。“得”大理白语音、和云龙白语音分别是[tɯ^{44}]、[tɛ^{33}]，直接构件“得”的读音与“⿱得口”读音没有关联。“口”起区别作用。综上分析得出，“⿱得口”是一个标义拼合字。

表 4-11　标义拼合字字表

序号	字形	音	表义构件	标示 / 记号构件	对应汉义	词义	注释
1	蓪	thy̩^{55}	通	艹	通	通过	“通”大理音 thu^{33}

续表

序号	字形	音	表义构件	标示/记号构件	对应汉义	词义	注释
2	𠴰	xu^{44}	貨	口	货	货物	"貨"大理音 xo^{44} 云龙音 xuo^{44}
3	㝵	tou^{44}	得	口	得	得	"得"大理音 $tɯ^{44}$，$tɔ^{33}$ 宝丰音 $tɛ^{33}$
4	𣽎	$jɯ^{35}$	蔭	氵	茵	绿茵	

六　标示音义拼合字

标示音义拼合字的字符由两个构件组合而成，一个构件既起示音作用，又起表义的作用，另一个构件是标示构件，起区别的作用。表义示音构件是一个完整的汉字字形，字符的白语音与表义示音构件的白语音相同。标示构件一般是偏旁部首。

例一"嘓"

原文：五　月　五　吐　倨　嘓　嚌

注音：$ṽ^{33}$　ua^{44}　$ṽ^{33}$　$nɔ^{33}$　$ŋa^{55}$　ko^{42}　$tɕa^{44}$

汉义：五　月　五　上　我们　过　节

意译：五月初五咱过节

"嘓"[ko^{42}]，有两个直接构件，分别是"口"和"過"。"過"剑川白语音[ko^{42}]大理、云龙白语音[kuo^{55}]，"過"既示音又表义。"口"起区别作用。综上分析得出，"嘓"是一个标示音义拼合字。

例二"𡁻"

原文：脑　狠　㝵　吐　𡁻　脑　狠

注音：$nɔ^{31}$　$kɯ^{42}$　$tɯ^{44}$　$nɔ^{33}$　sui^{55}　$nɔ^{31}$　$kɯ^{42}$

汉义：你　恨　着　的　随　你　恨

意译：你要恨就随你恨

"𡁻"[sui^{55}]，有两个直接构件，分别是"口"和"随"。"随"汉语音[sui^{35}]，"口"起区别作用。综上分析得出，"𡁻"是一个标示音义拼合字。

例三"洦"

原文：泊　禮　支　吐　綞　直　有

注音：pɛ⁴² ji⁵⁵ tsʅ³³ nɔ³³ khɯ³³ tsʅ⁵⁵ jɯ²¹

汉义：白　衣　儿　上　结　油　污

意译：白衣上面结油污

"泊"[pɛ⁴²]，有两个直接构件，分别是"丷"和"白"。"白"白语音[pɛ⁴²]，"丷"起区别作用。综上分析得出，"泊"是一个标示音义拼合字。

表4-12　标示音义拼合字字表

序号	字形	音	表义构件	示音构件	标示/记号构件	对应汉义	词义	备注
1	泊	pɛ⁴²	白	白	丷	白	白色	"白"pɛ⁴²
2	坴	ua⁴⁴	外	外	土	外	里外	"外"大理音 ua⁴⁴
3	呇	ua⁴⁴	外	外	口	外	外面	"外"大理、剑川音 ua⁴⁴
4	茱	tuo³³	朵	朵	艹	朵	花朵	"朵"大理、云龙音 tuo³³
5	哣	tsɔ³	早	早	口	早	早晚	"早"云龙音 tsɔ³³
6	唇	ɣɯ³³	后	后	口	后	后面	"后"ɣɯ³³
7	澐	mo³³	没	没	口	没	没有	"没"剑川音 mo³³
8	嘚	tɯ⁴⁴		得	口	着	助词	"得"大理音 tɯ⁴⁴
9	逩	ŋɛ²¹	岩	岩	辶	岩	山岩	
10	暕	tv⁵⁵	東	東	日	东	东边	"東"tɣ³⁵
11	俇	ɣɯ³³	後	後	口	后	此后	"後"大理、剑川音 ɣɯ³³
12	倠	kui⁴²	桂	桂	口	桂	桂花	借汉语音
13	酠	pe⁴⁴	配	配	口	配	相配	"配合"大理、剑川、云龙音：ta⁴²xuo³²、phe⁵⁵xo⁵⁵；phe⁵⁵sã⁵⁵tɕi³¹、phe⁵⁵xɔ³⁵
14	遧	tɕɯ³¹	紧	紧	辶	挨	紧挨	"紧"tɕɯ³¹
15	恄	tsɯ³³	在	在	心忄	在	处在	"在"tsɯ³³ "心"ɕi⁵⁵
16	蒏	lv⁴⁴	噱	噱	艹	绿	绿色	

续表

序号	字形	音	表义构件	示音构件	标示/记号构件	对应汉义	词义	备注
17	喎	ko^{42}	過	過	口	过	过节	"過"剑川音 ko^{42} 大理、云龙音 kuo^{55}
18	唇	$\eta\varepsilon^{42}$	硬	硬	口	硬	坚硬	"硬"云龙音 $\eta\varepsilon^{42}$
19	浴	sui^{55}	随	随	口	随	伴随	借汉语音
20	噤	$t\varepsilon\mathrm{u}^{31}$	景	景	口	景	场景	"景" $t\varepsilon\mathrm{u}^{31}$
21	嗝	$k\varepsilon^{44}$	隔	隔	口	隔	隔开	"隔" $k\varepsilon^{44}$
22	愳	$t\mathrm{u}^{44}$	得	得	心	得	得	"得"大理音 $t\mathrm{u}^{44}$
23	圎	ue^{21}	圓	圓	口	圆	圆形	"圓"大理音 ue^{21}
24	喃	$t\varepsilon a^{44}$	節	節	口	节	节日	"節" $t\varepsilon a^{44}$
25	嶼	jy^{31}	與	與	口	给	给予	"给"大理、剑川、云龙音：zu^{31}、$s\gamma^{31}$、khe^{44}；zu^{31}
26	嚅	$k\varepsilon^{44}$	隔	隔	口	隔	分隔	"隔" $k\varepsilon^{441}$
27	搻	tui^{44}	頓	頓	手	顿	一顿	"頓" tue^{32}
28	嘌	phe^{31}	魄	魄	口	魂	魂魄	"魄"剑川、云龙音 phe^{35}
29	對	tui^{42}	對	對	口	对	对象	借汉语音"對"云龙音 tue^{42}
30	綠	lv^{44}	綠	綠	口	绿	绿色	"綠" lv^{44}
31	熑	tui^{33}	遠	遠	矢	远	远处	"遠" tue^{33}
32	礄	$k\gamma^{21}$	喬	喬	石	谷子	谷子	"荞麦" $k\gamma^{21}$
33	嚪	jo^{44}	藥	藥	口	药	药品	"藥" jo^{44}
34	嘖	po^{42}	薄	薄	口	薄	刻薄	"薄" po^{42}
35	嚤	na^{55}	難	難	口	难	难得	"难"大理、云龙音 na^{21} 剑川音 $n\tilde{a}^{21}$

七　记号拼合字

目前无法确定一个构件在字符中所起的作用是别音还是别义，我们暂时把这个构件称为记号构件。记号拼合字的字符由两个构件组合而成，一个构件是记号构件，另一个构件或起表义作用或起示音作用或既起表义又起示音作用。记号示构件有可能是汉字、偏旁部首、笔画。因为字符的直接构件中有一个是记号构件，我们也无法确定字符的构型模式，因此统称为记号拼合字。

例一"靶"

原文：杳　<u>靶</u>　袱　自　移　忍　我

注音：jo²¹　pɵ²¹　ji⁵⁵　khɔ⁵⁵　ji⁴²　zɯ³¹　ŋo³¹

汉义：羊　皮　衣　穿　　　给　我

意译：羊皮褂子穿给我

"靶"[pɵ²¹]，2个直接构件，分别是"革"和"反"。"革"白语音[kɛ³⁵]汉语音[kɤ³⁵]，表皮革义。"反"白语音[fɛ³³]汉语音[fan²¹⁴]，构意不明确，是一个记号构件。两个直接构件的白、汉读音与"靶"的读音均没有关联。综上分析得出，"靶"字是一个记号拼合字。

例二"阒"

原文：霸　干　俉　吐　刁　自　<u>阒</u>

注音：pa⁵⁵　ka⁴⁴　ŋa⁵⁵　no³³　tiɔ⁴⁴　tsʅ²¹　kɤ⁵⁵

汉义：他们　把　我们　上　调　去　兵

意译：他们调我去当兵

"阒"[kɤ⁵⁵]，有两个直接构件，分别是"兵"和"冃"。"冃"白语音[me²¹]，汉语音[mən³⁵]，表示大门义，构意不明确，是一个记号构件。"兵"白语音[kɤ³⁵]，既示音又表义。综上分析得出，"阒"是一个记号拼合字。

例三"晷"

原文：杳　<u>晷</u>　請　業　音

注音：jo²¹　kɛ²¹　tɕhɛ³³　ɲi³⁵　jɯ⁴⁴

汉义：羊　肉　请　人　吃

意译：羊肉请人吃

"晷"[kɛ²¹]，有两个直接构件，分别是"日"和"格"。"日"白语音[ɲi⁴⁴]，汉语音[ʐi⁵¹]，表示白天义，是一个记号构件。"格"白语音[kɛ³⁵]，表示网格义，是示音构件。综上分析得出，"晷"是一个记号拼合字。

例四"暗"

原文：脸　像　猴　子　眼眶　瞎

注音：ni³¹　ɕa⁵⁵xou⁴²tsʅ³¹ui³³　ka⁴⁴　ʔɔ³³

汉义：脸　像　猴　子　眼眶　凹

意译：脸像猴子眼眶凹

　　"瞎"[ʔɔ³³]，有两个直接构件，分别是"目"和"苕"。"苕"汉语音 [kɣ⁵¹]，表示野葱义，是一个记号构件。"目"汉语音 [mu⁵¹]，表示眼睛义，是表义构件。综上分析得出，"瞎"是一个记号拼合字。

表 4-13　记号拼合字字表

序号	字形	音	示音构件	表义构件	标示/记号构件	对应汉义	词义	注释
1	牪	xɛ⁵⁵	生	生	ㄥ	生	产生	"生" xɛ⁵⁵
2	囡	nɔ³¹	奴		口	你	你	"你" nɔ³¹
3	努	miɔ⁴⁴	妙		刀	不要	不要	"不要"云龙音 miɔ⁴⁴
4	晿	ȵi⁴⁴	日	日	目	白	白天	"日"大理、云龙音 ȵi⁴⁴
5	帕	pɛ⁴²	白			白	明亮	"白"剑川、云龙音 pɛ⁴²
6	坷	khɯ⁵⁵	克		上	刻	刻薄	"刻薄"剑川音 khɯ⁵⁵pɔ⁵⁵
7	閖	kɣ⁵⁵	兵	兵	彐"门"	兵	士兵	"兵" kɣ³⁵
8	劳	ŋa⁵⁵	我	我	方	我们	我们	"我" ŋa⁵⁵
9	乡	khɣ⁵⁵	空	空	乡	空	空白	"空" khɣ⁵⁵
10	囝	tɕi²¹	纪		口	手镯	手镯	"手镯" tɕi²¹
11	瓸	ɣɯ³³	恩		工			
12	靫	pe²¹		革	反	皮	皮衣	"皮" pe²¹
13	瞎	ʔɔ³³		目	苕（野葱）	凹	凹凸	"凹"大理音 ɔ⁴²
14	略	kɛ²¹	格		日	肉	羊肉	"肉"云龙音 kɛ²¹
15	畗	kɛ²¹	禺		日	肉	肌肉	"肉"云龙音 kɛ²¹

序号	字形	音	示音构件	表义构件	标示／记号构件	对应汉义	词义	注释
16	䡭	çɛ³⁵	昔		車	星	星星	"星"çɛ³⁵
17	魖	kue⁴²	鬼	鬼	官	不见	不见	
18	娿	ʔa⁵⁵	安	安	戛	安	安乐	
19	踏	thu³	路	路	它	路	道路	"路"大理、剑川音thu³³
20	魗	tshuɯ³³	醜	醜	卫	丑	丑陋	"醜"剑川、云龙音tshuɯ³³
21	黣	xuɯ⁴⁴	黑		候	（忸怩状）	（忸怩状）	"黑"xuɯ⁴⁴

八 汉字字形的自造拼合字

在方块白文中，有一些字的字形虽然是汉字，但仔细分析后发现，与汉字的音义没有联系，不属于借用字范畴。实际上，这些字的构造方式是和自造拼合字相同，只是凑巧与汉字的字形一样而已。这类字应该划归为自造拼合字，在这里单独拿出来说是为了强调提醒。

例一"圮"

原文：圮　吐　漢　登　獨　伕　很

注音：tçi³¹　nɔ³³　xa⁵⁵　tɯ⁴⁴　tu⁵⁵　n̩ɣ³³　n̩i²¹

汉义：地　上　生　着　独　姑　娘

意译：地上有个独生女

汉字"圮"[pʻi²¹⁴]表示倒塌破裂义，音义均与白文没有关联。白文"圮"[tçi³¹]，有两个直接构件，分别是"土"和"己"，"土"表义，"己"示音。综上分析得出，"圮"字不属于借用字，而应归类为自造字，是一个汉语音的音义拼合字。

例二"呭"

原文：白　躋㻌　呭　方

注音：puɯ³⁵tçi⁴²xɛ⁵⁵　se⁴²　to³³

汉义：白　生　世　上

意译：白活在世上

汉字"呭"[ji⁵¹]表示话多义，音义均与白文没有关联。白文"呭"[se⁴²]，有两个直接构件，分别是"口"和"世"，"世"表义，"口"起标示作用。综上分析得出，"呭"字不属于借用字，而应归类为自造字，是一个标义拼合字。

例三 "杷"

原文：椅　支　<u>杷</u>　橙　擺宰

注音：ji³¹　tsʐ³³　pa⁴²　tɯ⁵⁵　pe³¹tse²¹

汉义：椅　子　板　凳　摆齐

意译：椅子板凳摆齐整

汉字"杷"[pʻa³⁵]，植物名，音义均与白文没有关联。白文"杷"[pa⁴²]，有两个直接构件，分别是"木"和"巴"，"木"表义，"巴"示音。综上分析得出，"杷"字不属于借用字，而应归类为自造字，是一个汉语音的音义拼合字。

例四 "呠"

原文：那　细　摸　呠　登

注音：na⁵⁵　çi³⁵　mo³³　pɯ³¹　tɯ⁴⁴

汉义：你们　心　摸　不　着

意译：摸不透你心

汉字"呠"[pʻən²¹⁴]，表示喷的意思，音义均与白文没有关联。白文"呠"[pɯ³¹]，有两个直接构件，分别是"口"和"本"，"本"示音，"口"起区别作用。综上分析得出，"呠"字不属于借用字，而应归类为自造字，是一个标音拼合字。

表 4-14　汉字字形的自造拼合字字表

序号	字形	音	表义构件	示音构件	标示/记号构件	对应汉义	词义	构形模式
1	叿	ne⁴²		乃	口	柔	柔和	标音拼合字
2	伩	ȵʮ³³	亻	女		妹	妹	音义拼合字
3	圯	tɕi³¹	土	己		地	土地	音义拼合字
4	吐	nɔ³³	上		口	上	上面	标义拼合字
5	伒	tsʐ³¹	亻	止		兄	兄弟	音义拼合字
6	汝	zʮ³¹		女	氵	用	使用	记号拼合字

序号	字形	音	表义构件	示音构件	标示/记号构件	对应汉义	词义	构形模式
7	旵	tsha^{55}	日、山			早饭	早饭	会义拼合字
8	杷	pa^{42}	木	巴		板	板凳	音义拼合字
9	哑	se^{42}	世		口	世	世界	标义拼合字
10	咮	pɯ^{31}		本	口	不	不	标音拼合字
11	姓	tsɯ^{33}	女、主			主	主人	会义拼合字
12	佰	pe^{44}	百	百	口	百	百	标示音义拼合字
13	哚	xuo^{21}	口	朵		话	说话	音义拼合字
14	皈	pɛ^{42}	白	白	反	白	白天	标示音义拼合字
15	洟	ji^{31}	氵	夷		泪	眼泪	音义拼合字
16	洣	mi^{42}	米	米	氵	面	米面	标示音义拼合字
17	詎	tsʅ^{31}	言	止		话	话语	音义拼合字
18	棏	ta^{44}	木	得		打	打击	音义拼合字
19	採	tse^{31}	扌	采		采	采摘	音义拼合字
20	鈒	tɕi^{35}	金	及		金	黄金	音义拼合字
21	搭	ke^{44}	扌	客		捉	捉拿	音义拼合字
22	喀	khɛ^{44}	客	客	口	客	客人	标示音义拼合字
23	傗	nɯ^{55}	亻	能		你，你（们）的	你，你（们）的	音义拼合字
24	釱	tshʅ^{33}	金、尺			尺	铁尺	会义拼合字
25	誃	tu^{44}	言	多		说	说话	音义拼合字
26	瀧	nɯ^{33}	氵	能		（流不停状）	（流不停状）	音义拼合字
27	塘	zɤ^{31}		庶	土	双	一双	记号拼合字
28	嘧	mi^{33}	密		口	眯	眯眼	标音拼合字
29	橙	tɯ^{55}	木	登		凳	凳子	音义拼合字
30	嚨	nv^{21}	龍		口	龙	龙	标义拼合字
31	嶺	ɣɛ^{21}	山	额		岭	山岭	音义拼合字

九　假借字与通假字

许慎说：“假借者，本无其字，依声托事，令长是也。”在方块白文文字系统中，同样使用了假借的用字法。

例一“⿱後口”

（1）原文：以　⿱後口　上　奪　合　處　孟

注音：ji^{31}　ɣɯ^{33}　sa^{55}　to^{55}　xuo^{35}　ʦhv̩^{31}　mɯ^{55}

汉义：以后　相　遇　合　处　处

（2）原文：合　⿱後口　干　⿺走差　嘍

注音：xuo^{35}　ɣɯ^{33}　ka^{44}　ʨa^{44}　lɯ^{44}

汉义：花　柳　定　一定的

（1）句中的“⿱後口”[ɣɯ^{33}]是标示音义拼合字，“後”既表义又示音，“口”起区别作用。最初作为标示音义拼合字进入白语文系统，“柳”大理白语音和剑川白语音[ɣɯ^{33}]，当记录人遇到白语读音[ɣɯ^{33}]，没有再根据词义来造新字，而是选择了在白语系统中读音相同的“⿱後口”字。文献中“柳”义项为观赏植物的字频是2。表示观赏植物的标示音义拼合字“⿱後口”字在文献中的字频是3。这是“本有其字”的通假。

例二“⿱耦牛”

（1）原文：⿱大齊　⿱耦牛　佷　葥　耻　面胥

注音：ta^{31}　ŋɯ^{21}　ȵi^{21}　ʦɯ^{33}　ʦhʅ^{44}　mi^{55}ua^{44}

汉义：偷　牛　人　是　光　月亮

（2）原文：細　吐　双　廿　⿱耦牛

注音：ɕi^{35}　nɔ^{33}　sua^{44}　li^{55}　ŋɯ^{31}

汉义：心　上　血　也　凝结

（1）句中的“⿱耦牛”[ŋɯ^{21}]是音义拼合字，“牛”示音，“耦”表义。“耦”字义是两个人在一起耕地，人在耕地时常用牛来当劳力，因此“耦”是表义构件。“⿱耦牛”最初作为音义拼合字进入白语文系统，“凝结”云龙音白语音[ŋɯ^{31}]，当记录人遇到白语读音[ŋɯ^{31}]，没有再根据词义来造新字，而是选择了在白语系统中读音相同的“⿱耦牛”字，参看（2）句。这是“本无其字”的假借。

表 4-15　自造拼合字通假字字表

字形	音	字形分析	示音构件	注释	表义构件	标示/记号构件	对应汉义	词义
靪	$tɕhe^{31}$	表义构件+示音构件	切	借汉语音"切"白语音 $tshua^{33}$	青		青	青色
靪	$tɕhe^{55}$	假借		"都"剑川音 $tɕhe^{55}$			都	全部
靪	$tɕhe^{55}$	假借		"听"云龙、剑川音 $tɕhe^{55}$			听	聆听
靪	$tɕhe^{55}$	假借		"正在"云龙音 tse^{42}			正	正在
彡	$khɣ^{55}$	表义构件+标示构件	空	"空" $khɣ^{55}$	空	彡	空	空白
彡	$khɣ^{31}$	假借	空	示音构件+记号构件		彡	窝	
翻	$fɛ^{33}$	表义构件+示音构件	翻	"反"大理、剑川、云龙音：$feɹ^{33}$、$fɛ^{33}$、$fɛ^{33}$ "翻"大理、剑川、云龙音：$feɹ^{33}$、$fɛ^{33}$、$fɛ^{33}$	反		反	反对
翻	$fɛ^{44}$	假借		"跌"云龙音 $tɔ^{44}fɛ^{44}$			跌	跌倒
翻	$fɯ^{33}$	假借		"翻""反" $fɛ^{33}$ "跌"云龙音 $tɔ^{44}fɛ^{44}$			跌	跌倒
翻	$fɛ^{44}$	假借		发 fa^{35}			发	打发
旪	$ȵi^{44}$	表义示音构件+记号构件	日	"日"大理、云龙音 $ȵi^{44}$ 剑川音 ji^{35} "衣"大理、云龙音 ji^{35} 剑川音 ji^{55}	衣		日	白天
旪	$ȵi^{44}$	假借		"进"云龙音 $ȵi^{44}$			进	进入
旪	$ȵi^{44}$	假借		"年纪"云龙音 $ȵi^{44}$			年	年纪
旪	$ȵi^{44}$	假借		"午"云龙音 $ȵi^{44}$			午	

字形	音	字形分析	示音构件	注释	表义构件	标示/记号构件	对应汉义	词义
犨	ŋɯ²¹	表义构件＋示音构件	牛	"牛" ŋɯ²¹			牛	耕牛
犨	ŋɯ³¹	通假		"凝结"云龙音 ŋɯ³¹			凝结	凝结
努	miɔ⁴⁴	标音拼合字	妙		刀		不要	不要
努	miɔ³⁵	假借		"瞄"剑川、云龙音 miɔ³⁵			瞄	
昍	n̠i⁴⁴	标示记号拼合字	日	"日"大理、云龙音 n̠i⁴⁴ 耜 [sì] 字义：1. 原始翻土农具"耒耜"的下端，形状像今的铁锹和铧，最早是木制的，后用金属制。	日		白	白天
昍	n̠i⁴⁴	通假		"进"大理、云龙音 n̠i⁴⁴			人	进入
遴	tɕɯ³¹	表义示音构件＋标示构件	紧	"紧" tɕɯ³¹	紧	辶	挨	紧挨
遴	tsʅ⁵⁵	通假		"真"大理、云龙音 tsʅ⁵⁵			真	真假
俖	ɣɯ³³	表义示音构件＋标示构件	后	"後" ɣɯ³³	後	口	后	后面
俖	ɣɯ³³	通假	后	"後" ɣɯ³³ "柳" ɣɯ³³		口	柳	花柳
笶	tsʅ³³	表义构件＋示音构件	支		纸		纸	纸张
笶	tsʅ³³	通假		"枕"大理、云龙音 tsʅ³³			枕	枕头

续表

字形	音	字形分析	示音构件	注释	表义构件	标示/记号构件	对应汉义	词义
⿰真有	tsɯ^{33}	表义构件＋示音构件	有	有 tsɯ^{33} “真”大理、云龙音 tsɿ^{35} 剑川音 tsẽ^{55}	真、有		是	是
⿰真有	tsɯ^{33}	通假		“主” tsɯ^{33}			主	
⿱不票	piɔ^{33}	表义构件＋示音构件	票	票 phiɔ^{55} “不是”云龙音 piɔ^{33}	不		不是	不是
⿱不票	piɔ^{33}	? 假借		有可能同彪音			彪	彪
⿸厚更	kɯ^{33}	表义构件＋示音构件	更	借汉语音更 lɯ^{44} 厚 kɯ^{33}	厚		实	厚实
⿸厚更	kɯ^{55}	通假		“跟”剑川音 ko^{55}			跟	跟随
⿰吾鳥	u^{55}	表义构件＋示音构件	吾	“乌”大理、剑川音 xɯ^{44} 云龙音 ua^{42}	鳥		鸦	乌鸦
⿰吾鳥	v^{33}	通假					五	五
⿱後恩	ɣɯ^{33}	表义构件＋示音构件	恩	“后”大理、剑川音 ɣɯ^{33}	後		后	前后
⿱後恩	ɣɯ^{33}	通假		“柳”大理音 ɣɯ^{33}			柳	花柳
⿰山扇	se^{55}	表义构件＋示音构件	扇	“山”sɣ̩^{42}“扇”se^{42}	山		山	高山
⿰山扇	se^{55}	假借					赛	赛

有些拼合字，在系统中，无法找到相应的字符类型。这些字的释读还需要继续考释。

通过字型分析，初步可以得出方块白文以借用汉字为主要书写手段，其中，音读字最多，下面依次是训读字、全借字和记号字。从目前已经分析完成的条目来看，有 2/3 的方块白文借音的来源是三种方言相同读音的词。剩下的方块白文所借音的来源根据数量的多少，依次是云龙方言、剑川方言、大理方言。

第四节　自造拼合字属性分析

一　自造拼合字的结构属性

1. 平面图示

459 个拼合形方块白文有 8 种平面图示，其中以上下结构和左右结构为主，还有一小部分左下包围结构，其余 5 种图示很少。汉字小篆和现代楷书的平面图示共有 17 种，白文的 8 种平面图示包含在其中，并没有超出。这说明拼合形方块白文是借鉴汉字的构字法，字符的形体样式模仿汉字。汉字的平面图示以左右结构为主，是因为汉字系统早已成熟稳定，而那时汉字的书写习惯都是竖版书写，上下结构的字在竖版中容易看成两个字，为了区分明显，不引起识别错误。而拼合形方块白文中的上下结构和左右结构的字几乎一样多，直到近代，人们的书写习惯才改为横版，这说明拼合形方块白文在近代依然是不稳定的文字，还处于活跃创造时期。（见图 4-1）

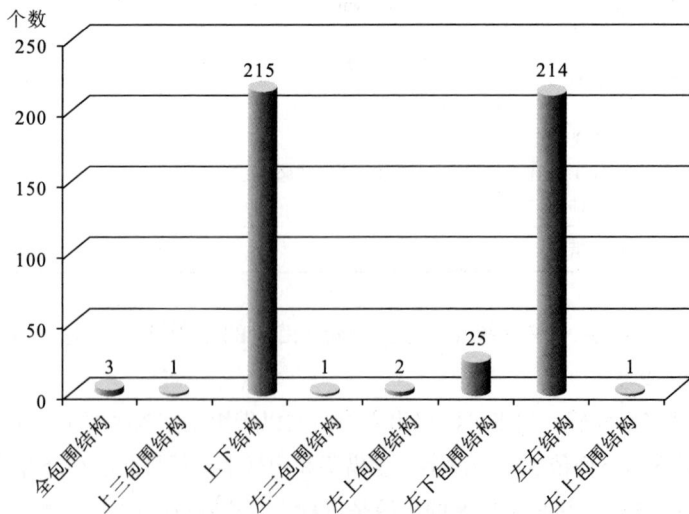

图 4-1　自造拼合字各类平面图示的数量柱状图

2. 层级数

自造拼合字的层级数为二的字占 98%，层级数为三的字仅占 2%。

3. 构件

表三十列出自造拼合字的所有直接构件，并统计了每一个直接构件所承担功能的频次。表格排序按照直接构件的笔画数升序排列。

自造拼合字的直接构件共有 392 个，其中，仅承担示音功能的直接构件共有 145 个，"勒"的频次最高，为 5 次，"务"的频次是 4，12 个示音构件的频次为 3，29 个示音构件的频次为 2，102 个示音构件的频次为 1。仅承担表义功能的直接构件共有 122 个，"不"的频次最高，为 5 次，"爪"和"足"的频次是 4，"下""死""非""食"的频次是 3，18 个表义构件的频次为 2，97 个表义构件的频次为 1。仅承担标示或记号功能的直接构件共有 27 个，除了"石"的频次是 4，"扌"的频次是 3，"乃"和"口"的频次是 2，其余 23 个标示或记号构件的频次均为 1。有 98 个直接构件的功能不单一，同时具有两种或三种的功能。以上统计说明，大部分方块白文的直接构件仅仅出现一次，参与造字的频次普遍较低，说明方块白文的造字随意性较大，虽已有一定的造字规律，但没有经过系统的归并总结处理，构形系统的严密性较差，仍然处于不成熟的阶段。

直接构件主要以汉字原形、汉字部首为主。这说明方块白文受汉字影响很大，对汉字的借用比较直接。大部分的拼合形方块白文是由两个直接构件以音义结合的方式组合而成，这在一定程度上说明白语与汉语的关系紧密，拼合形方块白文有向形声字主导的文字系统发展的趋势。

表 4-16　直接构件统计表

序号	直接构件	示音构件数	表义构件数	标示 / 记号构件数	总数
1	乚	0	0	1	1
2	匚	0	1	0	1
3	刂	0	1	0	1
4	亻	0	4	4	8
5	入	1	3	0	4
6	九	0	1	0	1
7	丷	0	2	3	5
8	刀	1	0	1	2

续表

序号	直接构件	示音构件数	表义构件数	标示／记号构件数	总数
9	乃	0	0	2	2
10	又	0	0	1	1
11	了	1	1	0	2
12	三	0	1	0	1
13	工	0	1	0	1
14	土	1	2	1	4
15	艹	0	1	3	4
16	下	0	3	0	3
17	大	0	2	0	2
18	扌	0	0	3	3
19	上	3	1	3	7
20	山	5	3	0	8
21	口	0	1	36	37
22	囗	0	0	2	2
23	忄	0	2	1	3
24	彳	0	0	1	1
25	彡	0	0	1	1
26	夂	1	0	0	1
27	宀	0	1	0	1
28	氵	0	3	2	5
29	辶	0	2	5	7
30	己	2	0	0	2
31	卫	0	0	1	1
32	女	0	1	0	1
33	小	0	2	0	2
34	子	3	3	0	6
35	刂	0	0	1	1
36	王	1	0	0	1
37	井	0	1	0	1

续表

序号	直接构件	示音构件数	表义构件数	标示／记号构件数	总数
38	夫	0	2	0	2
39	天	0	1	0	1
40	云	1	0	0	1
41	木	0	1	1	2
42	支	1	0	0	1
43	不	0	5	0	5
44	仄	1	0	0	1
45	歹	1	0	0	1
46	扎	0	1	0	1
47	切	3	0	0	3
48	牙	1	0	0	1
49	日	2	5	4	11
50	牛	1	0	0	1
51	手	0	2	2	4
52	臼	0	0	1	1
53	爪	0	4	0	4
54	火	0	1	0	1
55	反	0	1	2	3
56	月	0	2	0	2
57	勿	0	1	1	2
58	心	2	3	3	8
59	方	0	1	1	2
60	斗	1	0	0	1
61	双	3	0	0	3
62	毋	2	0	0	2
63	水	1	4	0	4
64	玉	0	1	0	1
65	正	1	0	0	1
66	世	0	1	0	1

序号	直接构件	示音构件数	表义构件数	标示 / 记号构件数	总数
67	古	3	0	0	3
68	本	1	0	0	1
69	可	1	0	0	1
70	石	0	0	4	4
71	打	2	0	0	2
72	占	1	0	0	1
73	北	0	1	0	1
74	目	0	2	0	2
75	申	3	0	0	3
76	兄	0	1	0	1
77	吕	0	0	1	1
78	皿	1	0	0	1
79	凹	1	0	0	1
80	矢	0	0	1	1
81	生	2	4	0	6
82	代	0	1	0	1
83	付	1	0	0	1
84	白	4	3	0	7
85	瓜	0	2	0	2
86	乎	3	0	0	3
87	用	0	1	1	2
88	处	1	0	0	1
89	外	3	2	0	5
90	鸟	0	2	0	2
91	主	0	2	0	2
92	它	0	0	1	1
93	衤	0	1	0	1
94	出	2	2	0	4
95	奴	1	0	0	1

续表

序号	直接构件	示音构件数	表义构件数	标示／记号构件数	总数
96	耳	0	1	0	1
97	寺	0	1	0	1
98	吉	2	0	0	2
99	西	2	0	0	2
100	百	1	1	0	2
101	有	1	1	0	2
102	在	1	1	0	2
103	而	2	0	0	2
104	死	0	3	0	3
105	成	2	0	0	2
106	夹	1	0	0	1
107	夷	1	0	0	1
108	匠	0	1	0	1
109	光	1	0	0	1
110	早	6	3	0	9
111	吐	1	0	0	1
112	因	2	0	0	2
113	年	0	1	0	1
114	𥫗	0	1	0	1
115	血	0	1	0	1
116	后	1	1	0	2
117	合	1	1	0	2
118	朵	3	2	0	5
119	各	0	0	1	1
120	多	1	0	0	1
121	色	0	1	0	1
122	交	1	0	0	1
123	衣	2	1	1	4
124	亥	2	0	0	2

续表

序号	直接构件	示音构件数	表义构件数	标示／记号构件数	总数
125	安	3	2	0	5
126	羊	0	1	0	1
127	米	2	4	0	6
128	冲	1	0	0	1
129	汗	0	1	0	1
130	汝	1	0	0	1
131	尽	1	0	0	1
132	好	0	2	0	2
133	羽	0	1	0	1
134	孙	1	0	0	1
135	糸	0	1	0	1
136	弄	1	0	0	1
137	戒	1	0	0	1
138	吞	0	1	0	1
139	㠯	0	1	1	2
140	走	0	1	0	1
141	花	0	1	0	1
142	克	2	0	0	2
143	村	0	1	0	1
144	巫	0	0	1	1
145	車	0	0	1	1
146	更	4	1	0	5
147	束	1	2	0	3
148	吾	1	0	0	1
149	豆	0	0	1	1
150	来	0	0	1	1
151	妻	0	2	0	2
152	肖	0	0	1	1
153	見	1	3	0	4

续表

序号	直接构件	示音构件数	表义构件数	标示/记号构件数	总数
154	門	1	0	0	1
155	足	0	4	0	4
156	別	2	0	0	2
157	我	1	1	0	2
158	兵	1	2	0	3
159	身	0	1	0	1
160	斜	2	0	0	2
161	坐	0	1	0	1
162	角	0	1	0	1
163	条	1	0	0	1
164	饭	1	0	0	1
165	系	0	1	0	1
166	言	0	2	0	2
167	牢	0	1	0	1
168	没	1	1	0	2
169	尾	1	1	0	2
170	妙	4	0	0	4
171	忍	1	0	0	1
172	矣	1	0	0	1
173	青	0	1	0	1
174	昔	1	0	0	1
175	苗	1	0	0	1
176	英	2	0	0	2
177	苟	3	0	0	3
178	板	3	0	0	3
179	松	1	1	0	2
180	東	2	1	0	3
181	兩	0	1	0	1
182	枣	1	0	0	1

序号	直接构件	示音构件数	表义构件数	标示/记号构件数	总数
183	雨	0	1	0	1
184	担	0	1	0	1
185	拖	0	1	0	1
186	招	1	0	0	1
187	到	1	1	0	2
188	非	0	3	0	3
189	些	1	0	0	1
190	旺	1	0	0	1
191	昂	4	0	0	4
192	岩	1	2	0	3
193	迭	1	0	0	1
194	物	1	1	0	2
195	卑	2	0	0	2
196	金	1	3	1	5
197	命	0	1	0	1
198	受	1	0	0	1
199	服	1	0	0	1
200	朋	1	0	0	1
201	周	2	0	0	2
202	京	1	0	0	1
203	定	0	1	0	1
204	官	0	0	1	1
205	空	3	1	0	4
206	底	0	1	0	1
207	净	1	1	0	2
208	河	2	1	0	3
209	姐	1	0	0	1
210	孟	1	0	0	1
211	春	2	1	0	3

序号	直接构件	示音构件数	表义构件数	标示／记号构件数	总数
212	毒	1	0	0	1
213	贲	1	0	0	1
214	耶	1	0	0	1
215	革	0	1	0	1
216	带	0	1	0	1
217	荅	0	0	1	1
218	真	3	1	0	4
219	垢	0	1	0	1
220	相	0	1	0	1
221	要	0	1	0	1
222	厚	1	1	0	2
223	面	1	0	0	1
224	南	1	0	0	1
225	殆	1	0	0	1
226	拭	0	0	1	1
227	拾	1	1	1	3
228	挌	1	0	0	1
229	点	1	0	0	1
230	背	1	1	0	2
231	虐	1	0	0	1
232	是	0	1	0	1
233	昷	1	0	0	1
234	閃	1	0	0	1
235	骨	0	2	0	2
236	香	0	2	0	2
237	重	0	1	0	1
238	顺	0	1	0	1
239	保	2	0	0	2
240	恨	0	1	0	1

续表

序号	直接构件	示音构件数	表义构件数	标示／记号构件数	总数
241	鬼	1	2	0	3
242	後	1	2	0	3
243	食	0	3	0	3
244	烏	0	1	0	1
245	負	1	1	0	2
246	狠	1	0	0	1
247	亮	0	1	0	1
248	哀	1	0	0	1
249	客	1	2	0	3
250	美	1	0	0	1
251	浊	1	0	0	1
252	洗	0	1	0	1
253	神	1	0	0	1
254	费	2	0	0	2
255	皆	5	0	0	5
256	飛	0	1	0	1
257	紀	2	0	0	2
258	泰	1	0	0	1
259	索	0	2	0	2
260	桂	1	1	0	2
261	格	1	0	0	1
262	鬲	5	1	0	6
263	贾	0	1	0	1
264	配	1	1	0	2
265	威	2	0	0	2
266	紧	1	1	0	2
267	党	1	0	0	1
268	恩	3	0	1	4
269	哭	0	1	0	1

续表

序号	直接构件	示音构件数	表义构件数	标示 / 记号构件数	总数
270	候	0	0	1	1
271	拿	1	0	0	1
272	鳥	0	2	0	2
273	高	5	1	0	6
274	病	1	3	0	4
275	宰	1	0	0	1
276	料	0	2	0	2
277	浪	1	0	0	1
278	扇	2	0	0	2
279	書	2	0	0	2
280	通	0	1	0	1
281	務	4	0	0	4
282	孫	2	0	0	2
283	紙	0	1	0	1
284	菽	1	0	0	1
285	勒	5	0	0	5
286	菓	0	1	0	1
287	菜	1	0	0	1
288	麥	1	1	0	2
289	梳	0	2	0	2
290	專	1	0	0	1
291	票	1	0	0	1
292	雪	0	1	0	1
293	戛	0	0	1	1
294	救	0	1	0	1
295	處	2	0	0	2
296	開	1	1	0	2
297	國	2	0	0	2
298	喙	1	1	0	2

续表

序号	直接构件	示音构件数	表义构件数	标示／记号构件数	总数
299	過	1	1	0	2
300	動	0	1	0	1
301	貨	0	1	0	1
302	得	3	3	0	6
303	晋	0	1	0	1
304	魚	0	1	0	1
305	產	0	2	0	2
306	密	1	0	0	1
307	着	1	0	0	1
308	粗	1	1	0	2
309	剪	0	1	0	1
310	盗	0	1	0	1
311	敢	1	0	0	1
312	巢	0	1	0	1
313	尌	1	0	0	1
314	壹	1	0	0	1
315	煮	1	0	0	1
316	達	1	0	0	1
317	斯	1	0	0	1
318	萊	0	1	0	1
319	朝	3	0	0	3
320	硬	1	1	0	2
321	寮	1	0	0	1
322	景	1	1	0	2
323	單	0	1	0	1
324	黑	5	2	0	7
325	圍	0	1	0	1
326	無	0	1	0	1
327	短	0	1	0	1

续表

序号	直接构件	示音构件数	表义构件数	标示／记号构件数	总数
328	喬	1	1	0	2
329	猴	1	0	0	1
330	善	1	1	0	2
331	燒	1	0	0	1
332	溫	1	1	0	2
333	登	0	0	1	1
334	隔	3	3	0	6
335	随	1	1	0	2
336	結	3	0	0	3
337	給	1	0	0	1
338	遠	1	2	0	3
339	塘	1	0	0	1
340	頓	2	1	0	3
341	對	1	1	0	2
342	當	1	0	0	1
343	賊	0	1	0	1
344	照	0	1	0	1
345	跪	0	1	0	1
346	路	1	1	0	2
347	圓	1	1	0	2
348	節	1	1	0	2
349	鉄	0	1	0	1
350	解	4	0	0	4
351	裹	1	0	0	1
352	義	0	1	0	1
353	嘉	1	0	0	1
354	赫	1	0	0	1
355	蔗	1	0	0	1
356	蔭	0	1	0	1

序号	直接构件	示音构件数	表义构件数	标示／记号构件数	总数
357	爾	2	0	0	2
358	算	1	1	0	2
359	魄	1	1	0	2
360	銀	0	1	0	1
361	鮮	0	1	0	1
362	端	1	0	0	1
363	精	1	0	0	1
364	網	0	1	0	1
365	綠	1	1	0	2
366	耦	0	1	0	1
367	按	0	1	0	1
368	罵	0	1	0	1
369	墨	1	0	0	1
370	熟	0	1	0	1
371	寡	2	0	0	2
372	彈	0	1	0	1
373	纏	0	1	0	1
374	髻	0	1	0	1
375	薄	1	1	0	2
376	醜	1	1	0	2
377	闊	2	0	0	2
378	默	3	0	0	3
379	镜	0	1	0	1
380	學	3	1	0	4
381	犀	1	0	0	1
382	廢	1	0	0	1
383	舊	0	1	0	1
384	雖	2	0	0	2
385	藥	1	1	0	2

续表

序号	直接构件	示音构件数	表义构件数	标示 / 记号构件数	总数
386	顜	0	0	1	1
387	翻	1	0	0	1
388	雞	0	1	0	1
389	額	1	0	0	1
390	繞	0	1	0	1
391	難	1	1	0	2
392	鏗	1	0	0	1

4. 形体

方块白文的形体是楷体，符合方块白文在民间广泛应用时，需要遵循易写易读原则的这一情况。

表 4-17　自造拼合字属性表

序号	字形	示音构件	表义构件	标示 / 记号构件	平面图示	层级数	字频
1	刕	刀	上		上下结构	2	13
2	旭	久	九		左下包围结构	2	1
3	壬	上	三		左右结构	2	2
4	圮	己	土		左右结构	2	1
5	朱	待考			上下结构	2	1
6	牲	生	生	㇄	左右结构	2	1
7	达	待考			左下包围结构	2	12
8	扦	待考			左右结构	2	2
9	呎	仄		口	左右结构	2	1
10	斜	斗		彳	左右结构	2	2
11	兑	入	兄		上下结构	2	2
12	泊	白	白	氵	左右结构	2	1
13	迷	待考			左下包围结构	2	2
14	迂	待考			左下包围结构	2	18

序号	字形	示音构件	表义构件	标示/记号构件	平面图示	层级数	字频
14	迀	打		辶	左下包围结构	2	1
15	挈	切	手		上下结构	2	1
16	卿	待考			左右结构	2	1
18	困	待考			全包围结构	2	1
19	圂	奴		口	全包围结构	2	1
20	岯	山	世		左右结构	2	2
21	盃		爪、鸟		上下结构	2	1
22	袞	衣	入		上下结构	2	20
23	胜	王	月		左右结构	2	1
24	胸	待考			左右结构	2	1
25	坒	外	外	土	上下结构	2	2
26	咎	外	外	口	上下结构	2	1
27	彬	待考			左右结构	2	3
28	另				上下结构	2	2
29	竻	妙		刀	上下结构	2	7
30	玗	云	玉		左右结构	2	1
31	㚒	本	夫		左右结构	2	10
32	垾	早	工		左右结构	2	2
33	桒	朵	朵	艹	左右结构	2	2
34	髵	而	下		上下结构	2	2
35	奈	朵	大		上下结构	2	2
36	垾	早	早	上	左右结构	2	2
37	炪				左右结构	2	1
38	眧	日	日	目	左右结构	2	29
39	啈	早	早	口	左右结构	2	8
40	啃				左右结构	2	1
41	神	申	手		左右结构	2	6

续表

序号	字形	示音构件	表义构件	标示/记号构件	平面图示	层级数	字频
42	歹弋	歹	代		上下结构	2	3
43	倡				左右结构	2	19
44	帕	白		白去掉一	左右结构	2	2
45	后	后	后	口	上下结构	2	11
46	浭	更	氵		左右结构	2	13
47	冸	見	氵		左右结构	2	1
48	咪	米	忄		左右结构	2	10
49	籽	子	羊、子		左右结构	2	1
50	窗	因	宀		上下结构	2	1
51	凼				左下包围结构	2	1
52	委	亥	天		上下结构	2	1
53	胡				左右结构	2	1
54	剘	苗	刂		左右结构	2	1
55	悡				上下结构	2	2
56	悡	心	死		上下结构	2	1
57	泰	夷、水	水		上下结构	2	1
58	挈	到	到、了		上下结构	2	50
59	瞥	切	耳		上下结构	2	1
60	垅	克		上	左右结构	2	1
61	昳	日	日	衣	左右结构	2	12
62	趴				左右结构		15
63	唎	别		口	左右结构	2	2
64	劉	别		口	上下结构	2	1
65	嗯	忍		口	左右结构	2	2
66	剐	兵	兵	彐"门"	左右结构	2	1
67	倭		妻	亻	左右结构	2	1
68	侮	昂	亻		左右结构	2	82

153

序号	字形	示音构件	表义构件	标示/记号构件	平面图示	层级数	字频
69	偡	迭		亻	左右结构	2	1
70	逾		入、拖		上下结构	2	1
71	娖	处	出		左下包围结构	2	1
72	唚	没	没	口	上下结构	2	1
73	湺				左右结构	2	2
74	秊	双	年		上下结构	2	1
75	衉	双	血		上下结构	2	3
76	癸				上下结构	2	2
77	絆				左右结构	2	1
78	梾	条	束		左右结构	2	2
79	嵺	妙	不		上下结构	2	2
80	碑				左右结构	2	1
81	揊	得		扌	左右结构	2	3
82	紮		扎、系		上下结构	2	1
83	新				左右结构	2	1
84	稍				左右结构	2	1
85	喊				左右结构	2	2
86	嘆	英		口	左右结构	2	43
87	喠	東		口	左右结构	2	1
88	喽	枣		口	左右结构	2	3
89	蚹	付	日		左右结构	2	1
90	喁				左右结构	2	1
91	喼				左右结构	2	2
92	嗳	受		口	左右结构	2	2
93	唰				左右结构	2	1
94	嗐				左右结构	2	4
95	嗑	孟	口		左右结构	2	6

续表

序号	字形	示音构件	表义构件	标示/记号构件	平面图示	层级数	字频
96	逴	岩	岩	辶	左下包围结构	2	8
97	罢				上下结构	2	15
98	㤉	亥	生		左右结构	2	1
99	勢	我	我	方	上下结构	2	1
100	悁				左右结构	2	3
101	佫	客	客	亻	左右结构	2	2
102	昆	昂	爪		上下结构	2	2
103	姙				左下包围结构		1
104	䖪	申	色		左下包围结构	2	1
105	崇	出、冲			上下结构	2	1
106	㠲	己	底		左右结构	2	3
107	㲒	空	空	彡	左右结构	2	6
108	犂	了	料		上下结构	2	2
109	渶	英		氵	左右结构	2	2
110	㵂	苟		氵	左右结构	2	4
111	甭	汝	用		上下结构	2	2
112	袯	衣		衤	左右结构	2	2
113	槃	妙	不		上下结构	2	7
114	擎				上下结构	2	
115	芴	妙	勿		上下结构	2	1
116	孿	乎	好		上下结构	2	1
117	䚯	双	言		上下结构	2	1
118	耏	耶	下		上下结构	2	1
119	坴	古	坐		左右结构	2	1
120	攀	板		手	上下结构	2	1
121	惪	真	心		上下结构	2	2
122	覊	西	死		上下结构	2	2

序号	字形	示音构件	表义构件	标示／记号构件	平面图示	层级数	字频
123	殛	西	死		左三包围结构	2	3
124	摙	晤异体字			上下结构	2	1
125	甚				上下结构	2	1
126	垫	拾	拾	上	上下结构	2	4
127	啝	交	匠		左右结构	2	1
128	翌	切	青		上下结构	2	27
129	釰				上下结构	2	1
130	赋				左右结构	2	1
131	肟	旺	月		上下结构	2	10
132	暕	東	東	日	左右结构	2	3
133	晰	些	日		左右结构	2	6
134	啤	卑		日	左右结构	2	1
135	嵬				左右结构	2	1
136	咙				左右结构	2	1
137	圀	紀		口	全包围结构	2	10
138	孷		物	母	上下结构	2	1
139	酯				左右结构	2	3
140	岵	古	兵		左右结构	2	1
141	偲	恩	亻		左右结构	2	120
142	皆	後	後	口	上下结构	2	30
143	窊	安	合		上下结构	2	2
144	愳	周	心		上下结构	2	6
145	綵	多	朵		左右结构	2	3
146	惊	京		心	上下结构	2	1
147	滆	高	氵		左右结构	2	13
148	溧	河	水		上下结构	2	18
149	沰	点	氵		左右结构	2	3

序号	字形	示音构件	表义构件	标示/记号构件	平面图示	层级数	字频
150	坥	浊	土		上下结构	2	3
151	濋	山	洗		上下结构	2	7
152	閈	門	白		上三包围结构	2	1
153	瓾				上下结构		1
154	囨	閃	小		上下结构	2	3
155	犕	贲	夫		左右结构	2	4
156	垸				左右结构	2	3
157	愳				左右结构	2	2
158	靸		革、反		左右结构	2	1
159	努	勒		乃	上下结构	2	11
160	蒿				上下结构	2	1
161	尅	克	早		左下包围结构	2	3
162	蓪		通	艹	上下结构	2	1
163	桔	桂	桂	口	上下结构	2	1
164	梱	因	村		上下结构	2	1
165	酻	配	配	口	上下结构	2	9
166	奀		不、要		上下结构	2	1
167	誉				上下结构	2	2
168	萠	朋	北		上下结构	2	1
169	遾	紧	紧	辶	左下包围结构	2	3
170	睏				左右结构	2	1
171	嚜	拿		口	左右结构	2	1
172	嵪	高	山、高		左右结构	2	1
173	峏	扇	山		左右结构	2	6
174	醀				左右结构	2	1
175	筭	弄	⺮		上下结构	2	2
176	倸	菜	亻		左右结构	2	1

续表

序号	字形	示音构件	表义构件	标示/记号构件	平面图示	层级数	字频
177	愳				上下结构	2	1
178	愗				左右结构	2	1
179	㧢		爪、按		上下结构	2	1
180	盦	皿	命		上下结构	2	3
181	䑛	合	花		左右结构	2	1
182	飽	負		勿	左右结构	2	2
183	粲	饭	米		上下结构	2	1
184	掤	周	主		左右结构	2	2
185	旘	保	方		左右结构	2	2
186	瀓	敢	冫		左右结构	2	1
187	恠	在	在	心 忄	左右结构	3	1
188	宴				上下结构		1
189	娊	安	見		左右结构	2	1
190	湢	河	河	用	上下结构	2	1
191	厚	厚	好		上下结构	2	3
192	婺	務	女		上下结构	2	2
193	鏊	吉	金		上下结构	2	1
194	蒘	哛	哛	艹	上下结构	2	1
195	勸	勒		口	上下结构	2	2
196	艻	勒		乃	上下结构	2	5
197	章				上下结构	2	1
198	稍	束	束	肖	左右结构	2	2
199	蕔	赧	艹		上下结构	2	4
200	鼬				左右结构	2	5
201	摡				上下结构	2	2
202	髩	早	髟		左右结构	2	2
203	處	處	出		左上包围结构	2	1

序号	字形	示音构件	表义构件	标示/记号构件	平面图示	层级数	字频
204	瞔		目	荅（野葱）	左右结构	2	1
205	睯	格		日	左右结构	2	1
206	瞱	晶	目		左右结构	2	9
207	瞒	禹		日	左右结构	2	1
208	嘆				左右结构	2	1
209	嘓	過	過	口	左右结构	2	1
210	噴		貨	口	左右结构	2	1
211	憥	密	忄		左右结构	2	20
212	㝵	得	得	口	上下结构	2	1
213	禹	禹	爪		上下结构	2	1
214	䝫	斜		豆	上下结构	2	5
215	鍒	吉	金		左右结构	2	1
216	裚	裹	入		上下结构	2	4
217	皃	白	亮		左下包围结构	2	1
218	瘝	病	病	反	上下结构	2	2
219	孴	子	產、子		左右结构	2	1
220	糕	美	米		左右结构	2	1
221	犦	粗	大、粗		上下结构	2	2
222	翃	空	羽		左右结构	2	1
223	䨥				上下结构	2	1
224	褿				左右结构	2	1
225	褙				上下结构	2	1
226	尪	尾	尾	巫	左下包围结构	2	3
227	鸜	皆	鸟		左右结构	2	2
228	蠢	出、春			左右结构	2	1
229	螇				上下结构	2	1
230	膴	母	無		左右结构	2	1

续表

序号	字形	示音构件	表义构件	标示/记号构件	平面图示	层级数	字频
231	㜽	子	產、子		左右结构	2	1
232	㲴	支	紙		上下结构	2	2
233	遚	朝		辶	左下包围结构	2	1
234	塑	朝、上			上下结构	2	16
235	橺	開	開	木	左右结构	2	1
236	輤	昔		車	左右结构	2	1
237	𥗀	票	不		上下结构	2	7
238	㝔		不、得		上下结构	2	2
239	跓	真	主		左右结构	2	1
240	硬	硬	硬	口	上下结构	2	1
241	酥	面、米			左右结构	2	2
242	撜	正		扌長	左右结构	2	1
243	摬	黑		扌	左右结构	2	1
244	嗒				左右结构	2	2
245	撥				左右结构	2	1
246	𣎴	朵	背		左右结构	2	4
247	嚁	随	随	口	左右结构	2	1
248	䲍				左右结构	2	1
249	嘩				左右结构	2	1
250	㖞	可	哭		左右结构	2	1
251	嘄	景	景	口	左右结构	2	1
252	嘄				左右结构		13
253	噍				左右结构	2	1
254	嗝	隔	隔	口	左右结构	2	2
255	嵊	山	葉		左右结构	2	1
256	嵀	尌	山		左右结构	2	7
257	骯	光	骨		左右结构	2	1

续表

序号	字形	示音构件	表义构件	标示/记号构件	平面图示	层级数	字频
258	[illegible]				上下结构	2	3
259	[illegible]	净	更、净		上下结构	2	1
260	[illegible]	苟	身		左右结构	2	2
261	[illegible]	白	病		左右结构	2	3
262	[illegible]	得	得	心	上下结构	2	3
263	[illegible]	乎	鳥		左右结构	2	1
264	[illegible]				左下包围结构	2	1
265	[illegible]				左右结构	2	3
266	[illegible]	申	米、日		上下结构	3	1
267	[illegible]	神	米		上下结构	2	6
268	[illegible]	善	小		上下结构	2	1
269	[illegible]	隔	隔	又	上下结构	2	2
270	[illegible]	虐	糸		左右结构	2	1
271	[illegible]	哀	吞		左右结构	2	2
272	[illegible]	更	垢		上下结构	2	3
273	[illegible]				上下结构	2	1
274	擎				上下结构	2	1
275	[illegible]				左下包围结构	2	2
276	[illegible]	有	真、有		左右结构	2	24
277	[illegible]	更	厚		左右结构	2	3
278	[illegible]	夹、鬲			左下包围结构	2	1
279	[illegible]	圓	圓	口	左右结构	2	1
280	[illegible]	節	節	口	左右结构	2	1
281	[illegible]				左右结构	2	2
282	嚷				左右结构	2	1
283	[illegible]	嘉	亻		左右结构	2	9
284	[illegible]				左右结构	2	2

续表

序号	字形	示音构件	表义构件	标示/记号构件	平面图示	层级数	字频
285	[illegible]				上下结构	2	1
286	[illegible]	國	瓜		上下结构	2	1
287	[illegible]	國	瓜		左右结构	2	1
288	緘	威滅		各	左右结构	2	6
289	[illegible]	打	盗		上下结构	2	2
290	[illegible]		蔭	氵	左右结构	2	2
291	[illegible]	温	温、火		上下结构	2	3
292	[illegible]	皆	見		左右结构	2	8
293	[illegible]	隔	隔	口	上下结构	2	1
294	[illegible]				上下结构		2
295	[illegible]	結	井		上下结构	2	1
296	[illegible]	結	心		上下结构	2	6
297	[illegible]	爾	下		上下结构	2	1
298	[illegible]	塘	水		上下结构	2	2
299	[illegible]	勒			上下结构	2	2
300	[illegible]	板	食		上下结构	2	3
301	[illegible]	松	松、香		上下结构	2	1
302	[illegible]	吾	鳥		左右结构	2	2
303	[illegible]	昂	安		上下结构	2	1
304	[illegible]	頓	頓	手	上下结构	2	2
305	[illegible]	费	非		上下结构	2	1
306	[illegible]	费	非		左右结构	2	2
307	[illegible]	吐	麥		上下结构	2	1
308	[illegible]	高	足		左右结构	2	1
309	[illegible]	黑	生		左右结构	2	6
310	[illegible]	物	妻		上下结构	2	1
311	[illegible]	魄	魄	口	上下结构	2	1

序号	字形	示音构件	表义构件	标示/记号构件	平面图示	层级数	字频
312	魈	鬼	鬼	官	左下包围结构	2	1
313	偲				左右结构	2	2
314	鷭	高	角		左右结构	2	1
315	圌	外	圍		上下结构	2	1
316	謏	務	言		左右结构	2	2
317	嚲	對	對	口	上下结构	2	2
318	譱	乎	善		左右结构	2	3
319	糶	早、着			左右结构	2	1
320	羕	心	義		上下结构	2	1
321	傀				左右结构	2	4
322	窓				上下结构	2	14
323	娺	安	安	戛	左右结构	2	1
324	塗	生	客		上下结构	2	1
325	禣	壹	衣		左右结构	2	2
326	飜	服	飛		左下包围结构	2	1
327	鎜	金、紀			上下结构	2	2
328	罟	綠	綠	口	上下结构	2	2
329	綵				上下结构	2	1
330	橢	板	病		上下结构	2	5
331	樏	寡	木		左右结构	2	2
332	罱	高	兩		上下结构	2	16
333	遝				上下结构	2	1
334	礑	解		石	左右结构	2	1
335	霂	孫	雨		上下结构	2	3
336	鞃	殆	帶		上下结构	2	1
337	鴵	招	鳥		上下结构	2	7
338	鼕	更	救		上下结构	2	1

序号	字形	示音构件	表义构件	标示/记号构件	平面图示	层级数	字频
339	獮	爾、牙			左右结构	2	1
340	廗	處	春		左上包围结构	2	8
341	蹲	專	足		左右结构	2	1
342	跱	古	跪		上下结构	2	3
343	跿	路	路	它	上下结构	2	3
344	熄	遠	遠	矢	左右结构	2	1
345	蔉	成	短		上下结构	2	2
346	瞥	保、背			上下结构	2	1
347	偲	闊		亻	左右结构	2	9
348	俚				左右结构		4
349	餑	卑	食		左右结构	2	5
350	礐	解		石	上下结构	2	1
351	肇				上下结构	2	1
352	犗	皆	牢		左右结构	2	1
353	騰				左右结构	2	2
354	犐	牛	耦		上下结构	2	9
355	髫	春	髻		上下结构	2	1
356	棃	勒		来	上下结构	2	2
357	薑				上下结构		1
358	蕎	苟	舊		上下结构	2	1
359	蕎	毒			左右结构	2	1
360	蒿	搭	禹		上下结构	2	1
361	曌	早	照		上下结构	2	1
362	蹅	占	足、走		上下结构	3	3
363	颾				左下包围结构		
364	嚲	舉		口	左右结构	2	1
365	嘿	默		口	上下结构	2	2

序号	字形	示音构件	表义构件	标示/记号构件	平面图示	层级数	字频
366	㦷	赫	生		左右结构	2	2
367	礜	書	順		上下结构	2	1
368	鑿				上下结构	2	1
369	憒				左右结构		1
370	鋬	斜		登	上下结构	2	6
371	鶑	恩	後		上下结构	2	2
372	遳	烧		辶	左下包围结构	2	3
373	磖	而		金、石	上下结构	3	3
374	墍	土	金、岩		上下结构	3	3
375	縣				左右结构	2	1
376	灒	浪、南			上下结构	2	1
377	蟴	姐	菓		上下结构	2	1
378	贅	務	負		上下结构	2	2
379	罔	凹	網		上下结构	2	1
380	縊	戒、給			上下结构	2	1
381	韇				左右结构	2	1
382	墜	醜	醜	卫	上下结构	2	5
383	礄	喬	喬	石	左右结构	2	2
384	麶	麥		拭	上下结构	2	1
385	嶹	山、扇	寺		上下结构	2	2
386	壐		動、重		上下结构	2	1
387	黦	黑	恨		上下结构	2	1
388	鮮	山	鮮		上下结构	2	1
389	鼙	精、尽			上下结构	2	1
390	灘	雖	氵		左右结构	2	3
391	癈				左右结构	2	1
392	礘				左右结构		1

续表

序号	字形	示音构件	表义构件	标示 / 记号构件	平面图示	层级数	字频
393	⿱結定	結	定		上下结构	2	10
394	⿰巢空	空	巢		左右结构	2	2
395	⿱撰貝				上下结构	2	1
396	⿱斯是	斯	是		上下结构	2	2
397	⿱朝骨	朝	骨		上下结构	2	1
398	⿱梳書	書	梳		上下结构	2	1
399	⿱担當	當	担		上下结构	2	2
400	⿰口藥	藥	藥	口	左右结构	2	2
401	⿰口薄	薄	薄	口	左右结构	2	2
402	⿱雖水	雖	水		上下结构	2	12
403	⿱山額	額	山		上下结构	2	1
404	⿱默白	默	白		上下结构	2	1
405	⿰亻萬				左右结构		2
406	⿰亻鬱				左右结构	2	1
407	⿱矣銀	矣	銀		上下结构	2	12
408	⿰魚務	務	魚		左右结构	2	2
409	⿱丵矢				上下结构	2	1
410	⿰前宰	宰	剪		左右结构	2	3
411	⿺辶額	額	辶		左下包围结构	2	12
412	⿰畫荒				左右结构	2	1
413	⿱孫雪	孙	雪		上下结构	2	2
414	⿱繞上	上	繞		上下结构	2	2
415	⿱結美				上下结构	2	1
416	⿱纏成	成	纏		上下结构	2	1
417	⿰索黑	黑	索		左右结构	2	2
418	⿱頓食	頓	食		上下结构	2	1
419	⿱真賊	真	賊		上下结构	2	1

续表

序号	字形	示音构件	表义构件	标示/记号构件	平面图示	层级数	字频
420	嘰				左右结构	2	1
421	黬	威	黑		左右结构	2	1
422	馨	學	香		上下结构	2	2
423	黱	黑		候	上下结构	2	2
424	遷	鏗	辶		左下包围结构	2	3
425	覂	翻	反		上下结构	2	7
426	獖	猴	索		上下结构	2	1
427	譬	解、皆			上下结构	2	1
428	鼤	狼	黑		上下结构	2	1
429	轑	寮	料		上下结构	2	4
430	辥				左右结构		1
431	蹋	闊	足		左右结构	2	4
432	嚹	難	難	口	左右结构	2	1
433	鐚	泰	鉄		上下结构	2	11
434	觺	解、禹			上下结构	2	1
435	廜	廢	非		左上包围结构	2	1
436	樜	蔗	梳		上下结构	2	1
437	疆				上下结构	2	2
438	嚱				左右结构	2	1
439	韃	達	單		左右结构	2	2
440	邌				左下包围结构		1
441	蒢	算、孫			左右结构	2	1
442	撿		算	拾	上下结构	2	1
443	覥		見	顕	上下结构	2	1
444	䴉	恩	罵		左右结构	2	3
445	覢	默	鬼		上下结构	2	1
446	竀	寡	"管"变体匸		左右结构	2	4

续表

序号	字形	示音构件	表义构件	标示/记号构件	平面图示	层级数	字频
447	颣				左右结构	2	6
448	彈	党	彈		上下结构	2	1
449	骊	學	相匚		左右结构	3	1
450	愲	學	學	恩	左右结构	2	1
451	贾	墨	贾		左右结构	2	2
452	雞	皆	雞		上下结构	2	2
453	鸞	煮	熟		上下结构	2	1
454	遠	端	遠		上下结构	2	1
455	覓				上下结构		3
456	猷				左右结构	2	3
457	鬵	鬲	镜子		上下结构	2	2

二　字频统计

通过对方块白文的义项频次统计，可以归纳出方块白文的常用义，为下一步编撰方块白文字典做准备。将来释读文献时，也可以很方便的查询参考。

表 4-18　方块白文义项频次统计表

方块白文	义项	字频
方	上	10
方	飙	1
旭	九	1
玊	三	2
钜	田	1
轧	生	1
达	这里，那里	3
达	忙	2

方块白文	义项	字频
达	挨拢	2
达	就	1
达	跟	1
托	换	2
呋	狭	1
斜	等	1
斜	渴	1
兑	兄弟	2
泊	白	1
迲	托	1
迲	寄	1
迀	转	1
挈	牵	1
卯	这	1
唑	世	1
困	爱	1
囻	你	1
岇	世	2
乸	鹰	1
衮	进	10
衮	人	5
衮	一	2
衮	稳	1
衮	睡	1
衮	着	1
胚	月亮	1
胸	月	1
坒	外	2

方块白文	义项	字频
兮	外	1
弱	恰	2
笏	不要	2
笏	切	2
笏	瞄	1
笏	别	1
笏	上	1
玧	玉	1
赱	丈夫	4
赱	夫	3
赱	家	3
埠	活	2
奈	朵	2
禹	下	2
埠	大	2
炪	早	2
㫤	寿	1
㫤	天	12
㫤	日	5
㫤	年	4
㫤	白	3
㫤	白天	2
㫤	入	1
㫤	下	1
㫤	午	1
啤	说	4
啤	调	2
啤	早	2

方块白文	义项	字频
呷	牵	1
种	手	6
爹	带	2
爹	得	1
侣	咱们	13
侣	咱	3
侣	帕	1
侣	我们	1
侣	我	1
帕	亮	1
帕	白	1
盾	后	7
盾	柳	4
湲	寒冷	13
觊	计	1
㑊	想	10
羖	羔	1
㐭	村	1
𣊫	瞬	1
委	天	1
刮	麻木	1
刮	瞄	1
悪	脱	2
悪	死	1
泰	泪	1
㓦	到	46
㓦	赌	2
㓦	哪	1

方块白文	义项	字频
䚔	看	1
䶢	听	1
垸	刻	1
晠	天	4
晠	日	2
晠	进	2
晠	年	2
晠	午	2
趴	唱	8
趴	寄存	5
趴	兴	2
唰	探	1
唰	问	1
䎃	问	1
㕧	认	2
兕	兵	1
倭	妻	1
侣	我们	70
侣	我	4
侣	咱	3
侣	我的	2
侣	我是	1
侣	靠	1
侣	咱们	1
傪	点	1
逾	进	1
尵	出	1
澄	没	1

续表

方块白文	义项	字频
⿰氵追	软	2
秊	年	1
⿱丞皿	血	3
⿰糹牛	缠	1
⿰木条	棍	2
嫑	不要	2
⿰石旱	看	1
⿰扌㝵	打	3
紥	拴	1
新	揪	1
⿰肖卩	（原样状）	1
⿰口式	端	2
⿰口英	来	29
⿰口英	姻	6
⿰口英	因	5
⿰口英	依	2
⿰口英	冷	1
⿰口柬	里	1
⿰口枣	调	2
⿰口枣	次	1
蚹	蜂	1
⿰口寻	着	1
⿰口昂	我们	2
⿰口受	实在	2
啹	脸	1
啹	嘴	1
啹	腮	1
啹	坐	1

续表

方块白文	义项	字频
喕	面	3
喕	去	2
喕	口	1
遀	去	6
遀	访	1
遀	岩	1
罺	上	13
罺	不得	1
罺	处	1
核	生	1
劵	我们	1
悀	我们	3
佫	客	2
罻	集中	2
妣	一口	1
蚀	色	1
岧	村巷	1
厎	底	3
岙	空	4
岙	窝	2
剻	料	2
渶	来	2
淲	流	3
淲	（流不停状）	1
䐡	用	2
袆	衣	1
袆	穿	1
柴	不	4

方块白文	义项	字频
槃	不要	3
芴	别	1
孥	好	1
晉	说	2
冊	下	1
雄	坐	1
擘	遮	1
惪	事	1
酱	死	2
殖	死	3
瑇	有	1
替	去	1
垄	十	3
垄	拾	1
瓯	匠	1
肄	清	17
肄	青	5
肄	听	3
肄	都	1
肄	正	1
胑	肉	1
胥	月亮	9
胥	年	1
暕	东	2
毗	天	3
毗	纪	1
毗	子	1
啤	晚饭	1

方块白文	义项	字频
喥	不见	1
嗁	□	1
阋	手	6
阋	手镯	3
阋	戴	1
霫	东	1
酧	情	1
酧	则	1
酧	心意	1
砧	兵	1
偲	我的	118
偲	我们	2
雟	后	21
雟	意	3
雟	柳	3
雟	了	2
雟	头	1
夋	合	2
恩	情	6
粦	朵	1
粦	背	1
惥	井	1
滆	俩	8
滆	兄	5
溴	河水	18
沰	一滴	3
塣	浊	3
澁	洗	5

续表

方块白文	义项	字频
浩	知道	2
閰	天	1
㚖	家	1
肏	小	3
㸦	夫	3
㸦	丈夫	1
垙	地方	3
𤨶	无实义	2
鞁	皮	1
㔗	又	5
㔗	呢	4
㔗	也	2
蒿	人	1
䰯	早	3
蓪	通	1
𧶔	桂	1
𣑜	村	1
䣩	隔	7
䣩	配	2
㝉	不是	1
𣦆	不	1
𣦆	次数	1
萠	北	1
遻	挨	1
遻	真	1
遻	挨拢	1
眡	脸	1
啳	那里	1

方块白文	义项	字频
嵪	高	1
崷	山	4
崷	赛	2
醛	在	1
箄	龙	2
傑	妻	1
愳	起	1
愶	笼罩	1
娿	合	1
盒	命	3
舵	花	1
勆	蜂	2
槃	饭	1
捌	主	2
旗	边	2
澈	冷	1
愺	在	1
窭	里	1
娘	看	1
洇	河	1
蝼	业	3
婆	妻	2
壹	金	1
蒛	绿	1
智	又	2
勡	又	2
勡	呢	2
勡	呀	1

方块白文	义项	字频
䡩	母	1
䋎	绳	1
䋎	索	1
蘱	园	3
蘱	花园	1
趾	在	2
趾	有	1
趾	主	1
趾	是	1
愗	情	2
㞗	长	2
㢌	出	1
瞎	凹	1
䂪	肉	1
瞡	眼	7
瞡	无实义	1
瞡	脸	1
瞡	肉	1
嘆	不得	4
嘆	上	1
嘆	不行	1
嗝	过	1
嵟	货	1
憽	想	18
憽	思	2
曧	得	1
螝	甲	1
登	等	3

方块白文	义项	字频
登	饭	2
鈷	金	1
龕	入	3
龕	进	1
尻	亮	1
㬰	病	2
兒	儿	1
糕	米	1
奨	粗	2
翊	膀	1
㵀	汗	1
褥	问	1
屁	尾	3
鹊	鸡	2
嵿	巷	1
奚	惹	1
鱃	无	1
碓	儿	1
雯	枕	1
雯	纸	1
逦	做	1
塑	上	4
塑	如	3
塑	说	2
塑	羡	1
塑	长	1
塑	活	1
塑	终	1

方块白文	义项	字频
塑	着	1
塑	怎	1
棚	开	1
辖	星	1
橐	不是	5
橐	彪	2
霉	不得	2
尯	主	1
磏	硬	1
穌	门	1
穌	面	1
捶	有	1
摵	冈栗	1
喳	那	2
撥	操	1
骹	背	3
骹	圈	1
嚧	随	1
齸	（悄声悄气状）	1
喔	圆	1
剟	哭	1
嚌	景	1
嘛	调	10
嘛	首	2
嘛	种	1
噍	看	1
嘱	隔	2
蝶	叶	1

方块白文	义项	字频
□	山	8
□	骨	1
□	翱翔	2
□	吠	1
□	净	1
□	身体	2
□	病	3
□	得	3
□	乌	1
□	院	1
□	好	3
□	饭	1
□	饭	4
□	饵	2
□	小	1
□	隔	2
□	绵	1
□	咽	2
□	汗垢	3
□	荨麻	1
□	叮	1
□	跋	2
□	有	12
□	是	10
□	主	1
□	在	1
□	实	1
□	厚	1

方块白文	义项	字频
腰	跟	1
尥	些	1
啯	圆	1
喃	节	1
噢	给	2
儑	伴	5
儑	象	2
儑	别	1
儑	你	1
赫	稼	2
㩒	事	1
瓯	瓜	1
瓯	瓜	1
碱	名	4
碱	蜜	2
荠	偷	2
蕯	茵	2
熭	暖	3
觊	见	5
觊	尖	2
觊	看	1
隮	窄	1
縬	结	2
綷	井	1
恋	情	6
屭	下	1
塿	池	1
塘	塘	1

183

方块白文	义项	字频
綮	又	2
餮	晚饭	3
簝	松	1
鹃	鸦	1
鹍	五	1
窨	安	1
揱	顿	1
揱	一顿	1
妻	非	1
攅	非	2
夢	头	1
蹄	脚	1
螺	生	3
螺	家	2
螺	猛	1
螺	赌	1
婪	妻	1
嘝	魂	1
魃	不见	1
鳃	手	1
鳃	知道	1
觿	角	1
齒	围	1
諯	端	2
對	对	2
嚭	胡	1
嚭	好	1
嚭	慕	1

续表

方块白文	义项	字频
䙖	遭	1
𢡟	意	1
餽	坏	2
餽	不见	2
𡫸	情	8
𡫸	语	6
嫛	安	1
塗	汤	1
襢	衣	2
䬛	飞	1
鋆	手	2
𥿦	绿	2
𢇃	求	1
𤵸	病	5
𣞬	棍	2
𩫏	两	9
𩫏	兄	6
𩫏	语	1
𩄇	下	1
𥗕	小	1
𩄰	雪	3
𤜃	带	1
𪇋	雀	7
蹵	救	1
獮	下	1
𢉖	春	8
䠲	转	1
𠾈	在	2

方块白文	义项	字频
鐾	跪	1
礣	路	3
纞	远	1
嶷	短	2
僑	头	1
僩	靠	8
僩	过	1
偁	起	2
偁	在	2
餑	晚饭	3
餑	饭	1
餑	汤	1
磘	小	1
擎	直	1
犝	结	1
騹	嘴	1
騹	在	1
犎	凝结	6
犎	牛	2
犎	团	1
鬗	发	1
黎	又	2
蹩	在	1
蕇	旧	1
蘱	草	1
鸎	隔	1
翚	照	1
踷	站	3

方块白文	义项	字频
瓯	丑	1
嗶	嘴	1
嚜	鸣	2
蛼	生	2
醤	顺	1
鑾	好	1
慣	去	1
䇲	等	3
䇲	求	2
䇲	坐	1
鼗	柳	1
鼗	后	1
遜	找	2
遜	送	1
碯	硬	3
塣	硬	3
濿	烂	1
蠼	梅果	1
贅	背	2
圙	网	1
縰	在	1
韢	尽	1
壨	丑	5
礤	谷子	2
藝	馒	1
嵽	寺	2
璽	动	1
懬	恨	1

续表

方块白文	义项	字频
鲜	鲜	1
瘦	瘦	1
灘	水	3
覩	见	1
𫏋	定	4
𫏋	接	3
𫏋	结	2
𫏋	一定	1
䡊	去	1
䡊	家	1
攢	儿	1
韪	是	2
䎘	一把	1
蓄	梳	1
擔	担子	2
藥	药	2
薄	薄	2
雧	水	12
嶺	岭	1
黔	天	1
儵	（悄等状）	2
儚	荨麻	1
鑿	银	12
鰟	鱼	2
業	个	1
辦	剪	2
辦	断	1
遡	去	9

续表

方块白文	义项	字频
邋	过	2
邋	来	1
霽	雪	2
纆	结	2
纚	缠	1
纇	绳	2
霫	顿	1
黢	贼	1
嚛	哄	1
黩	黑	1
馨	香	2
黱	（忸怩状）	2
邋	起	3
夔	跌	2
夔	发	1
夔	反	1
攀	弦	1
謦	见	1
黶	黑	1
斃	料	1
辭	断	1
躏	（声响悄悄状）	2
躏	（悄声悄气状）	2
嚯	难	1
鏒	铁	11
鸞	捉	1
麛	非	1
櫭	梳	1

方块白文	义项	字频
畕	恰	2
轙	单独	2
遄	去	2
嫲	岁	1
䅴	算	1
覼	见	1
矖	骂	3
鱉	魄	1
馪	管	4
歝	（忸怩状）	4
歝	推	2
甇	弹	1
匭	箱	1
匭	学	1
罨	买	2
鱛	鸡	2
鰲	熟	1
遽	远	1
覒	不见	3
鸞	闩门	1
鸞	镜	1
犟	家	1
氋	汗	1
咟	百	1
迀	去	8
迀	得	4
迀	来	2
迀	偷	1

方块白文	义项	字频
迊	转	1
迊	回	1
迊	心	1
鴽	麻雀	1
鴽	无实义	1
阿	谁	22
阿	阿	9
阿	哪	4
阿	谁	2
阿	一	1
阿	如	1
阿	虚词，不译	1
阿	□	1
哀	爱	7
挨	挨	1
安	安	2
闇	一	26
闇	如	6
闇	我们	2
闇	一口	2
闇	看	1
闇	不	1
闇	应	1
闇	谁	1
闇	现	1
暗	暗	1
黯	一	6
黯	我们	2

续表

方块白文	义项	字频
黯	小	2
八	沟	1
把	板	1
把	味	1
霸	他们	9
霸	总	2
霸	你们	1
吧	巴	1
白	白	6
白	伯	1
百	百	5
百	万	1
攞	摆	1
般	般	1
板	碗	2
半	半	2
邦	倒	1
梆	绑	3
梆	绊	1
榜	搬	1
谤	讲	1
谤	他们	1
薄	薄	1
保	它	12
保	他	6
保	无实义	4
保	她	4
保	坡	3

续表

方块白文	义项	字频
保	保	1
保	边	1
保	也	1
寶	宝	2
報	报	1
卑	走	19
卑	回	1
卑	出	1
北	北	1
被	被	3
本	不	112
本	那	2
本	本	1
本	眼	1
本	寄	1
本	并不	1
本	来	1
崩	盐	1
逼	逼	2
鼻	鼻	1
比	比	8
鄙	无实义	1
必	给	6
必	片	2
必	必	2
必	桩	2
必	丢	1
裨	服	1

方块白文	义项	字频
便	便	1
别	丢	10
别	丢	5
殯	殡	1
禀	禀告	1
禀	禀	1
病	病	2
波	波	1
剥	包	1
剥	讽	1
哺	哺	1
不	不	45
才	才	2
财	财	1
保	妻	6
採	采	18
菜	妻	10
菜	钱	1
操	搓	4
草	草	2
曾	曾	1
插	插	1
查	羊	1
纏	才	2
昷	早饭	7
昷	错	3
昷	早	1
長	长	3

方块白文	义项	字频
常	常	3
廠	场	1
朝	上	7
朝	是	5
朝	朝	5
朝	丰	1
朝	藏	1
炒	操	1
车	红	1
車	睡	10
車	入	1
車	想	1
趁	趁	4
成	成	8
橙	凳	1
懲	情	1
吃	吃	7
耻	光	2
畜	替	1
椆	柱	1
愁	愁	2
丑	菜	2
出	出	9
初	就	10
初	才	3
初	处	1
除	除	1
楚	臭	1

方块白文	义项	字频
处	地方	2
處	地方	33
處	村巷	3
處	适	2
處	巷道	2
處	巷	1
船	船	1
次	身	18
次	输	3
次	下	3
次	掉	2
次	身体	1
刺	刺	2
醋	从	4
醋	错	1
醋	闻	1
篡	双	1
篡	跳越	1
寸	存	2
錯	从	3
搭	找	1
达	刀	1
達	拿	5
達	偷	2
達	搭	2
達	刀	2
達	跟	2
達	定	1

续表

方块白文	义项	字频
達	耽	1
達	谁	1
達	独	1
達	挑	1
達	干	1
達	当	1
達	担	1
答	反	3
答	答	1
打	打	3
打	回	1
打	一	1
打	田	1
躂	踩	1
歹	毒	1
丹	丹	1
担	担	2
單	单	1
膽	胆	1
噉	讲	10
噉	闲	1
僤	单	1
当	跟	1
當	当	3
當	跟	1
當	这里	1
當	整	1
擋	当	1

方块白文	义项	字频
擋	挡	1
儅	当	1
刀	刀	6
刀	那	1
檮	谁	2
檮	话	2
到	到	6
得	得	6
得	着	1
的	的	4
登	着	27
登	得	19
登	见	4
登	道	1
登	的	1
登	里	1
登	着	1
等	上	1
櫈	凳	1
滴	滴	2
狄	回	18
狄	去	2
狄	折	1
狄	回	1
狄	折	1
地	地	1
弟	弟	3
弟	只	2

方块白文	义项	字频
弟	小	1
俤	弟	21
俤	妹（俩）	5
俤	子	4
俤	妹	3
俤	姐妹	2
俤	人	1
俤	弟	1
娣	弟	1
刁	样	4
刁	吊	2
刁	调	1
韵	说	6
爹	爹	3
蝶	蝶	1
钉	蜇	1
顶	顶	1
頂	顶	2
定	定	3
東	东	2
董	董	1
凍	冬	2
凍	里	1
都	不得	7
都	都	1
哇	不	1
斗	前	13
斗	头	11

方块白文	义项	字频
斗	过	5
斗	上	5
斗	才	3
斗	无实义	3
斗	夫	2
斗	一只	1
斗	指	1
斗	着	1
斗	从	1
斗	话	1
斗	谁	1
斗	饭	1
斗	得	1
毒	毒	1
獨	独	3
讀	读	1
渡	涉	1
堆	远	1
對	对	1
多	多	5
多	跌	2
釟	尺	1
奪	遇	7
奪	不得	3
奪	这里	3
奪	爹	1
朵	谁	21
朵	话	3

续表

方块白文	义项	字频
朵	谁	2
朵	糖	2
哚	话	1
峨	握	3
峨	落	2
峨	午	1
额	去	1
额	去	1
搞	捉	1
恩	柳	3
恩	恩	2
而	而	3
二	二	1
发	法	1
發	发	1
法	法	1
煩	烦	1
反	反	3
方	方	4
方	放	1
方	妨	1
非	非	5
啡	非	1
分	分	2
偾	丈夫	1
偾	它	16
偾	夫	7
偾	她	6

方块白文	义项	字频
偣	他	5
偣	他的	3
偣	丈	2
偣	她的	2
偣	它的	2
偣	此	1
偣	丈夫	1
偣	你们	1
偣	它	1
偣	他的	1
風	风	3
蜂	蜂	9
鳳	凤	1
夫	肚	7
夫	嘱	1
服	飞	1
服	觉	1
父	父	1
父	蜂	1
付	喷	4
付	柔和	2
付	浮	1
婦	妇	1
復	复	2
富	蜂	3
富	富	2
盖	今	2
蓋	今	2

续表

方块白文	义项	字频
概	牵	4
甘	甘	2
趄	像	1
趄	讲	1
橄	道	1
干	把	60
干	唱	1
干	定	1
干	吃	1
干	让	1
干	想	1
干	算	1
幹	把	3
幹	照应	1
鋼	把	1
鋼	指	1
高	脚	5
高	下	4
高	两	3
高	高	3
羔	羔	1
杲	杲	2
搞	稻	1
稿	供	1
擱	搁	1
格	家	6
格	怕	4
格	狭道	1

方块白文	义项	字频
格	人	1
格	怕	1
隔	隔	4
隔	中	3
隔	肉	1
閣	阁	1
膈	肉	2
鎘	早	2
各	跟	13
各	架	1
各	和	1
個	个	1
跟	跟	3
哽	惰	1
更	更	3
更	今	1
拱	拱	1
苟	流	6
苟	骑	2
苟	脚	1
耇	流	1
够	今	6
够	时	5
够	在	2
够	青谷子	1
古	拱	2
谷	孤	1
谷	朵	1

方块白文	义项	字频
股	股	1
骨	骨	2
顧	顾	1
光	光	1
光	裤	1
光	骨	1
光	挂	1
皈	白	2
歸	归	1
歸	关	1
鬼	不见	1
桂	桂	2
跪	跪	1
果	爱	18
果	富	1
裹	裹	2
過	过	6
過	的	1
害	天	1
害	害	1
晗	家	1
罕	家	1
汉	看	1
漢	看	26
漢	望	4
漢	养	3
漢	荨麻	1
漢	生	1

方块白文	义项	字频
漢	无实义	1
漢	羞	1
漢	看	1
漢	盼	1
漢	看	1
行	行	2
行	谢	2
行	烂	2
蒿	回	2
蒿	们	1
蒿	些	1
豪	豪	1
好	家	4
好	好	3
好	房	2
好	起	1
合	花	54
合	合	5
合	情	3
合	它	1
合	笑	1
何	何	3
河	河	2
佷	人	42
佷	一个	2
佷	庄	2
佷	个	2
佷	子	1

续表

方块白文	义项	字频
俍	娘	1
俍	别	1
俍	里	1
俍	活	1
很	里	1
狠	里	41
狠	离	3
狠	恨	3
狠	天	3
狠	间	1
狠	样	1
狠	后	1
狠	无实义	1
猴	猴	2
吼	家	3
后	了	13
后	后	5
后	在	2
后	来	1
后	掉	1
厚	后	1
厚	柳	1
後	了	8
後	后	5
後	在	2
後	掉	2
後	柳	1
乎	好	2

方块白文	义项	字频
乎	呼	1
蝴	蝴	1
虎	虎	3
許	许	6
花	花	14
花	花	1
滑	欢	2
滑	还	2
话	话	1
話	话	6
懷	怀	1
皇	皇	1
凰	凰	1
輝	会	1
回	回	4
悔	悔	9
會	会	3
昏	禽	1
火	火	1
咟	百	3
跻	赶	4
跻	唱	2
跻	追	2
跻	无实义	1
躋	唱	20
躋	赶	9
躋	寄存	6
躋	追	1

方块白文	义项	字频
及	尖	5
及	多	2
及	关了又关	1
及	记	1
及	无实义	1
及	说	1
及	许	1
吉	金	4
吉	银	1
岌	尖	1
岌	顶	1
急	急	3
己	己	1
幾	几	1
伎	男	4
伎	儿	3
紀	点	2
紀	西	1
加	接	1
家	家	5
夾	看	1
戛	肝	2
戛	无实义	1
戛	哪	1
戛	高	1
戛	干	1
假	假	2
假	回	2

方块白文	义项	字频
價	价	1
间	间	2
間	间	1
見	见	2
江	江	1
將	接	4
將	将	1
講	讲	2
交	让	4
交	交	2
焦	焦	1
脚	脚	3
絞	紧	4
絞	（深情状）	2
觉	焦	2
教	叫	1
皆	皆	2
接	间	2
接	接	1
結	牵	27
結	怎	4
結	结	2
結	挂	2
結	一点儿	1
姐	姐	18
姐	泪	2
姐	后	1
姐	姐	1

方块白文	义项	字频
解	在	1
解	解	1
戒	怕	1
斤	斤	1
今	今	4
今	敬	1
金	金	7
緊	紧	3
近	近	4
經	敬	2
景	光景	1
景	处境	1
景	模样	1
暻	样	1
暻	情境	1
究	较	1
久	久	1
久	旧	1
酒	酒	2
就	就	4
居	居	1
掬	哄	1
局	局	2
唁	嘴	1
覺	焦	1
喀	客	1
開	开	1
慨	牵	2

方块白文	义项	字频
慨	牵	1
坎	渴求	2
坎	想	1
看	养	2
看	看	1
靠	靠	2
靠	服	1
柯	靠	3
科	一颗	6
科	颗	4
科	无实义	4
科	上	2
科	曲	1
科	不想	1
科	靠	1
科	过	1
搭	捉	1
可	曲	43
可	情人	12
可	可	5
可	情妹	3
可	哥	1
可	爱	1
可	唱	1
渴	渴	1
客	客	3
課	水	1
肯	里	2

方块白文	义项	字频
铿	坑害	1
铿	起	1
鏗	起	5
空缺	两	1
空缺	河	1
口	口	3
口	一口	1
口	里	1
扣	去	6
扣	开	2
扣	回去	1
苦	苦	5
墤	一个	1
宽	贫	3
宽	穷	1
匡	狗	2
眶	眶	1
愧	块	2
困	另	4
困	亏	2
困	山	1
困	座	1
括	骗	1
来	来	3
來	来	5
老	老	2
老	山	2
老	虎	1

方块白文	义项	字频
烙	烙	3
勒	又	2
勒	害	1
勒	勒	1
勒	哪	1
了	了	4
雷	雷	1
壨	（翱翔状）	2
壨	多	1
壨	次	1
嘞	来	1
冷	这	44
冷	冷	1
冷	的	1
冷	着	1
冷	现	1
冷	这	1
理	理	1
裹	里	2
力	力	1
利	也	1
連	连	3
脸	脸	1
脸	脸	1
腍	脸	1
良	这	17
良	这样	2
良	咱们	1

方块白文	义项	字频
良	良	1
梁	这	1
两	两	1
兩	两	6
亮	亮	2
流	流	1
柳	柳	2
龍	龙	1
嚨	龙	2
嘍	的	4
嘍	了	1
漏	漏	1
漏	青谷子	1
喽	的	9
喽	越	2
喽	更	2
喽	后	1
路	路	2
孿	成	1
洛	洛	2
落	落	3
旅	纷	2
旅	了	1
旅	翱翔	1
律	脱	17
馬	马	6
嘛	发	1
麥	嘛	2

续表

方块白文	义项	字频
賣	卖	1
滿	满	1
吐	上	157
吐	的	19
吐	样	5
吐	个	1
吐	伤	1
吐	女	1
吐	些	1
吐	噜	1
吐	不	1
吐	你	1
吐	前	1
麼	么	1
沒	没	7
沒	无	1
没	没	7
没	无	5
没	没人	1
没	漫	1
没	里	1
没	可	1
媒	媒	1
美	门	9
妹	明	1
嚶	鸣	1
门	梦	2
門	梦	6

方块白文	义项	字频
閁	上	1
孟	处	73
孟	才	6
孟	上	5
孟	么	4
孟	面	3
孟	去	3
孟	这	2
孟	前	2
孟	里	2
孟	它	2
孟	或	2
孟	没	1
孟	他的	1
孟	她处	1
孟	出	1
孟	无实义	1
孟	才	1
孟	口	1
孟	那里	1
迷	眼	17
迷	上	4
迷	（扭怩状）	2
迷	面	2
迷	及	1
迷	眼	1
米	米	1
米	想	1

方块白文	义项	字频
冞	面	1
密	大	1
密		0
嘧	眯	2
蜜	蜜	4
面	面	6
面	月	6
描	不要	3
妙	不要	1
滅	名	1
滅	阉	1
名	声	1
名	名	1
明	明	3
命	命	1
摸	摸	2
摸	摸	1
末	芒	1
莫	莫	3
莫	无实义	1
謀	声	1
牡	牡	1
姆	妈	4
姆	母	2
姆	羊	1
穆	穆	1
拿	则	28
拿	拿	3

方块白文	义项	字频
拿	又	2
拿	了	2
拿	你们	2
拿	那里	1
拿	呀	1
那	你们	112
那	你	5
那	你们的	1
那	则	1
那	你的	1
那	了	1
那	你们	1
納	拿	1
納	这	1
納	则	1
嗱	则	1
乃	呢	4
乃	（忧心状）	2
乃	样	2
乃	的	1
乃	一	1
奶	段	1
奶	吃	1
南	地方	11
南	那里	3
南	里	3
南	南	2
南	处	1

方块白文	义项	字频
南	哪	1
南	愧	1
南	那里	1
喃	哪里	3
喃	那里	1
喃	南	1
喃	哪	1
喃	一	1
難	难	4
叔	难	2
叔	则	1
叔	的	1
叔	了	1
叔	烂	1
脑	你	72
脑	这	2
脑	你的	1
脑	的	1
脑	和	1
脑	你	1
恼	恼	1
腦	你	6
闹	闹	1
呢	呢	3
呢	里	2
能	能	2
淲	（流不停状）	2
淲	（不停状）	2

方块白文	义项	字频
嘥	的	2
你	你	11
你	你的	3
你	上	1
年	年	2
廿	也	65
廿	和	9
廿	或	2
廿	你的	1
廿	垢	1
廿	你	1
廿	利	1
廿	和	2
廿	也	1
鳥	鸟	2
鳥	雀	1
牛	股	2
牛	无实义	1
濃	浓	1
伩	女	9
伩	妹	4
伩	姑	1
奴	你的	1
虐	柔和	1
虐	温	1
虐	要	1
諾	越	8
諾	间	3

方块白文	义项	字频
諾	□	1
諾	腻	1
糯	糯	1
女	女	4
耦	凝结	1
杷	板	1
怕	怕	6
嗙	讲	2
噴	它	2
噴	一次	1
咮	不	15
咮	白	1
捞	搬	1
披	披	1
皮	皮	2
皮	脾	2
匹	片	1
圮	地	1
屁	屁	1
翩	（青色状）	2
漂	容貌	1
票	貌	3
票	面貌	1
贫	贫	1
品	品	1
聘	事	2
坡	镯	10
坡	一边	6

方块白文	义项	字频
坡	先	3
坡	语气词	2
坡	坡	1
坡	旁边	1
坡	方面	1
坡	披	1
坡	那边	1
坡	边	1
坡	无实义	1
坡	处	1
坡	们	1
樸	朴	2
期	气	34
期	出	1
期	去	1
期	气	1
欺	气	1
欺	欺	1
棲	漆	2
其	其	2
其	气	1
奇	其	1
棋	棋	1
骑	骑	1
启	在	1
起	给	3
起	都	1
起	起	1

方块白文	义项	字频
起	刺	1
昝	昨	2
昝	（声响悄悄状）	1
昝	（悄声悄气状）	1
气	气	1
氘	气	18
氘	一气	1
氘	回	1
千	千	9
千	出	2
千	亲	1
前	前	2
錢	钱	3
欠	亲	4
欠	拔	2
欠	千	2
欠	去	1
敲	敲	1
巧	超过	1
峭	好	11
峭	（原样状）	1
峭	成	1
且	青	2
且	（青色状）	1
侵	侵	1
清	清	1
情	情	8
請	请	1

方块白文	义项	字频
親	亲	8
求	求	1
屈	（声响悄悄状）	1
趨	着	1
去	去	3
劝	一座	2
劝	劝	1
雀	鸟	1
讓	让	1
饒	饶	2
繞	绕	1
繞	麦	1
人	人	26
人	则	2
仁	仁	9
忍	闰	8
忍	给	6
忍	忍	2
認	认	8
認	给	1
叞	柔	1
日	日	2
肉	肉	3
如	如	9
汝	用	10
乳	乳	1
入	兄	1
入	入	1

方块白文	义项	字频
撒	水	1
三	三	3
殺	死	6
煞	三	1
山	山	7
闪	小	49
闪	心	1
闪	小	1
商	散	1
傷	伤	3
上	相	65
上	上	12
上	交	2
上	从	2
上	三	2
上	相	1
上	互	1
上	山	1
上	闯	1
尚	相	2
尚	从	1
尚	相	1
烧	管	1
烧	找	1
稍	绳	6
稍	索	2
稍	扣子	1
稍	扣	1

续表

方块白文	义项	字频
稍	带	1
烧	找	3
烧	曲	1
烧	唱	1
烧	送	1
燒	寻	2
燒	扮	2
燒	烧	1
勺	疼	8
勺	痛	4
勺	悠	2
勺	气	2
勺	红	2
勺	少	1
少	少	3
赊	让	3
賒	让	18
賒	割	1
賒	嘛	1
舍	什么	2
捨	什么	3
捨	舍	2
捨	何	2
捨	盛	1
捨	深	1
捨	时	1
捨	路	1
捨	哪	1

方块白文	义项	字频
捨	让	1
捨	什	1
捨	么	1
捨	世	1
捨	有	2
捨	是	1
捨	哪	1
設	让	1
設	知	1
申	手	15
申	样	14
申	放	13
申	要	4
申	知	3
申	像	2
申	色	2
申	路	2
申	样子	2
申	桥	2
申	知道	1
申	停	1
申	申	1
申	了	1
申	的	1
申	停歇	1
申	（忧心状）	1
申	如	1
申	让	1

方块白文	义项	字频
申	擦	1
申	似	1
身	身	8
深	深	2
审	审	2
生	生	8
笙	手	1
笙	双	1
聲	名	1
省	省	1
剩	让	3
剩	给	2
勝	胜	1
失	失	1
施	离	6
施	很	6
施	实在	4
施	子	2
施	适	1
施	实	1
施	极	1
師	是	1
十	十	3
时	时	1
拾	渴	2
拾	让	1
拾	时	1
拾	到	1

方块白文	义项	字频
拾	哪	1
拾	舍	1
拾	不想	1
食	食	1
時	时	3
時	无实义	1
實	想	4
實	不想	3
實	渴	2
實	让	1
識	识	2
使	使	3
使	试	3
使	去	2
使	让	1
使	事	1
使	在	1
世	世	3
市	市	1
似	似	1
事	事	5
拭	始	1
是	是	7
是	则	6
是	仿佛	1
是	什	1
是	实	1
适	官	1

续表

方块白文	义项	字频
手	戒	1
受	受	2
書	书	1
熟	熟	1
庶	双	5
庶	宿	1
庶	手	1
刷	园	3
双	说	4
双	双	1
双	血	1
霜	血凝	2
雙	说	21
雙	讲	1
雙	纪	1
爽	竹	1
水	水	14
思	宿	1
思	失	1
恩	离	1
斯	是	2
絲	麻	3
緦	心	3
緦	话	1
死	死	6
死	疼	2
死	痛	1
送	送	1

方块白文	义项	字频
搜	藏	1
素	素	2
訴	诉	2
雒	虽	1
随	随	1
歳	岁	1
縮	缩	2
所	笑	1
索	索	2
太	台	1
俋	你的	121
俋	你	8
俋	你们	7
俋	我的	4
俋	这	3
談	塘	1
炭	回	6
探	接	1
探	够	1
糖	蜜	1
滔	不想	2
淘	不想	1
体	只	3
体	只	1
體	只	5
洟	泪	1
替	替	3
替	提	1

续表

方块白文	义项	字频
天	天	6
跳	跳	1
聽	听	4
同	同	1
头	头	1
頭	头	3
姓	主	1
透	下	21
透	下来	1
透	透	1
透	下	1
吐	上	2
兔	讨	4
兔	找	1
兔	图	1
團	团	1
退	退	2
脱	脱	1
歪	为	40
頑	为	1
万	万	1
萬	万	1
往	骂	1
為	为	5
爲	为	3
問	问	1
我	我	102
我	我的	3

方块白文	义项	字频
我	我们	1
我	我	1
巫	握	1
屋	屋	1
乌	乌	1
無	无	12
無	的	2
五	丛	4
五	五	3
五	握	3
午	活	1
伍	伍	1
伍	扶	1
武	云	2
武	肩	1
务	务	1
西	（原样状）	2
西	少	1
西	无实义	1
昔	串	1
昔	心	1
惜	惜	1
席	席	1
习	串	2
习	弦	1
洗	信	1
洗	知	1
喜	喜	2

方块白文	义项	字频
系	系	1
细	心	6
鈒	金	1
细	心	129
细	话	6
细	寒	2
细	漏掉	1
细	新	1
狎	闲	16
下	下	1
先	先	1
仕	兄	2
閑	闲	1
腺	心	1
綫	心	2
縣	县	1
相	相	4
相	死	4
相	杀	3
相	下	1
香	香	1
香	死	1
香	羊	1
香	相	1
想	想	24
像	像	5
消	消	1
消	乡	1

续表

方块白文	义项	字频
小	小	1
笑	笑	3
些	纪	3
些	日	2
些	天	1
些	月	1
邪	信	1
謝	醒	2
謝	星	1
心	心	12
新	新	1
星	星	1
性	性	3
性	善	1
兄	止	1
兄	兄	1
休	休	2
虚	虚	1
須	水	1
徐	止	1
屾	洗	4
削	讥	1
學	乡	3
學	香	2
學	乡村	1
學	旋	1
驯	随	1
馴	驯	1

方块白文	义项	字频
鸦	鸦	1
鸭	鸭	1
牙	样	2
焉	义	2
焉	意	1
言	怜	1
言	人	1
眼	眼	2
雁	雁	1
央	回	9
央	压	3
央	咱	1
羊	羊	1
杨	杨	1
陽	样	3
陽	阳	2
楊	杨	2
養	养	1
夭	悠	2
嗓	要	8
嗓	懒	1
嗓	别	1
嗓	不要	1
嗓	不	1
嗓	要	3
嗓	如果	1
遥	遥	1
遥	遥	1

方块白文	义项	字频
蔲	夜	10
蔲	样	1
杳	羊	2
要	要	24
要	是	1
要	别	1
要	约	1
要	不要	1
要	是	1
鹞	鹞	2
藥	药	2
也	也	3
野	野	1
夜	夜	4
萛	别人	1
業	人	4
業	别人	3
業	你	2
一	一	14
衣	衣	1
衣	翅	1
仪	意	1
夷	泪	14
宜	宜	1
移	穿	1
诶	不得	1
銕	铁	1
儀	意	2

续表

方块白文	义项	字频
儀	肚	1
儀	本	1
乙	妹	7
乙	易	4
乙	衣	2
乙	无实义	1
乙	腰	1
乙	一	1
乙	依	1
乙	人	1
已	野	1
已	已	1
以	以	3
矣	绳	2
矣	不得	2
矣	找	2
矣	活	1
矣	快	1
矣	麻	1
矣	琴	1
矣	味	1
椅	椅	1
易	易	4
意	意	3
意	情	1
義	义	10
義	意	1
億	您	1

方块白文	义项	字频
億	依从	1
因	村	7
因	因	2
因	音	1
因	吃	1
音	吃	20
音	村	4
音	音	1
音	照应	1
音	呢	1
蔭	荫	1
英	英	2
英	乡村	1
英	吃	1
鶒	雁	4
永	永	1
用	用	1
憂	忧	4
憂	吃	2
憂	持	1
猶	犹	1
有	有	13
有	在	2
有	污	1
又	又	1
又	有	1
於	于	5
鱼	鱼	2

续表

方块白文	义项	字频
魚	鱼	3
与	意	1
雨	缘	5
雨	雨	3
雨	转	2
雨	样	1
與	缘	3
與	转	2
與	与	1
與	像	1
語	语	2
語	话	1
玉	玉	4
遇	遇	3
冤	冤	2
緣	缘	3
遠	远	10
遠	缘	3
約	约	5
約	耀	1
月	月	5
樂	乐	2
樂	麻雀	1
樂	麻	1
云	不敢	4
云	运	1
云	冤	1
哉	再	5

续表

方块白文	义项	字频
哉	摘	2
哉	不	1
栽	栽	1
宰	剪	2
宰	刺	2
宰	齐	1
再	再	1
在	在	5
讃	全	1
葬	葬	1
遭	遭	2
旱	旱	4
旱	穷	3
旱	困	1
旱	菁	1
旱	长	1
旱	旱	1
棗	菁	1
夌	达	1
張	张	2
漲	涨	2
丈	整	2
招	戴	12
招	照应	1
招	照	1
招	招	1
招	照	1
詔	照	1

方块白文	义项	字频
照	照	2
折	折	1
㭒	打	22
者	成	19
着	着	10
着	放	4
着	藏	4
着	打	2
着	你	1
着	领	1
着	投	1
着	尝	1
真	真	8
鍼	蜇	1
之	人	2
之	儿	2
之	鬐	1
支	子	3
支	男	3
支	儿	2
支	点	1
只	去	11
只	向	2
知	知	5
知	志	1
衹	麻雀	1
衹	雀	1
直	情	7

方块白文	义项	字频
直	时	4
直	真	2
直	油	1
直	直	1
值	值	4
塠	双	1
止	时	8
止	话	2
止	止	1
止	一	1
止	成	1
紙	纸	1
詛	话	5
詛	事	2
徵	有	1
制	真	2
制	声	1
中	中	1
忠	忠	1
仲	肠	1
眔	众	1
朱	竹	1
株	竹	1
竹	件	1
主	主	3
助	或	2
助	做	2
助	么	1

方块白文	义项	字频
住	住	1
转	转	1
轉	转	2
妆	状	1
桩	怎样	1
准	准	1
桌	张	1
桌	桌	1
卓	遇	1
镯	镯	1
子	子	8
子	做	1
子	则	1
子	个	1
自	则	40
自	做	33
自	成	2
自	去	2
自	自	1
自	蜜	1
自	生	1
走	家	1
最	最	1
醉	醉	1
尊	尊	1
作	照	3
作	遇	1
作	放	1

方块白文	义项	字频
作	藏	1
作	留	1
做	做	1
吐	事	1
吐	话	1

三 异体字

在方块白文中出现了一些异体字，异体字主要有两种情况。一种是平面图示不同的异体字。如例一中的"裴"[fe⁵⁵]和"㩳"[fe⁵⁵]两个字的读音相同，也都表示非的意思，两字的直接构件也相同，只是平面图示不同，一个是上下结构，一个是左右结构。例二和例三中的"唎"[piɛ⁴⁴]和"咧"[piɛ⁴⁴]，"礐"[ke⁴²]和"礋"[ke⁴²]也是同样的情况。"裴"和"㩳"字频分别是1和2，"唎"和"咧"字频分别是2和1，"礐"和"礋"字频都是1。这几组异体字的字频差别不大，说明平面图示不同的异体字在选字用字上没有明显差别，白文字形还没有经过人为的规范整理。

例一：

（1）原文：黯　　本　　格　　斯　　裴

　　　注音：ŋa⁵⁵　pɯ³¹　kɛ⁵⁵　sʅ⁴⁴　fe⁵⁵

　　　汉义：我　　不　　怕　　是　　非

　　　意译：我不怕是非

（2）原文：阿　　朵　　捹　　能　　孟　　釐　　㩳

　　　注音：ʔa⁵⁵　tuo³¹　pa²¹　nɯ⁵⁵　mɯ⁵⁵　sʅ⁴⁴　fe⁵⁵

　　　汉义：谁　　搬　　　　你的　　处　　是　　非

　　　意译：是非听不完

例二：

（1）原文：上　　喜　　滑　　拿　　上　　唎　　裼

　　　注音：sa³⁵　çi³¹　xua³⁵　na⁵⁵　sa⁵⁵　piɛ⁴⁴　tuo³¹

　　　汉义：相　　喜　　欢　　则　　相　　探　　问

　　意译：相互喜欢常问讯

（2）原文：适　　很　　塑　　我　　假　　廿　　直

　　　　注音：sɿ³¹　n̠i²¹　pie⁴⁴　ŋɔ³¹　tɕa³¹　li⁵⁵　tsɿ⁵⁵

　　　　汉义：官　　人　　问　　我　　假　　或　　真

　　　　意译：官吏问我真或假

例三：

（1）原文：笙　　庶　　礉　　板　　初　　别　　透

　　　　注音：suɯ³³　sy⁵⁵　ke⁴²　pe²¹　tshu³³　pie⁵⁵　thɯ⁵⁵

　　　　汉义：手　　双　　小　　碗　　才　　丢　　下

　　　　意译：双手把碗才放下

（2）原文：笙　　庶　　礣　　板　　初　　达　　鏗

　　　　注音：suɯ³³　sy⁵⁵　ke⁴²　pe²¹　tshu³³　ta³⁵　khɯ³³

　　　　汉义：双　　手　　小　　碗　　才　　拿　　起

　　　　意译：吃饭碗筷才端起

　　还有一种是同音字替换的异体字。如例四中"胜"[ua⁴⁴]和"胥"[ua⁴⁴]都表示"月亮"的意思。"旺"和"王"都是示音构件，从形体上讲，"胜"更简单一些，相对而言更便于记忆书写。但是，书写相对复杂的"胥"的字频是9次，"胜"是1次，这是因为"旺"的大理白语音是[ua⁴⁴]，相比较而言，"旺"的读音更接近于[ua⁴⁴]。由此可知，语音相近原则在造字时更重要。

　　例四：

（1）原文：制　　<u>胜</u>　　廿　　体　　嵋　　垫　　鵖

　　　　注音：tsɿ⁵⁵　ua⁴⁴　li⁵⁵　thi³¹　ue²¹　tsɛ⁴²　v³³

　　　　汉义：真　　月亮　　也　　只　　圆　　十　　五

　　　　意译：真月亮只圆在十五

（2）原文：面　　胥　　之　　鄙　　施　　帕　　峭

　　　　注音：mi⁵⁵　ua⁴⁴　tsɿ³³　phi³¹　sɿ⁴⁴　pɛ⁴²　tɕhiɔ⁵⁵

　　　　汉义：月　　亮　　儿　　无实义　　很　　白　　好

　　　　意译：天上月圆亮汪汪

　　拼合形方块白文中，字频最高的三个字依次是"能"143次、"偲"122次、"俖"82次。其中"偲""俖"两字都表示"我的，我们的"的意思（见例五），"能"表"我的"义的字频只有4次，"能"的主要义项是"你的，你们的"。"偲""侣""能"三个字符均是左右结构，它们的造字规则都是表义构件"亻"和示音构件"恩""昂""能"，组合而成，只是示音构件采取了近音字替换。仅仅是书写一个人称代词就有 3 个字符，并且其中 2 个字符的使用频次相差不大，完全根据书写者的喜好选择，甚至同一位书写者会使用不同的字符。这说明方块白文还没有经历过人为规范整理，造字的随意性较大。

例五：

（1）原文：偲　　　懑　没　很　申

注音：$\eta\mathrm{u}^{55}$　tsu^{31}　mu^{31}　$\mathrm{n_i}^{21}$　su^{33}

汉义：我的　　情　没　人　知道

意译：谁知我的情

（2）原文：獨　侣　漢伎　廿　哇　徐

注音：tu^{35}　$\eta\mathrm{a}^{55}$　$\mathrm{xa}^{55}\mathrm{ts_1}^{33}$　li^{55}　tso^{44}　cy^{42}

汉义：独　我们养　儿　也　不　止

意译：不止独我养儿女

（3）原文：律　只　能　孟　斝　囡　坡

注音：lue^{55}　$\mathrm{ts_1}^{21}$　$\eta\mathrm{u}^{55}$　mu^{55}　$\mathrm{n_i}^{21}$　tci^{21}　pho^{44}

汉义：脱　去　我的　处　银　手　镯

意译：脱给你我的银手镯

异体字体现了一种求变、求异的倾向，这或许是个人心理因素在起作用，而不仅仅是为了更有效地记录本民族的语言。拼合形方块白文的基础构件形体多种多样，但是其形体的变化往往是无理据的。这说明拼合形方块白文的创制较为原始，缺乏统一规范，其文字系统还不成熟，存在着原始文字阶段的随意性，对汉字的造字规律学习借鉴不够，仅仅停留在初级阶段。

第五章

方块白文同音字表

　　《云龙白曲残本》中记录的方块白文按照以下规则编排同音字表：先以韵母为序，同韵的字以声母为序，声韵相同的字以声调为序。

　　韵母的排列次序：

　　ɿ、i、ui、yi、ei、e、ue、ye、ɛ、iɛ、uɛ、u、a、ia、ua、uaˑ、ɔ、iɔ、o、ɵ、io、uo、iu、y、ɯ、iɯ、ou、v、ʮ、ɣ

　　声母的排列次序：

　　p、ph、m、f、v、ʋ、ɣ、t、th、n、ȵ、ŋ、l、r、k、kh、x、h、tɕ、tɕh、ɕ、ts、tsh、s、z

　　声调的排列次序：21、31、33、35、42、44、55

ɿ	
tɕɿ²¹	直
tsɿ²¹	止直只拾捨衹自
tsɿ³¹	止酯忍子吡仳詴籽
tsɿ³³	知伎支趾之㭲暬瘫子
tsɿ³⁵	值直
tsɿ⁴²	自垄
tsɿ⁵⁵	自真蜂酯值直是制邌次子拿知桌
tshɿ³¹	宰拭
tshɿ³³	釟

tshɿ³⁵	吃
tshɿ⁴⁴	耻
tshɿ⁵⁵	刺次止制欠
sɿ³¹	使死簐剩時适
sɿ³³	施絲
sɿ³⁵	實食十識是拾
sɿ⁴²	時时
sɿ⁴⁴	施實蹙斯思
sɿ⁵⁵	師市事似世是十 絲要實拾毵思斯
zɿ³¹	認篆裸髶忍

zʅ³⁵	日		thi³³	俤娣天弟姐
I			thi⁵⁵	俤替啻鉃
ji²¹	矣言		ni³¹	你齝連臉脸妆
ji³¹	以洟矣衱衣夷已乙仪椅		ni⁴²	年宜你連
ji³³	衣乙		ni⁵⁵	呢
ji³⁵	一		n.i²¹	佷之人矣嬰俤乙
ji⁴²	移姐夷		n.i³⁵	業葉
ji⁴⁴	義焉		n.i⁴⁴	晲衾龕龡唱嘽哷
ji⁵⁵	袆易乙儀意禮儀焉億		n.i⁵⁵	億言
ɛi⁵⁵	緦細		li³¹	裏呢理
pi³¹	比		li³⁵	力
pi³⁵	逼必鼻		li⁵	廿
pi⁴²	貧皮		li⁵⁵	利廿呢腦
pi⁵⁵	便必被		tɕi²¹	璽圈結啓
phi³¹	匹鄙		tɕi³¹	姐躋躋幾己圂圮圮
phi³³	披坡翩		tɕi³³	姐間舭近
phi⁴²	皮		tɕi³⁵	急臺睿結鈒炭吉及鍇
phi⁵⁵	屁皮		tɕi⁴²	躋姐躋趴結及
mi³¹	米		tɕi⁴²¹	躋
mi³³	㤾想懰嘧米		tɕi⁵⁵	及見接吉俔結
mi³⁵	蜜		tɕhi³¹	啓起其且宰奇
mi⁴²	迷酥淶		tɕhi³³	千削契欺
mi⁴⁴	醎		tɕhi³⁵	削
mi⁵⁵	面密		tɕhi⁴²	錢棋前騎
ti³¹	狄弟舭		tɕhi⁴⁴	期欺樓氣千其黎啓
ti³³	爹㳸的		tɕhi⁵⁵	欠橐千期气氣
ti³⁵	蝶狄俤		ɕi³	細
ti⁴²	狄		ɕi³¹	喜
ti⁵⁵	弟地定滴		ɕi³³	些先殛西閑惢死弶
thi³¹	替體体		ɕi³⁵	緦細細心話腺結綫 席惜習昔

çi⁵⁵	細昔系縣	tsui³³	尊
tsi³¹	紙	tsui⁴²	轉
tshi³¹	且	tsui⁵⁵	醉最
Ui		tshui⁴⁴	鬆
ui²¹	頑	tshui⁵⁵	寸
ui³³	瞄眼本寨	sui³¹	水
ui⁴⁴	歪爲为	sui³³	雖
ui⁵⁵	歪爲为鹵	sui⁴²	驯轉
ʔui⁵⁵	燙	sui⁴⁴	縣纂蕎
tui	餐	sui⁵⁵	歲嚙隨
tui³³	嬎邅遠	Yi	
tui⁴²	對	lyi⁴²	雷
tui⁴⁴	多擎	çyi³³	灘槳
tui⁵⁵	對寧退奬	E	
thui⁵⁵	退	e⁴²	挨
ŋui³³	瞄	e⁴⁴	哀
lui²¹	旅	ʔe⁴²	薆
lui³¹	壘旅	je³¹	野也眼
kui³³	歸	je³³	也
kui⁴²	覽鬼桂餒稃	je⁵⁵	夜
kui⁵⁵	跪桂困	pe²¹	板
khui³³	寬	pe³¹	擺
khui⁵⁵	困攢壩愧	pe³³	啤般餐餑擎
xui³¹	悔髒	pe⁴²	裈
xui³³	昏	pe⁴⁴	卑瓷
xui⁴²	回想	pe⁵⁵	半
xui⁴⁴	托	me²¹	美
xui⁵⁵	會	me³³	糕
hui⁴⁴	輝	me⁴²	媒
tsui³¹	准	me⁵⁵	賣妹

fe³¹	反		tɕhe⁵⁵	錢無千
fe³³	啡非攢		tse²¹	宰
fe⁴²	煩		tse³¹	採
fe⁵	鳳		tse⁴²	瓣辭
fe⁵⁵	廐糠裴		tse⁴⁴	哉再
te⁴²	太		tse⁵⁵	保在慇折
te⁴⁴	鑫		tshe³¹	採
the³³	俤		tshe⁴²	纏財爨才
the⁴⁴	鑫夵		tshe⁵⁵	才保菜偆傸
the⁵⁵	爨		se³¹	閃奮肉拾小捨
ne²¹	乃		se³³	山溢洗身卹設上申
ne³¹	乃		se⁴²	咄世些捨
ne⁴²	奶		se⁴⁴	蝶
ne⁴⁴	奶		se⁵⁵	嶹鮮蟫
le³¹	甮勒		ze³³	栽
le⁴²	来來			ie
le⁴⁴	絮		pie⁵⁵	別
le⁵⁵	甮		lie⁵⁵	律
ke²¹	解鸞		tɕie³³	间姐
ke³¹	解			Ue
ke³³	皆		ue²¹	喎
ke³⁵	蓓鵲鼝		ue³³	膃
ke⁴²	覸鼜鼞鼨磐礤		ue⁴⁴	歪
ke⁵⁵	鵲蓋盖鼝		ʔue⁵⁵	燹
khe³³	開		tue³³	遠堆
khe⁵⁵	唶慨概槶		lue²¹	壘旅鬲
xe⁵⁵	害天奓		lue⁵⁵	律
tɕe³⁵	接		kue⁴²	孿魍尵
tɕhe³³	千		xue³⁵	會
tɕhe⁴²	前		tɕhue³¹	全

tshue^{42}	船
sue^{44}	霴
Ye	
jye^{31}	遠
jye^{33}	冤云月𦡜
jye^{35}	月
jye^{42}	緣雨遠
jye^{55}	云
tɕye^{33}	啹𥇗
ɕye^{33}	水𩀨灕須
ε	
ε^{42}	而
ε^{55}	二
pε^{21}	䎐
pε^{31}	蛃䎐癁病
pε^{42}	蛃䎐皅泊皈百帕白
pε^{44}	咟百咟
phε^{31}	𤾚
phε^{55}	𣹢
mε^{21}	黠䵒嚜間
mε^{31}	滿鬗
mε^{33}	馬
mε^{42}	𧷸
mε^{44}	𥦹
mε^{55}	麥
fε^{31}	反
fε^{33}	覆
fε^{44}	覆
γε^{21}	遡遄邋巖迀
γε^{33}	獼耶耑

γε^{35}	额額遡
γε^{42}	而
tε^{44}	棏掾䅑迀
nε^{31}	乃
nε^{55}	𠢕乃音
ŋε^{21}	慓遡遄
ŋε^{42}	礙鏜錯
lε^{31}	𠢕䔧㔣
lε^{42}	來
lε^{44}	㔣
lε^{55}	勒𠢕㔣
kε^{21}	略嗝膈隔
kε^{22}	隔
kε^{3}	格
kε^{35}	格
kε^{41}	䩞
kε^{42}	鷩格䩞䧔
kε^{44}	挌佫𣅣隔鬲酪鷩嗝𪌎搞
kε^{55}	隔格戒驚鎘
khε^{44}	喀客
khε^{55}	䰢
xε^{31}	狠
xε^{55}	蟔爀嚇生乩餺逪狧
tɕε^{21}	緈總
tɕε^{33}	𩕌
tɕε^{42}	𢇭
tɕε^{44}	紀結細
tɕε^{55}	結𩯑
tɕhε^{31}	且習
tɕhε^{33}	請

tɕhe⁵⁵	智聽智		u²¹	峨巫
çɛ³⁵	辖		u³¹	午五
çɛ⁴⁴	些畦姐		u³³	烏伍
çɛ⁵⁵	謝		u³⁵	屋
tsɛ²¹	者止成只自		u⁴²	峨窓
tsɛ³³	車		u⁵⁵	鹃
tsɛ⁴²	垫		ju²¹	蜚
tsɛ⁴⁴	吷		ju³¹	語
tshe²¹	只		ju³⁵	藥嚛約
tshe³³	車		ju⁴²	於
tshe⁴⁴	车		pu³¹	哺
tshe⁵⁵	菜		pu³⁵	不
se³¹	捨賒罚拾舍		phu³⁵	樸
se³³	賒賒使交實捨		mu³¹	没
se³⁵	捨		mu³³	沒錢没
se⁴⁴	捨拾势施賒思嗳		mu³⁵	穆
sɛ⁵⁵	捨性施		mu⁴²	謀
	iɛ		mu⁵⁵	末
pie⁴⁴	唰罚		fu⁵⁵	富
pie⁵⁵	別必		ɣu²¹	伍
mie⁴²	盒黢		tu³³	都
mie⁵⁵	滅𬩴		tu³⁵	獨歹讀毒
lie⁴²	連		tu⁴⁴	誃奪都
	uɛ		tu⁵⁵	獨
thuɛ⁴²	團		thu³	瞪
xuɛ³⁵	滑		thu³³	瞪
xuɛ⁴²	懷		thu⁵⁵	兔吐
tsuɛ³¹	转		nu²¹	箅
tsuɛ⁴⁴	蹲		nu⁵⁵	奚
	U		lu³⁵	樂

lu^{55}	路	zu^{31}	汝
ku^{21}	古	zu^{33}	肉
ku^{31}	股	zu^{35}	肉兌
ku^{35}	骨	zu^{42}	如
ku^{42}	谷	zu^{55}	入
ku^{55}	谷鋼絞顧各過囻	A	
khu^{31}	苦	$ʔa^{31}$	阿闇黯
khu^{33}	苦	$ʔa^{33}$	安闇娟
khu^{55}	困課剠	$ʔa^{35}$	戛
xu^{31}	虎火	$ʔa^{55}$	阿闇娿黯瘩
xu^{33}	乎㝵羿㘴	ja^{31}	養
xu^{42}	蝴何	ja^{33}	鴉
xu^{44}	鴉嗊	ja^{35}	鴨
xu^{55}	乎	ja^{42}	楊陽杨玔牙
$tɕu^{35}$	脚局掬	ja^{44}	羊央迣
$tɕhu^{31}$	巧	pa^{21}	謗撈把
$tɕhu^{55}$	醋	pa^{31}	榜
$ɕu^{33}$	怴	pa^{33}	霸吳
$ɕu^{35}$	學	pa^{42}	把梆吧杷嗙
$ɕu^{55}$	學	pa^{44}	邦
tsu^{33}	旱早呼初	pa^{55}	霸怕謗八
tsu^{35}	趨着鐲	pha^{55}	怕榜
tsu^{5}	助	ma^{31}	馬
tsu^{55}	住㷂做做助着	ma^{33}	没
$tshu^{31}$	初楚	ma^{42}	嘛
$tshu^{33}$	初	ma^{44}	没
$tshu^{55}$	錯醋	ma^{55}	蓼
su^{3}	縮	fa^{33}	方
su^{35}	玓熟	fa^{35}	發法发
su^{55}	燒素訴	fa^{44}	方

va⁵⁵	万萬		xa³¹	唅
ɣa²¹	嚞		xa⁴⁴	尠
ɣa⁴²	凚叅昴		xa⁵⁵	漢碑汉看罕噍剄
ta²¹	甕		tɕa²¹	假
ta³¹	達擋打垲迀罇		tɕa³¹	假講雙
ta³³	膽儅當丹		tɕa³³	家江將
ta³⁵	俚達韃迗答		tɕa⁴²	儢
ta⁴²	打拺懲搭迌蹚迀答迖担躉		tɕa⁴⁴	塷將加嘞
ta⁴⁴	當達椙当迗		tɕa⁵⁵	價
ta⁵⁵	單擋達像达當		tɕha⁴⁴	糧
tha³³	債		ɕa³¹	想
tha⁵⁵	壋探談炭		ɕa³³	相香
na²¹	南喃赧難藾		ɕa³⁵	狎夾
na³¹	喃拿南赧		ɕa⁴⁴	殺相香醬
na³⁵	拿		ɕa⁵⁵	像下
na⁴²	難嗵拿南納喃		tsa³¹	漲長
na⁴⁴	喃南赧		tsa³³	張
na⁵⁵	那拿嗵人赧能債納囃難		tsa³⁵	讚丈
ɳa⁵⁵	良央侣		tsa⁴²	長
ŋa⁵⁵	侣悎偲侣暗唱閽我黯夯		tsa⁵⁵	葬
la⁴²	雨		tsha³¹	廠上
la⁴⁴	濿		tsha³⁵	插
ka²¹	澉噉		tsha⁴²	常長
ka³¹	噉趕講坎		tsha⁵⁵	昆躋
ka³³	甘		sa³³	傷三
ka³⁵	戛戛		sa³⁵	上尚
ka⁴²	格橄		sa⁴²	商傘
ka⁴⁴	鋼干幹眶戛漢		sa⁴⁴	撒
ka⁵⁵	幹戛嵪		sa⁵⁵	上尚三圵煞
kha⁴⁴	坎		za⁵⁵	讓

Ia	
pia⁴²	嚣
pia⁴⁴	剴
pia⁵⁵	別
phia⁴⁴	剴到拾
mia⁴²	梁
mia⁴⁴	妙描
nia³¹	兩兩
nia⁴²	良納
nia⁵⁵	亮
lia³¹	兩
lia⁴²	喠良
lia⁵⁵	亮

ua	
ua³¹	往
ua⁴²	盇
ua⁴⁴	肝坴臂些月岔
jua⁴²	矗
kua³³	光括
kua³⁵	嘓适
kua⁴²	矗檺楾
kua⁴⁴	骯光
kua⁵⁵	困光慪
khua³³	匡
khua⁴⁴	匡
khua⁵⁵	困
xua³³	花
xua³⁵	滑
xua⁴²	凰皇
xua⁵⁵	語话話

tshua³³	臀
tshua⁵⁵	篡篡
sua³¹	爽
sua³⁵	刷蔪
sua⁴⁴	雙韵双督犁盈
sua⁵⁵	雙
tua⁴²	霉嘆
tua⁴⁴	你戛嘆
tsua⁵⁵	粧

ua'	
tua'⁴²	戛

ɔ	
ʔɔ³³	晗
jɔ³¹	蕘
jɔ³³	鹉
jɔ⁴²	遥蕘遥
jɔ⁵⁵	要
pɔ²¹	保旗
pɔ³¹	保寶礜
pɔ³³	裹
pɔ³⁵	坡
pɔ⁵⁵	坡報
phɔ⁴⁴	坡
mɔ³³	姆沒
ɣɔ²¹	曶
ɣɔ³¹	舚困
tɔ²¹	朵
tɔ³¹	剴猷卡
tɔ³³	刀方
tɔ³⁵	嘈刀

257

tɔ^{42}	奓柰
tɔ^{55}	到
thɔ^{44}	淘滔科
nɔ^{31}	脑腦吐諾惱廿圀
nɔ^{33}	吐上吐科脑努
nɔ^{55}	閙諾
ȵɔ^{31}	我
ȵɔ^{33}	縒
ȵɔ^{44}	嘤
ŋɔ^{3}	我
ŋɔ^{31}	我倨你
ŋɔ^{35}	我
lɔ^{21}	老勞
lɔ^{31}	老
lɔ^{42}	勞
kɔ^{21}	果搞
kɔ^{33}	羔高
khɔ^{33}	科敲
khɔ^{44}	𩫏柯僪科
khɔ^{55}	自倨靠
xɔ^{31}	好
xɔ^{33}	好蒿蒿
xɔ^{42}	豪
xɔ^{55}	僭後蒿后
tɕɔ^{31}	絞
tɕɔ^{33}	交焦
tɕɔ^{44}	觉
tɕɔ^{55}	教
ɕɔ^{33}	勺消
ɕɔ^{35}	峭

tsɔ^{3}	哻
tsɔ^{31}	嗉早朝
tsɔ^{33}	遭𡍬塑
tsɔ^{35}	失
tsɔ^{42}	朝
tsɔ^{44}	招作詔照
tsɔ^{55}	卓招
tshɔ^{31}	草
tshɔ^{42}	朝哻𦑜𦑝
tshɔ^{55}	炒
sɔ^{31}	少笑所
sɔ^{33}	燒烧焼
sɔ^{44}	稍鞘
sɔ^{55}	烧勺
zɔ^{21}	繞
zɔ^{33}	遶燒繞
zɔ^{42}	饒
iɔ	
jiɔ^{44}	𡄀
piɔ^{33}	𣜿
piɔ^{55}	票
phiɔ^{55}	票
miɔ^{35}	𦜛努
miɔ^{44}	𡜊𡛷桺要努
tiɔ^{44}	跳刁
niɔ^{31}	鳥
liɔ^{31}	了
liɔ^{44}	𢆯𢆰
tɕiɔ^{35}	覺
tɕiɔ^{44}	觉

tɕiɔ³⁵	峭	to²¹	朵
tɕiɔ⁵⁵	峭	to²²	朵
ɕiɔ³⁵	罄	to³¹	董朵撒褥粢
ɕiɔ⁵⁵	峭笑	to³³	東方上
O		to³⁵	凍
jo²¹	杳簪查香堂	to⁵⁵	到奪凍
jo³¹	永有薿	tho⁴²	同
jo³³	嘤憂	no²¹	筭
jo³⁵	勺	no³³	吐
jo⁴⁴	夭嘮	no⁴⁴	諾
jo⁵⁵	用約	no⁴⁴²	濃
po²¹	保	no⁵⁵	諾
po³²¹	保	ȵo²¹	佷
po³³	坡波	ȵo³¹	絆牛
po³⁵	薄剝	ȵo³³	嘤要虐
po⁴²	嘑	ȵo⁴⁴	嘤虐要
po⁴⁴	坡	ȵo⁵⁵	虐
po⁵⁵	債嘑坡	ŋo³¹	我
pho³³	坡	lo²¹	勞
pho⁴⁴	坡	lo³⁵	樂洛
pho⁵⁵	撥	lo⁴²	龍拿
mo³¹	牡	lo⁵⁵	諾烙
mo³³	摸没莫姆沒無曛沒	ko²¹	果儞杲
mo³⁵	蜜糖莫	ko³¹	可口拱
mo⁵⁵	麽	ko³³	罻鄗攔高兩空缺稿
fo³³	蜂風	ko⁴²	過科嗃
fo⁵⁵	子	ko⁴⁴	蹻高苟
ɣo²¹	峨慁	ko⁵⁵	各過個
ɣo³¹	慁峨	kho³¹	可
ɣo⁴²	慁語霤峨	kho³³	尅婀

音	字
kho⁴⁴	躐儜柯
kho⁵⁵	靠
xo³⁵	何
xo⁴²	河何
xo⁵⁵	合後
tɕo²¹	絞
tɕo⁴²	敃觉
tɕho³¹	屈
ɕo³³	兄
ɕo³⁵	消學
ɕo⁵⁵	學駆
tso²¹	朝棗搜仲塑早走髰着
tso³¹	嗉哷早竹喋
tso³³	朝中塑忠
tso³⁵	着作
tso⁴²	卓朝遒塑哷助着照
tso⁴⁴	鳥哇招揢圎作瓈
tso⁵⁵	眾塑着作招桌
tsho⁴²	愁
tsho⁴⁴	操
tsho⁵⁵	醋
so³¹	擎
so³³	送申遜搜燒
so³⁵	索
so⁴⁴	稍燒
so⁵⁵	受
ɵ	
pɵ²¹	靫
Io	
ĩo⁴²	桼

音	字
pio⁵⁵	票漂
mio⁴⁴	努
tɕio⁴²	嚖
tɕhio³¹	求
tɕhio⁵⁵	峭
Uo	
tuo²¹	話禱朵
tuo²⁵	斗
tuo³¹	褚朵禱斗
tuo³³	粶多菜
tuo³⁵	奪多
tuo⁴⁴	奪
tuo⁵⁵	奪
thuo³⁵	脱
nuo⁵⁵	糯
luo³⁵	落樂
luo⁵⁵	落
kuo²¹	果
kuo³⁵	閣
kuo⁴²	果
xuo²¹	喋
xuo³	合
xuo³³	蘾
xuo³⁵	合舵
xuo⁵³	合花
tsuo³⁵	着
zuo³⁵	若
zuo⁵⁵	若
Iu	
jiu⁵⁵	就

liu³¹	柳		ɯ	
liu⁴²	流	ʔɯ³³	恩	
tɕiu³¹	久酒	ʔɯ⁴⁴	鼹	
tɕiu³³	斯	ʔɯ⁵⁵	偲	
tɕiu⁵⁵	就究	jɯ²¹	有	
tɕhiu⁵⁵	纍	jɯ³	嘆	
ɕiu³³	休	jɯ³³	因音嘆蘸英窗	
	Y	jɯ³⁵	嘆蘸渎	
y²¹	雨與	jɯ⁴⁴	憂音樹因英奶	
y⁴¹	魚	jɯ⁵⁵	嘆鵝雁閹	
y⁴²	鱼魚	pɯ³¹	呠本迷吐吐	
y⁴⁴	玉	pɯ³³	崩	
y⁵⁵	玉	pɯ³⁵	百白北	
jy²¹	雨	pɯ⁴⁴	萠	
jy³¹	雨於與嗅	pɯ⁵⁵	债呠合噴颀赫债偲	
jy³³	與嗶	mɯ³¹	门門	
jy³⁵	月	mɯ⁵	孟	
jy⁴²	於坡	mɯ⁵⁵	悶孟嗊债	
jy⁴⁴	与遇玉玩	fɯ³³	蜂夒風鳳分	
jy⁵⁵	遇玉	vɯ⁵⁵	問	
ny³¹	女	ɣɯ²¹	邋邋	
tɕy³³	居啒啒口	ɣɯ³¹	儁	
tɕhy³³	劝	ɣɯ³³	恩售唇嘍厚后後嚣璁爾	
tɕhy⁵	去	ɣɯ³⁵	邋后	
tɕhy⁵⁵	去劝	ɣɯ⁴²	鼹	
ɕy³¹	許哒	ɣɯ⁵⁵	唇后	
ɕy³³	兄虚	tɯ²¹	斗头	
ɕy⁴²	徐	tɯ³¹	斗荳	
ɕy⁵⁵	馴	tɯ³³	釁钭風荳	
tshy⁵⁵	魔	tɯ³⁵	得	

tɯ⁴²	耤	khɯ⁵	魌
tɯ⁴⁴	得登得哣着夺等	khɯ⁵⁵	慨扣坑愲
tɯ⁵⁵	定榄得登橙	xɯ³¹	狠孟很很
thɯ³¹	透	xɯ³³	愲繾狠
thɯ⁵⁵	透霎	xɯ³⁵	黑
nɯ³¹	能冷	xɯ⁴²	孈
nɯ³³	淝	xɯ⁴⁴	纛黸
nɯ⁴²	能	xɯ⁵⁵	後后撰黸
nɯ⁵	能	tɕɯ³¹	嘄遷緊景經曔込
nɯ⁵⁵	能孟你着廿奴那嘅	tɕɯ³³	有侶侵金今斤韃旭
ȵɯ⁴²	牛	tɕɯ⁴²	埊情
ȵɯ⁴⁴	旵	tɕɯ⁴⁴	今込
ŋɯ²¹	犂	tɕɯ⁵⁵	近意熮
ŋɯ³¹	耦	tɕhɯ³³	親清
ŋɯ⁴⁴	偲	tɕhɯ⁴²	情
ŋɯ⁵⁵	偲我能總	ɕɯ³³	心新星
lɯ³¹	冷嘞冷	ɕɯ⁴²	行
lɯ³³	嘍冷	ɕɯ⁴⁴	邪
lɯ³⁵	勒嘞	ɕɯ⁵⁵	總性心
lɯ⁴⁴	喽嘍絮	tsɯ²¹	恩
rɯ⁴²	人	tsɯ³	鼬
kɯ²¹	渮苟耇	tsɯ³¹	摄趾懲憙恩壾
kɯ³¹	夺久口	tsɯ³³	鍼釘惦趏真楜捆微摄主有趾娃使
kɯ³³	跟腰哽蜇		
kɯ³⁵	隔湦	tsɯ⁴²	搔恩贎
kɯ⁴²	聱狠	tsɯ⁵⁵	剩唔
kɯ⁵⁵	更湦够腰唉魌	tshɯ³¹	丑
khɯ³¹	肯躬	tshɯ³³	甐
khɯ³³	鏨铿遷絶鏗倕	tshɯ⁴²	成曾
khɯ³⁵	渴	tshɯ⁴⁴	甐甐倕

tshɯ⁵⁵	趁篾	thou⁴²	頭
sɯ³¹	申省审	thou⁵⁵	透
sɯ³³	申偲身手神深生洗剩捨聲笙	lou⁵⁵	漏
sɯ⁴²	生	kou⁵⁵	够
sɯ⁴⁴	申蛆剩是	khou³¹	口
sɯ⁵⁵	是	xou³³	緰鑾鑼
sɯ⁵⁶	勝	xou⁴²	猴
zɯ³¹	忍	xou⁵⁵	后後
zɯ⁴²	人仁	hou⁵⁵	后
zɯ⁴⁴	認唥人	tshou⁴²	愁
zɯ⁵⁵	人認	**V**	
iɯ		v³³	屘斗鳾
piɯ³¹	品稟	v³⁵	鳎
piɯ³³	殯	ʔv⁵⁵	雀
piɯ⁵⁵	病	mv³¹	女
phiɯ⁵⁵	聘	**ɣ**	
miɯ⁴²	明名	ɣ̃³³	五
miɯ⁵⁵	命	fɣ³⁵	復
tiɯ³¹	頂頂	fɣ⁴²	㧜付梆
tiɯ⁴⁴	定	fɣ⁴⁴	夫
tiɯ⁵⁵	矲	fɣ⁵⁵	父富婦服付軆柡劍蚹
thiɯ³³	聽	vɣ²¹	武
Ou		vɣ³¹	無賦謗哦
jou³¹	有	vɣ³³	嫛嫛孂武㤭㗞
jou³³	憂	vɣ⁴²	無
jou⁴²	猶	vɣ⁴⁴	務
jou⁵⁵	又	tɣ³¹	渡
tou²¹	斗	tɣ⁵⁵	涷凍東暕
tou⁴²	頭	thɣ³¹	鋆
tou⁴⁴	得	thɣ⁵⁵	蓮

nɣ²¹	嚨		tsɣ⁴⁴	株朱
nɣ³¹	女		tshɣ³¹	處处
ȵɣ³³	汝		tshɣ³⁵	出
lɣ⁴⁴	蒢暜		tshɣ⁴²	除
kɣ²¹	礜礚		tshɣ⁴⁴	出處妯
kɣ³	渂		tshɣ⁵	處
kɣ³¹	礜		tshɣ⁵⁵	處初滗幬廬
kɣ³⁵	渂砧空缺		sɣ³¹	勺嚅死礜
kɣ⁴²	可䃘䃘䃘䃘䃘礜喀		sɣ³³	書
kɣ⁴⁴	可鱝		sɣ⁴²	嵵砕
kɣ⁵⁵	渂渭屌		sɣ⁴⁴	庶
khɣ³¹	娿可躅砵䃘		sɣ⁵⁵	嚅庶
khɣ³³	可		zɣ³¹	乳塷庶汝瀦入
khɣ⁴⁴	可科凾		zɣ⁴²	如
khɣ⁵⁵	可翎娿		shi⁵⁵	使
xɣ³¹	吼		th³³	俤
tsɣ⁴²	浬鱻		tsh²⁵⁵	次

根据排列的同音字表，可以总结出三个结论。

1. 相同字义的同一个字的音节相同，只是音调有差别

例一 "愲"

（1）原文：阿朵　　滔　　偲　　愲

注音：ʔa³¹　tuo³¹se³³　ŋɯ⁵⁵　tsɯ²¹

汉义：谁　　知　　我的　　情

意译：有谁知我情

（2）原文：阿朵　　滔　　偲　　愲

注音：ʔa⁵⁵　tuo³¹se³³　ŋɯ⁵⁵　tsɯ³¹

汉义：谁　　知　　我的　　情

意译：谁知我的情

（3）原文：偲　愲　雙　禱　孟

注音：ŋɯ⁵⁵　tsɯ⁴²　sua⁴⁴　to³¹　mɯ⁵⁵

汉义：我的 情 说 谁 处

意译：我的苦情向谁诉

在三个例句中，"恩"都是表示感情的意思，音节也相同 [tsɯ]，但是有三个音调，分别是 21、31 和 42 调。在文献中出现的频次依次是 1、3、2。根据白语语音规则，应统一为 21 调。

例二 "玉"

（1）原文：答 次 <u>玉</u> 囶 坡

注音：ta^{42} $tshŋ^{55}$ jy^{44} $tɕi^{21}$ pho^{44}

汉义：反 输 玉 手 镯

意译：反丢玉手镯

（2）原文：仁 義 更 比 <u>玉</u> 價 高

注音：$zɯ^{42}$ ji^{55} $kɯ^{55}$ pi^{31} jy^{55} $tɕa^{55}$ ko^{33}

汉义：仁 义 更 比 玉 价 高

意译：仁义更比玉价高

在两个例句中，"玉"都是玉石的意思，音节也相同 [jy]，但是有两个音调，分别是 44 和 55 调。在文献中出现的频次都是 2。根据白语语音规则，应统一为 44 调。

例三 "鸎"

（1）原文：我 漢 保 拿 相 侶 <u>鸎</u>

注音：$ŋo^{31}$ xa^{55} po^{31} na^{55} $ɕa^{44}$ $ŋa^{55}$ ke^{55}

汉义：我 看 他 则 杀 我们 鸡

意译：我看她时还杀鸡

（2）原文：稿 膈 本 音 相 減 <u>鸎</u>

注音：ko^{33} $kɛ^{21}$ $pɯ^{31}$ $jɯ^{44}$ $ɕa^{44}$ $miɛ^{55}$ ke^{35}

汉义：供 肉 不 吃 杀 阉 鸡

意译：不吃供肉杀阉鸡

在两个例句中，"鸎"都是指鸡，音节也相同 [ke]，但是有两个音调，分别是 55 和 35 调。在文献中出现的频次都是 1。根据白语语音规则，35 调是从 55 调中后分离出来，目前在某些方言中还没有 35 调。因此，统一处理为 55 调。

例四 "難"

（1）原文：上 惢戜 拿 <u>難</u> 上 奪

注音：sa⁵⁵mi³³tua⁴⁴na⁵⁵ na²¹ sa⁵⁵ tuo⁵⁵

汉义：相 思 上 则 难 相 遇

意译：相思已久难相遇

（2）原文：遠 親 難 顧 急 病 憂

注音：jye³¹ tɕhɯ³³ na⁴² ku⁵⁵ tɕi³⁵ piɯ⁵⁵ jou³³

汉义：远 亲 难 顾 急 病 忧

意译：远亲难顾急病忧

在两个例句中，"難"都是表示不容易的意思，音节也相同 [na]，但是有两个音调，分别是 21 和 42 调。在文献中出现的频次依次是 1 和 2。根据白语语音规则，应统一为 21 调。

2. 相同字义的同一个字的声母、声调相同，只是韵母近似

例一 "髁"

（1）原文：寸 偲 髁 眷 稟

注音：tshui⁵⁵ŋɯ⁵⁵ to³¹ ɣɯ³³ piɯ³¹

汉义：存 我 的 背 后 稟告

意译：在背后告我

（2）原文：干 偘 别 次 能 髁 眷

注音：ka⁴⁴ ŋa⁵⁵ piɛ⁵⁵ tshʅ⁵⁵ nɯ⁵⁵ to³¹ ɣɯ³³

汉义：把 我们 丢 掉 你 的 背 后

意译：将我抛在你身后

在两个例句中，"髁"都是表示后背的意思，声母、声调均相同，韵母近似，分别是 [ɔ] 和 [o]。在文献中出现的频次是 1 和 2。根据白语语音规则，应统一为 [ɔ]。

例二 "汝"

（1）原文：偲 汝 保 高 稍

注音：ŋa⁵⁵ zu³¹ po³¹ ko⁴⁴ so⁴⁴

汉义：我们 用 它 下 扣子

意译：用它下扣子

（2）原文：栲 偲 可 汝 翟 摞 檬

注音：tɛ⁴⁴ ŋɯ⁵⁵ khɣ⁴⁴ zɣ³¹ tɕhe⁵⁵ xɯ⁵⁵ kua⁴²

汉义：打 我 的 情人 用 青 冈栗 棍

意译：他用青黑棍打我恋人

　　在两个例句中，"汝"都是使用的意思，声母、声调均相同，韵母近似，分别是 [u] 和 [ʋ]。在文献中出现的频次是 2 和 8。根据白语语音规则，应统一为 [ʋ]。

　　例三"廬"

　　（1）原文：廬　　鴖　　吐　　劈　　柇　　哝　　奪

　　　　　注音：tshv⁵⁵ tso⁴⁴ nɔ³³ lɛ⁵⁵ tɛ⁴⁴ pɯ³¹ tu⁴⁴

　　　　　汉义：春　　雀　　上　　也　　打　　不　　不得

　　　　　意译：春雀还是没打着

　　（2）原文：制　　艵　　廿　　體　　扣　　闍　　廬

　　　　　注音：tsʅ⁵⁵ xuo³⁵ li⁵⁵ thi³¹ khɯ⁵⁵ ʔa³¹ tshʋ⁵⁵

　　　　　汉义：真　　花　　也　　只　　开　　一　　春

　　　　　意译：真花只开一春

　　（3）原文：邇　　那　　處　　孟　　柇　　廬　　鴖

　　　　　注音：ɣɛ²¹ na⁵⁵ tshy⁵ xɯ³¹ tɛ⁴⁴ tshy⁵⁵ tso⁴⁴

　　　　　汉义：去　　你们　巷道　里　　打　　春　　雀

　　　　　意译：到你村巷打春雀

　　在三个例句中，"廬"都是春季的意思，声母、声调均相同，韵母近似，分别是 [v]、[ʋ]、[y]。在文献中出现的频次依次是 5、1、2。根据白语语音规则，应统一为 [ʋ]。

　　例四"反"

　　（1）原文：烏　　鴉　　能　　知　　反　　哺　　義

　　　　　注音：u³³　ja³³　nɯ⁴²　tsʅ³³　fe³¹　pu³¹　ji⁵⁵

　　　　　汉义：乌　　鸦　　能　　知　　反　　哺　　义

　　　　　意译：乌鸦能知反哺义

　　（2）原文：乙　　反　　乙　　復　　女　　人　　心

　　　　　注音：ji⁵⁵　fɛ³¹　ji⁵⁵　fʋ³⁵　ny³¹　zɯ⁴²　ɕɯ³³

　　　　　汉义：易　　反　　易　　复　　女　　人　　心

　　　　　意译：反复不定女人心

　　在两个例句中，"反"都是翻转的意思，声母、声调均相同，韵母近似，分别是 [e] 和 [ɛ]。在文献中出现的频次是 1 和 2。根据白语语音规则，应统一为 [ɛ]。

3.相同字义的同一个字的韵母、声调相同，只是声母近似

例一 "亮"

（1）原文：月　　亮　　出　　来　　白　　生　　生

注音：jye³⁵ lia⁵⁵ tshɣ³⁵ le⁴² puɯ³⁵ suɯ³³ suɯ³³

汉义：月　　亮　　出　　来　　白　　生　　生

意译：月亮出来白生生

（2）原文：月　　亮　　出　　来　　白　　生　　生

注音：jye³⁵ nia⁵⁵ tshɣ³⁵ le⁴² puɯ³⁵ suɯ³³ suɯ³³

汉义：月　　亮　　出　　来　　白　　生　　生

意译：月亮出来白生生

两个例句完全一致，分别出现在两首短曲中，"亮"都是月亮的意思，韵母、声调均相同，声母近似，分别是 [l] 和 [n]。在文献中出现的频次都是 1。根据白语语音规则，应统一为 [l]。

例二 "魋"

（1）原文：魋　　斗　　嶝　　犁　　後　　咟　　峨

注音：kuɯ⁵⁵ tuɯ³¹ tuɯ³³ phia⁴⁴ ɣuɯ³³ ȵuɯ⁴⁴ ɣo³¹

汉义：早　　上　　等　　到　　后　　下　　午

意译：清早等到下午后

（2）原文：魋　　斗　　魋　　斗　　課　　八　　孟

注音：khuɯ⁵tuɯ²¹ khuɯ⁵⁵ tuɯ²¹ khu⁵⁵ pa⁵⁵ muɯ⁵⁵

汉义：早　　上　　早　　上　　水　　沟　　处

意译：早上他去水沟坝

在两个例句中，"魋"都是早晨的意思，韵母、声调均相同，声母近似，分别是 [k] 和 [kh]。在文献中出现的频次分别是 1 和 2。根据白语语音规则，应统一为 [kh]。

例三 "侣"

（1）原文：虚　　当　　名　　氣　　侣　　高　　佛

注音：çy³³ ta³³ miɯ⁴² tɕhi⁵⁵ n̻a⁵⁵ ko³³ thi³³

汉义：虚　　当　　名　　气　　咱们　　兄　　弟

意译：虚当名气咱姐弟

（2）原文：睑　　侣　　高　　巅　　吐　　上　　漢

注音：sɛ³³ ŋa⁵⁵ ko³³ ɣɛ²¹ nɔ³³ sa⁵⁵ xa⁵⁵

汉义：让　咱　俩　岭　上　相　望

　　　意译：让咱俩岩头上相望

两个例句完全一致，分别出现在两首短曲中，"侣"都是咱们的意思，韵母、声调均相同，声母近似，分别是 [n̠] 和 [ŋ]。在文献中出现的频次分别是 16 和 2。根据白语语音规则，应统一为 [n̠]。

《云龙白曲残本》中记录的方块白文共有 864 个音节，对以上列举的几种情况进行归并后为 720 个。

第六章

白文发展趋势

第一节　方块白文发展趋势

一　方块白文虽然呈现逐渐衰退的流传趋势，但仍能继续流传

目前，方块白文在民间的使用领域和使用人群逐年递减，呈现出逐渐衰退的流传趋势，主要表现在四个方面。

1. 方块白文文献质量和收藏状况堪忧

方块白文文献纸张比较粗糙。不少民间流传的手抄文献一般使用白棉纸、废纸背白面、作业本纸抄写，容易破损，不易保存。文献转抄信息常有遗漏。有的文献文中书名与封面书名不一致，誊写混乱，原作者名、抄写者姓名、抄写年月、抄写版本等信息多有遗漏，这些都不利于分类整理，对了解各文献之间的传承关系也造成阻碍。

目前方块白文文献主要收藏于各地博物馆、科研机构、民间艺人、民歌爱好者、科研学者手中。除各地博物馆、科研机构和科研学者对文献进行了妥善保存外，其余收藏者由于年纪较大且不具备文献收藏的专业知识，基本散落家中。而这些年长收藏者去世后，后代文献意识不强，加上文献外观破旧，常常丢弃毁坏，造成巨大损失；也有些文献所有人是担心自己珍藏的文献被"没收"，或担心经文、祭文的公开是对神灵的不敬，或担心失去神秘感，而不愿将所藏文献拿出来。这使得原本就流传范围受限的方块白文，辨识度更低。

2.传承方式单一

方块白文的传承方式主要为师徒相传和自我学习两种。民间艺人的唱本、歌本是在向师傅学习期间，照着师傅的曲本抄写，边抄边学。还有一部分爱好民歌、大本曲艺术的白族，抄写艺人的唱本，以作为自己业余学习演唱的曲本，在这些爱好者之间也经常相互传看交流。在传唱民歌、大本曲时，曲本得到传抄，方块白文也自然随之流传。宗教活动中的悼亡经文和丧葬习俗中诵唱亡者生平的祭文主要是师徒传承，绝不对外人泄漏。

3.生存空间狭小

白族民间早就是文言断裂，即白族人相互之间以白语为口头交际工具，书写的却是汉文。甚至，大部分白族人不知道白族曾经使用过方块白文。由于方块白文不规范，书写繁杂，难读、难懂、难记，只在特定的一小部分人群（由于方块白文是仿汉字形的文字，需要掌握读写汉字的基础，因此，能够识读、书写方块白文的人群是白族民间艺人、宗教仪式活动者和具有一定汉文化水平的中老年男子）和地区（云南省内白族聚居区）使用，社会普及性不高，再加上现时代交通的便捷、信息化时代的快速发展，促进了白族与外部社会的交往，出于个人良好前途际遇和高经济收入的考虑，年轻一代的白族更倾向于学习使用普通话和汉字。由此看出，方块白文自身的缺陷和汉文化的冲击将方块白文的生存空间挤压得更加狭小。

4.方块白文辨识度逐年降低

现今，有些民间艺人还在使用方块白文创作民歌、大本曲等文学作品，但由于方块白文没有经过系统整理，并且受社会发展、汉语文化等因素影响，不光方块白文字形的地区差异性大，甚至不同人书写的方块白文字形也有差别。再加上有些年轻的传承者，在保存原始文本时比较随意，传抄时往往凭个人喜好随意增减内容，结构内容显得较为杂乱。因而方块白文辨识度低的现象比较严重。

虽然方块白文流传的现状不容乐观，但由于它具有六方面特点，仍能继续流传下去。

1.方块白文文献数量较为可观，形式相对完整

目前，民国以来的方块白文文献数量还比较大，主要以宗教经书、祭文、大本曲曲本、民歌曲本为主，其中大本曲曲本尤其多，这也与白族喜好大本曲这一民间曲艺有关。虽然方块白文文献书写不够规范，装订比较简单，质量较差，不利于保存，但大多数文献的抄写格式比较整齐，段落之间层次分

明；大多数文献仍用白族歌体形式创作和转抄，格律严谨，音韵和谐。

2.内容形式比较丰富，特定领域仍稳定流传

宗教经书、祭文、大本曲曲本、民歌曲本等是方块白文的主要流传载体，在民间，仍很有市场。比如每年在大理剑川县举办的石宝山歌会，白族百姓常听、常唱的大本曲等。宗教经书、祭文的神圣传承，大本曲、民歌的广泛群众基础，文献内容形式的丰富多样，这些有利条件都使得方块白文在当前条件下仍能得以持续稳定的流传。

3.分布较为广泛

现在，在云南省内的各个白族聚居区，都能找到方块白文文献。但各地区受地理环境、经济发展水平等原因影响，方块白文的类型各有不同。比如，大理市周边的白族喜欢听、唱大本曲，比较好地继承了传统的丧葬仪式，大本曲曲本和祭文是大理一带的主要方块白文文献；剑川县周边地区白族喜好本子曲，本子曲曲本是这一地区的方块白文文献形式；云龙县周边地区白族民歌、民谣享誉国内外，自然，方块白文文献形式是以民歌唱本为主，云龙地理位置特殊，与外界交通不便，又是原来的交流中心，民俗传统保持较好，流传下来的祭文也不少。

4.方块白文以传承为主

方块白文的继承仍然是以师徒口头传承为主。如今大本曲仍然是广泛流传于白族聚居区的戏曲形式，一部分白族艺人仍习惯用方块白文传抄、编写唱本。保存的抄写年代较早的歌本，繁体字较多，自创字较多，抄写以自己能看懂为主要原则。与较早年代的唱本相比，现代新创作歌本则简体字较多，没有再造新字，不需要师傅一字一句传授，传唱性更强，也方便学习传播。

5.方块白文是保存和发展白族传统文化的必要条件

方块白文在民间主要运用于宗教经书、祭文、曲本、歌谣，这些经书祭文和文学作品是白族传统文化中最具民族特色的部分，是记录白族语言艺术，反映白族社会生活、风俗习惯、宗教信仰的重要工具。脱离方块白文，民间文学作品必然索然无味，白语的丰富表达形式无法呈现。因此，保存和发展白族的传统文化需要依靠方块白文。

6.地方博物馆、专家学者的搜集与整理研究，为方块白文传承提供了新条件

近年来，随着方块白文纳入云南省非物质文化遗产名录，各方面对此

的关注增多，各地文化部门也加大了对方块白文文献的搜集力度，科研机构和专家学者也在进行整理研究，倾注大量心血释读方块白文文献，为方块白文的传承提供了有力保证。

二 以借音为主的借用字逐渐成为方块白文主要的书写方法

在汉语文的影响下，白族的汉语文水平有了极大的提高，越来越多的白族能够熟练地使用汉语文，基本已不再造拼合形方块白文，借用汉字在方块白文中的比例越来越大。同时，受到简体汉字的影响，方块白文中的繁体字也逐渐被简体字替换。

第二节　新白文发展趋势

相对方块白文，新白文是经过系统整理规范的文字，使用的书写符号要少得多，具备一定汉语拼音知识的人，学习起来更容易，用不了多久就能够拼读新白文。相对汉语文来说，新白文在熟练使用白语口语的前提下，掌握书写也更容易。

但新白文的创制与推行已经30多年，实际上存在新白文使用率低的问题。根本原因是，新白文民族性不强，不能激发白族同胞的民族认同感，自然不会主动学习和使用。新白文使用范围仅限于民族内部，使用区域仅限于较大规模的民族聚居区，了解的人不多，使用的人则更少。新白文推广缺少具体实施的方式和步骤，没有统筹规划，刚创建和修改方案后的一段时间在聚居区组织大量白族群众突击学习，学习班结束后群众也缺少新白文的环境，民族地区普遍缺乏使用新白文的报刊、书籍，许多地方少有或根本没有用新白文录制的影视节目、互联网资源。白族的心理抵触情绪也是新白文使用率低的一个原因。有些白族认为现行的汉文已经能够满足书写记录的要求，不需要再花力气学习新白文；有些白族认为学习新白文没有用武之地，学习新白文只会增加学习负担，学也用不上，现行国家各种教育选拔考试、行政事业单位考核都没有要求使用新白文。

　　想要提高新白文的使用率，关键是要激发白族学习新白文的愿望，最直接实际的就是掌握新白文能够带来收益改善生活。比如，在农村科技知识普及讲座中，讲课用的白语，发放的资料都是汉字书写的，白族农民为了掌握技术，提高农业产量必须学会汉字，如果把纸质资料印刷成新白文，那么人们自然会去学习新白文。

附录一　待分析自造拼合字字表

曲序号	句序	字形	音	对应汉字	原句	直译	意译
12	4	扗	xui⁴⁴	换	申倡上扗篷慎保	手帕交换结夫妻	互换手帕结夫妻
111	7	抖	kho³³	渴	車廿衮縢本钭	睡也不着嘴来渴不渴	睡不着来嘴不渴
73	4	迗	puɯ³¹	托	何必㗂㗂迗細悪	何必（翱翔状）托话语	何必屡次托话语
138	4	迗	puɯ³¹	寄	旅旅迗必㗂吐邪	纷纷寄给你的上信	多次托信同讯你
109	6	迓	ta⁴²	来	除非退伍扶迓唳	除非退伍回来来	除非退伍回家乡
123	7	迓	ta⁴²	转	搭唱盂斗扶迓唳	哪天才折转来	哪天你才回家来
150	3	迓	ta⁴²	回	折迓加直乙	折回接情姐	折转接情姐
155	6	迓	tɛ⁴⁴	心	脑想困迓能㗂廷	你想亏心你的答主	你想亏待你答主
170	2	迓	ta⁴²	去	醋廿那南本扶迓	错也你地方不回去	死也不回你们家
174	2	迓	ja⁴⁴	去	扶迓及	回去多	去多了
175	4	迓	ɣɛ²¹	去	扶廿㗂迓方病欷	回也我们去上下回	回去还得绕路村上下
59	3	㧅	ja⁴²	这	結細止	牵心到这样	牵心到地步
110	4	因	ɣɔ³¹	爱	脑廿困細胁能可	你也爱心我唱我的曲	你还爱心唱我的曲子
176	6	㝵	pa³³	恰	溪慎申自白罗㝵	看它色则白恰恰	看它花色白恰恰

275

续表

曲序号	句序	字形	音	对应汉字	原句	直译	意译
103	5	𪫺	cu³³	寿	闇唑西那申我𪫺毻	一天少则我夭岁	一天过了短了命一天
5	7	唪	khe⁵⁵	牵	匆本上唪㗼	别不上相牵手	不用相携手
104	6	㗲	khɣ⁴⁴	瞬	闇些㗲狠期雟後	一天瞬间气死了	一夜之间伤了命
165	7	韵	khu⁵⁵	麻木	高廿自韵申自自苦	脚也则麻手则苦	双脚同伤木手辛苦
148	3	悪	tse⁵⁵	脱	各偌上頪悪	跟我们手相脱	跟我再相推
87	6	肌	tɕi⁴²	寄存	想要㥯可干孟肌	想要我的曲把她她寄存	我把曲子寄托在她处
88	6	肌	tɕi⁴²	唱	𪦶登那孟可冷嚷	唱着你们口处曲这调	与你对上这曲子
121	7	肌	tɕi⁴²	兴	想要㥯可干孟肌	做则夫妻爹妈兴	要做夫妻爹妈兴起
14	2	㳨	phe⁵⁵	软	闇止干㥯期细雙㳨	一时把我的心这软	一时让我软了心
52	4	𪪡	xa⁵⁵	看	咹𪪡狠懶止	不看庄稼上	不看庄稼上
19	2	挦	ta⁴²	关了又关	挦挦及	关了又关	关了又关
63	4	揪	tɕiu³³	揪	债申揪能鋆之鬂	她的手揪你的发鬂儿	他的手揪你的发鬂
72	6	㨴	tɕhi³³	（原样状）	净哨西西送滑胸	（原样状）送还你	原来样子还给你
134	4	㖇	vv³¹	端	冷狠雙㖇止㖇武	这人说我的端端	这人说了一番子
97	5	㗴	tɕy³³	脸	㗴唱唱者目翻翻	脸气成（青色状）	面色伤成憔悴脸
103	3	㗴	tɕye³³	嘴	㗴唱坐本雙期	嘴外不说出	不说出嘴边
124	6	㗴	tɕy³³	腮	申伍㗴吧掬能后	手扶腮巴哭你的后	手托腮巴哭着你
169	5	㗴	kɣ⁴²	坐	軍廿本衾唑本斗	睡也不人坐坐得	睡不安稳坐不宁

276

续表

曲序号	句序	字形	音	对应汉字	原句	直译	意译
41	1	嗌	mu⁵⁵	口	那美嗌鹇劝古申	你们门口有一座拱桥	你家门前有拱桥
90	4	嗌	mu⁵⁵	去	斗嗌上施結盂仲	过去相离牵它肠	过去分别牵人肠
131	1	嗌	mu⁵⁵	面	仅俤央呪能斗嗌	妹子回家你的前面	小妹前面回家去
10	4	嘤	tua⁴²	不得	嗳歪嗯菜果申嘤	因为我的妻妾停不得	因为我的妻子称心如意
107	4	嘤	sy⁵⁵	上	侣罕陳嘤娶要焦	我们家里上又要看	我们家中还要看
107	5	嘤	ke⁴²	上	仅俤能嘤娶要嗌	妹子你的上又要想	还得想我的小情妹
108	7	嘤	tua⁴⁴	处	嗯美脑本嗌	我的处你不想	却把我忘怀
109	4	嘤	tua⁴⁴	上	脑嗌嗯嘤塑拾助	你想我的上活路做	你想念我做活路
159	6	娾	xa⁴⁴	一口	勹朵着口樊着娾	红糖尝一口饭藏一口	尝口红糖尝口饭
150	7	嗒	sl̩⁵⁵	去	辮咨閃直乙	带去小情姐	还带小情妹
90	6	賦	vv̩³¹	肉	申斗盉甘賦上施	手指甲和肉相离	手指甲和肉分离
155	2	嘳	kue⁴²	不见	能吐嘳	你的上不见	不见你
74	4	圍	ku⁵⁵	手	樊園坡廿不要紧	银子银镯也不要紧	丢了银镯不要紧
22	7	諎	ɣɔ³¹	情	嗯諎趾塑琤細諎	我的情把上放	我心有归属
27	6	諎	tsl̩⁵⁵	则	閃姐趾塑琤細諎	心姐有说好心则	小妹若是有情意
47	7	垅	tsl̩³¹	心意	達干那諂攅	定让你们心意知道	你得知道我的心
69	5	垅	ta³¹	地方	閣更次嘤高烧吐	如今身隔两地方上	如今各在一个地方
108	5	曙	tɕye³³	脸庞	央起吉鬶翠眧眍	压给金镜照容颜	送你铜镜答容颜

续表

曲序号	句序	字形	音	对应汉字	原句	直译	意译
125	5	醒	$kɣ^{42}$	在	交我细醒口	让我心在	叫我心（待考）
48	2	想	$xɯ^{33}$	起	闪俤俔採上樑想	小弟夫妻相雾罩起	小弟夫妻如雾罩
48	2	樑	vv^{33}	笼罩	闪俤俔採上樑想	小弟夫妻相雾罩起	小弟夫妻如雾罩
144	6	娄	ui^{33}	里	离俤上耷冷娄很	兄妹俩相遇这里	姐弟相遇到这里
131	2	嗖	tua^{44}	上	侣嬲那修镕那嗖	我们在你们后想你们上	我在后面想念你
170	4	嗖	tua^{42}	不得	您嫛望那嗖	我的情听了不得	是非听不完
174	3	嗖	tua^{42}	不行	那嫛望过嗖	你家骂的不行	爱不了你家的打骂
5	4	裑	tuo^{31}	问	上菖渭拿上喁裑	相喜欢则相探问	相互欢喜欢常问讯
127	5	喎	$tɔ^{35}$	那	喎俍雙俍吐諵諵	那人讲我的上端端	那么说我一本本
52	5	撥	pho^{55}	操	很膦能孟哱撥嫛	庄稼不让你处不操持	庄稼不让你操劳
49	1	朧（悄声悄气状）	ni^{31}	（悄声悄气状）	朧咨朧䏦那好咾	（悄声悄气状）你们房后	悄声悄气你家后
15	4	喱	lia^{42}	圆	夂廿挧拿夫廿喱	身也闲则肚也圆	你们身子闲肚儿饱
175	5	乹	$luɛ^{21}$	翱翔	乹廿侣迋方禹乹	翱翔也我们去上下翱翔	闲逛也去别处闲逛
175	7	乹	pia^{42}	吠	侣格那匡乹	我们怕你们狗吠	我怕你家狗叫
151	2	腐	$tɕɛ^{42}$	院	闒匄上衾嬲腐很	一脚闯进寺院里	一脚闯到寺院里
27	6	羿	xu^{33}	好	闪姐䏦翠羿细嗒	心姐有说好心则	小妹若是有情意
19	6	麈	$tɕhi^{55}$	麻	溪蓁儳自到慮麈	等蓁则到处长	虽然等麻到处生

续表

曲序号	句序	字形	音	对应汉字	原句	直译	意译
83	1	□	so³¹	叮	千擎百夫阿姐蒿	千叮万嘱阿姐姐们	千叮万嘱大姐姐们
37	2	□	khe⁵⁵	跤	闪俤镇止多孿媲	小弟过上跤一跤	小弟过桥跤了跤
52	4	□	xɛ⁵⁵	稼	咪佯俱缥止	不看庄稼上	不看庄稼上
40	1	□	khɯ³³	结	菁禧支止埊鲦鲦䁨	菁衣儿上面结奸坏	菁衣上面结奸坏
132	3	□	kui⁴²	坏	黃要期䰄後	想要气坏掉	差点气坏了
135	3	□	kui⁴²	不见	能止馤申睆	你上不见似你	像是难见你
62	7	□	thɯ⁵⁵	下	細㼆霎能止	心寒下你的上	心寒就因你
90	5	□	kɣ²¹	在	闇够上施磣次止	如今相磣在身上	如今分离在人身
133	5	□	kɣ⁴²	在	睐俱磣达阿朶渎	让我们在这里谁来	让孤身在这里
79	7	□	tui⁵⁵	直	掌邦透那止	直倒挨统你们上	横竖都靠你
111	7	□	jye³³	嘴	車廿本衰膝本扎	睡也不着嘴不渴	睡不着来嘴不渴
131	5	□	kɣ⁴²	在	睐俤蹩达阿朶唉	让我们在这里谁来	让这里好孤单
6	7	□	tshɯ⁴⁴	丑	胸邇㖊㖊登	你丑再要骂丑	你们再骂丑人
24	3	□	xou³³	好	覓早合啙自本鏊	贫早情意做不好	贫穷情意没好处
5	5	□	ŋe²¹	去	上椵睐㖊合嶐孟	互去在里则合适处	未去要在合适处
20	3	□	kɣ⁴²	坐	䇲螇干保䄈	坐下把他等	坐下等她
20	4	□	kho⁴⁴	求	本䄈慎盇廿嫛	不求他的那金和银	不求她有金与银
21	5	□	khɯ³³	等	透絷逦午那尚婴	下井做活你们相等	下井（赶集）做活相等待

续表

曲序号	句序	字形	音	对应汉字	原句	直译	意译
70	7	遡	$zɔ^{33}$	找	倨可倨困遡	我们情人我们另找	我另寻戴镯人
55	3	韀	$tɕɯ^{33}$	尽	韀朝且爽方	尽是青竹飙	真像青竹飙
126	5	髃	ke^{42}	见	畚章姆廿髃斗薙	小母羊也见着儿	小个母羊都产仔
63	4	蘾	$khui^{55}$	儿	僨申釿能鬈之蘾	她的手揪你的发髻儿	他的手揪你的发髻
168	5	儶	$ɣɯ^{31}$	（悄等状）	到那蟰檄干儶儶	到你们巷道把（悄等状）	到你村里等一等
9	6	儚	ji^{55}	荨麻	漢蘘儚自到處螵	荨麻则到处长	虽然荨麻到处生
146	8	蘔	tui^{55}	个	門脑尬坣蘔	梦你九十个	梦你九十回
173	4	嚽	$tɕio^{42}$	哄	佷格自能嚽韞合	人家做你的哄眼花	人家要做要眼的花
132	4	遡	$ɣɛ^{21}$	去	那勢遡斗本漢鐱	你们又去前不看后	你只顾前去不看后
136	7	遡	$ɣɯ^{21}$	去	結孟要遡暵	怎么要去来	就去追它吧！
142	2	竇	$mɛ^{44}$	（忸怩状）	竇迷竇饞阿捨乃	（忸怩状）什么的	犹豫不决为什么
148	3	竇	the^{55}	推	各倨上竇悪	跟我们相推脱	跟我再相推
70	2	鸗	kui^{42}	不见	律只歎覼招处鸗	脱去又尖戴处不见	没有看见你戴在手

附录二　方块白文图文对照表

图片	方块白文
	花
	上
	哀
	那
	刷

图片	方块白文
	狼
	朝
	陽
	蕺
	吉
	售

合	合	自	自
採	採	礬	礬
都	都	付	付
細	細	漢	漢
本	本	申	申
方	方	要	要
醋	醋	白	白
債	債	另	另
把	把	央	央

	冷			蛛
	茱			甘
	吐			蘁
	矣			思
	是			學
	偲			嗳
	牡			我
	丹			凅
	結			嶺

	鼎		施
	及		想
	次		傂
	迈		侣
	捨		南
	莘		脑
	趴		嗳
	廿		賒
	眷		侣

	相		坎
	闪		跫
	果		卑
	剞		訨
	盖		心
	眧		噭
	氣		格
	使		嚖
	困		瞩

	体		彭
	儃		緘
	牛		罂
	坡		透
	堆		嘆
	抌		斯
	迀		裴
	好		罚
	过		拿

	逌			骨
	方			匡
	禹			止
	乔			干
	犇			别
	佷			後
	鼒			额
	耻			脑
	面			拖

287

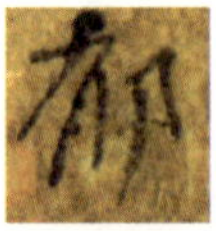	郁
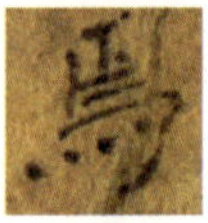	馬
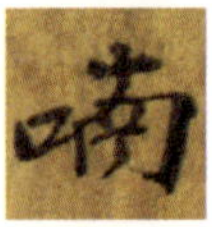	喃
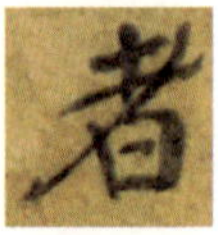	者
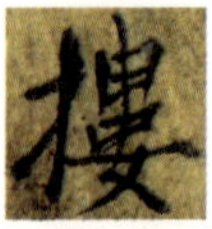	摟
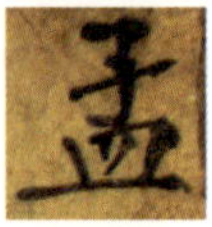	盂
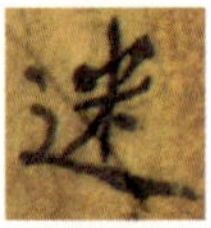	迷
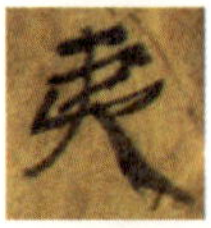	夷
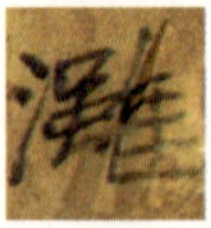	灘

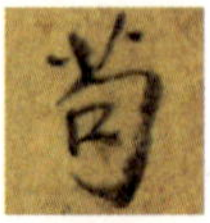	苟
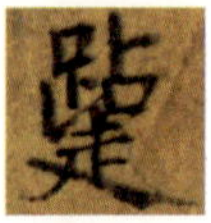	踺
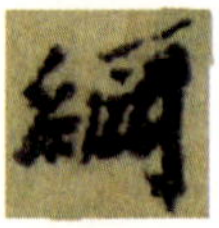	網
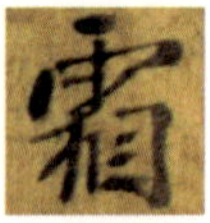	霜
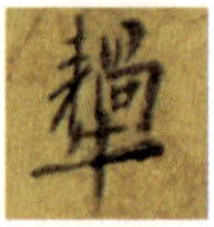	䡘
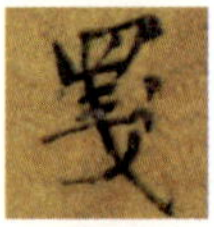	𦊆
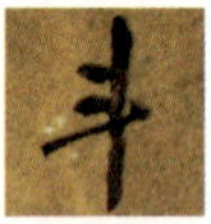	斗
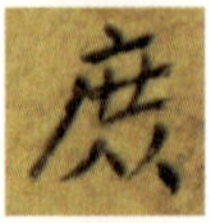	庻
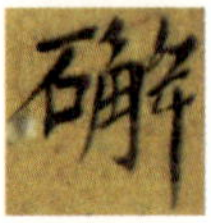	𥗬

	板		可
	初		㗽
	達		滴
	鏗		長
	音		没
	拾		黐
	車		嘎
	衣		双
	登		黯

	必		峭
	担		削
	密		良
	繞		景
	末		愳
	嘍		夫
	在		行
	勒		忍
	教		嗙

	尧		曋
	門		直
	票		乚
	期		囟
	餽		丑
	盈		夫
	藊		西
	閣		助
	浭		塑

鷙	弊	的	的
保	保	口	口
寛	寛	难	鷄
早	早	言	言
蹐	蹐	浴	浴
果	果	觌	覰
訽	訽	禀	禀
不	不	到	到
出	出	覱	覱

	肉		難
	礜		何
	酒		曾
	有		一
	泰		人
	多		佛
	兄		娖
	弟		后
	急		嘱

293

	凍		拉
	卑		五
	毒		尵
	美		課
	旀		苦
	只		刮
	與		尵
	骹		鴨
	業		子

	明		刑
	轎		寸
	唎		情
	審		真
	你		縣
	們		回
	安		直
	得		假
	枭		劉

歪	歪	絲	絲
囫	囫	贙	贙
卡	卡	旅	旅
龤	龤	燒	燒
阿	阿	當	當
澾	澾	鋀	鋀
宰	宰	乃	乃
槃	槃	琇	琇
鑫	鑫	水	水

	朵		裸
	霭		柰
	約		愧
	勺		券
	洛		鍋
	橐		着
	嵫		隔
	嵒		呋
	姐		橙

297

	懪		高
	澂		喂
	喕		打
	篖		招
	椅		已
	指		娈
	替		煞
	王		光
	支		武

(图)	辖	(图)	稍
(图)	律	(图)	屡
(图)	甕	(图)	神
(图)	饭	(图)	拭
(图)	桌	(图)	哭
(图)	欠	(图)	久
(图)	莱	(图)	冬
(图)	退	(图)	扣
(图)	令	(图)	富

嗖	嗖	窅	窅
慗	慗	悔	悔
日	日	緊	緊
念	念	坤	坤
從	從	綁	綁
他	他	金	金
前	前	火	火
愛	愛	月	月
反	反	喝	喝

	嘟		許
	蝥		核
	摹		糕
	奶		鸞
	嚠		曹
	作		魄
	報		佫
	答		羂
	湲		竄

	百		愚
	會		斳
	轉		喜
	趁		如
	槑		揞
	務		浘
	知		攢
	天		嶀
	才		拆

	加		黛
	猕		吐
	替		胸
	分		獗
	半		㜑
	飘		唠
	乃		嘲
	篓		友
	别		随

噴	噴	連	連
尚	尚	路	路
難	囃	遙	遥
窦	窦	何	河
听	听	也	也
声	声	邇	邇
名	名	聟	聟
見	見	拾	拾
同	同	溼	溼

喎	喎	夾	夾
邪	邪	趏	趏
鬵	鬵	渼	渼
服	服	礜	礜
㫄	㫄	鶩	鶩
理	理	㹓	㹓
夠	夠	騥	騥
喐	喐	奴	奴
吼	吼	哦	哦

聘	聘	巫	巫
豈	豈	第	第
做	做	飛	飛
藻	藻	舞	舞
崩	崩	該	該
悥	悥	臨	臨
瞥	瞥	翻	翻
韉	韉	走	走
㒄	㒄	昏	昏

	翿		瘫
	齒		乎
	羐		㝩
	杏		喵
	蔀		謵
	䇺		瞀
	章		奇
	䚉		猋
	皇		嶐

	嚳		餲
	腾		鰁
	蛟		剄
	在		照
	請		辦
	飲		設
	德		没
	腦		宰
	死		謗

	岿		峆
	太		峭
	夔		啊
	翌		妹
	尵		小
	手		德
	牙		吃
	惜		个
	虬		介

309

母	母	近	近
節	節	楚	楚
即	即	狼	狼
翠	翠	嗎	嗎
削	削	桂	桂
鮮	鮮	落	落
嬌	嬌	奪	奪
鄙	鄙	若	若
遠	遠	伎	伎

尊	尊	驒	驒
处	处	庇	庇
巧	巧	起	起
妯	妯	橪	橪
仁	仁	鷥	鷥
謇	謇	索	索
鋁	鋁	翠	翠
睰	睰	蝐	蝐
馥	馥	狌	狌

	看		輝
	仕		刲
	驚		殟
	砧		縶
	努		㪟
	喎		縢
	除		科
	非		比
	伍		嗓

	諾		被
	緣		家
	法		談
	更		剝
	藥		孃
	糯		丈
	米		炒
	成		帕
	解		惠

	因		妮
	馴		籴
	性		以
	善		勞
	欺		年
	怵		鞏
	瘦		呢
	辭		訴
	晔		云

彤	彤	如	如
廄	廄	僤	僤
嘲	嘲	馬	馬
戱	戱	罕	罕
先	先	黐	黐
羂	羂	噍	噍
兌	兌	雓	雓
姆	姆	餮	餮
而	而	香	香

嗹	嗹	眹	眹
躺	躺	肯	肯
翩	翩	倩	倩
壘	壘	酲	酲
坌	坌	�930	�À
凍	凍	嵪	嵪
崗	嗝	鱙	鱙
瀉	瀉	嫠	嫠
覺	覺	兔	免

兔		飀
采		儮
笑		羑
所		晉
横		虐
菜		挐
柯		恋
祷		少
講		時

	煩		仲
	識		怸
	戒		玩
	謝		萬
	堍		般
	叕		品
	序		讓
	苗		讀
	埀		書

	經		袞
	鳳		圯
	靠		独
	魚		素
	波		會
	與		毫
	鱶		醮
	噴		繶
	㑇		付

	舊		納
	覽		寯
	屄		奚
	股		囵
	粧		搜
	臉		像
	鼻		認
	暗		辭
	忍		玉

鐲	镯	�researcher	袯
失	失	寬	寬
價	價	嚖	嘌
羲	羲	鬼	鬼
嘖	嘖	之	之
挚	挚	釜	釜
趄	趄	嚨	嚨
羆	羆	遴	遴
屾	屾	堑	堑

321

	缠		雀
	涓		痛
	省		财
	迷		受
	將		挨
	榜		鮹
	毆		纍黑
	汝		三
	偽		操

	綑		箄
	披		朱
	岌		嘛
	剩		躔
	絞		挈
	觢		耦
	鳳		蚹
	凰		嗳
	纆		喩

	㹞鬼		眶
	絆		挪
	緧		猤
	蝭		樗
	骹		析
	翤		鬆眷
	皮		攒
	猴		蹄
	焦		齰

株	株	莫	莫
桼	桼	交	交
直	直	㵿	㵿
中	中	科	科
老	老	嚩	嚩
藏	藏	山	山
刀	刀	頭	頭
蛇	蛇	虎	虎
蜂	蜂	怕	怕

就	就	夘	夘
兩	兩	為	為
爹	爹	常	常
姆	姆	蜜	蜜
摸	摸	接	接
咮	咮	哉	哉
滔	滔	開	開
各	各	無	無
妹	妹	嗥	嗥

線	線	嚇	嚇
夭	夭	细	细
碍	碍	父	父
倸	倸	洗	洗
戛	戛	呷	呷
擱	擱	伎	伎
跳	跳	最	最
迨	迨	歹	歹
棄	棄	縶	縶

327

	没		俚
	處		愶
	嗶		俅
	酥		邏
	且		踅
	爽		躏
	傷		啟
	胆		嘘
	肺		湤

麼	麼	亮	亮
今	今	來	來
話	話	風	風
語	語	药	药
生	生	了	了
易	易	幾	幾
成	成	草	草
義	義	斤	斤
值	值	病	病

	身		猱
	星		屋
	皆		漏
	拱		夜
	北		船
	世		又
	間		遇
	隔		嘹
	認		制

	舱		涓
	廳		脚
	肛		跟
	鸹		邋
	免		舐
	佫		大
	尯		雲
	窗		府
	撒		龍

331

井	井	公	公
	居	李	李
	佳	氏	氏
	錢		孺
	備	位	位
	銀	魂	魂
	租	下	下
	考		於
	諱		家

	庭		親
	式		渴
	捌		顧
	七		板病
	十		聱
	四		禭
	古		禮
	b		鬲
	對		泊

	鼹		客
	劝		主
	概		雖
	鼙		满
	搭		裡
	夅		懷
	養		崴
	江		肈
	坢		竹

愁	愁	特	特
消	消	便	便
勝	勝	休	休
邇	邇	蹐	蹐
諁	諁	篡	篡
深	深	䦂	科斗
宜	宜	穆	穆
意	意	楊	楊
濃	濃	忠	忠

逼	逼	薄	薄
鉴	鉴	棋	棋
禅	禅	新	新
貧	貧	燧	燧
閙	閙	綡	綡
扈	扈	掬	掬
事	事	憑	憑
紙	紙	搭	搭
張	張	致	致

	還		頂
	氃		靐
	笯		搐
	樹		壴
	粲		卓
	讚		緯
	飅		邇
	榈		午
	捐		商

337

野	野	柳	柳
其	其	陰	陰
蝴	蝴	咟	咟
蝶	蝶	布	布
師	師	皼	皼
啡	啡	扺	扺
斳	斳	絞	絞
栽	栽	鴉	鴉
發	發	鵲	鵲

	黔		謀
	烏		命
	鴉		矮
	哺		獨
	羔		哇
	羊		徐
	跪		盒
	乳		亮
	董		啸

墾	墾	后	后
谷	谷	唪	唪
哎	哎	殻	殻
喀	喀	屉	屉
淘	淘	娣	娣
瀧	瀧	聽	聽
宴	宴	㸙	㸙
安	安	易	易
鋕	鋕	濓	濓

	縮	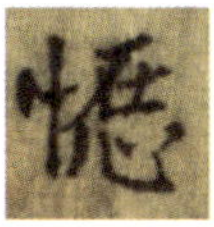	[illegible]
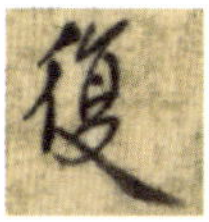	復	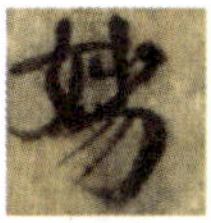	㚞
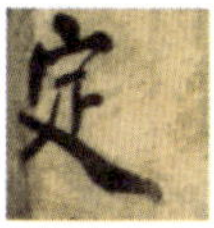	定	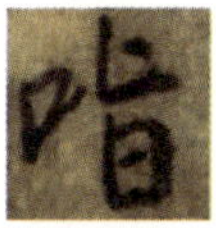	咟
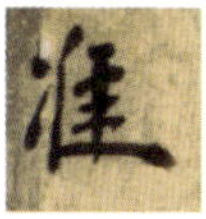	准		餛
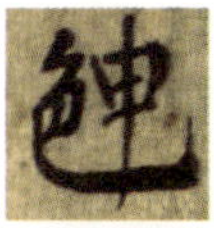	[illegible]	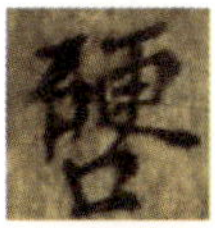	磿
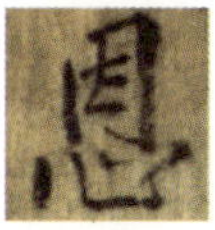	恩	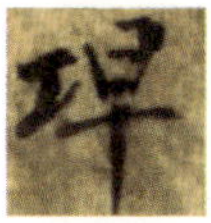	埠
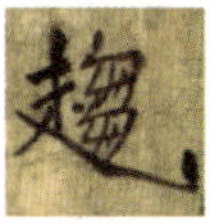	趨	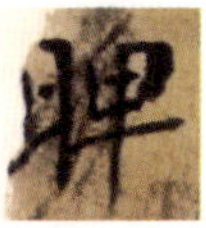	脾
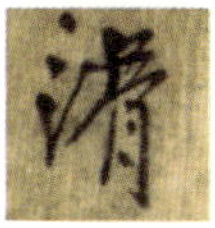	清	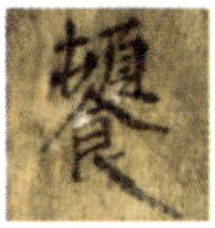	饔
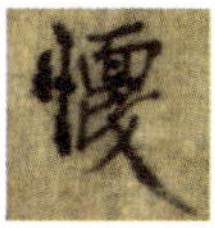	懷	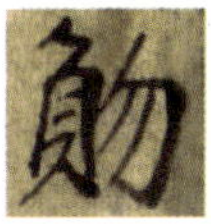	飭

紀	紀	妻	妻
刺	刺	正	正
鍼	鍼	永	永
糖	糖	喪	喪
釘	釘	媽	媽
查	查	流	流
鞁	鞁	行	行
移	移	泉	泉
略	略	血	血

	口		故
	咬		日
	骗		彼
	問		至

附录三 文献《云龙白曲残本》[①]

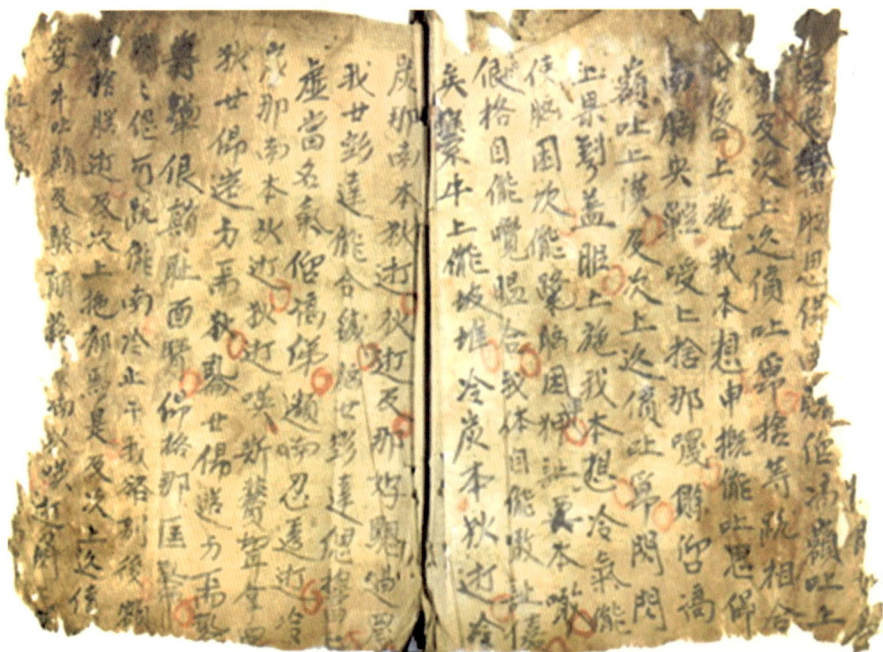

① 傅京起教授同意，由笔者翻拍，在此感谢傅教授。

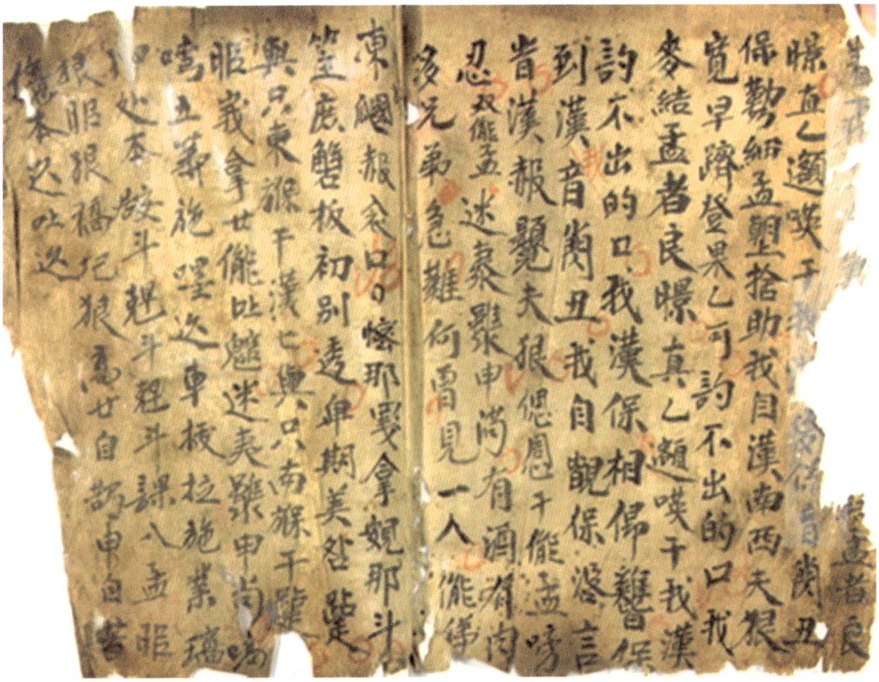

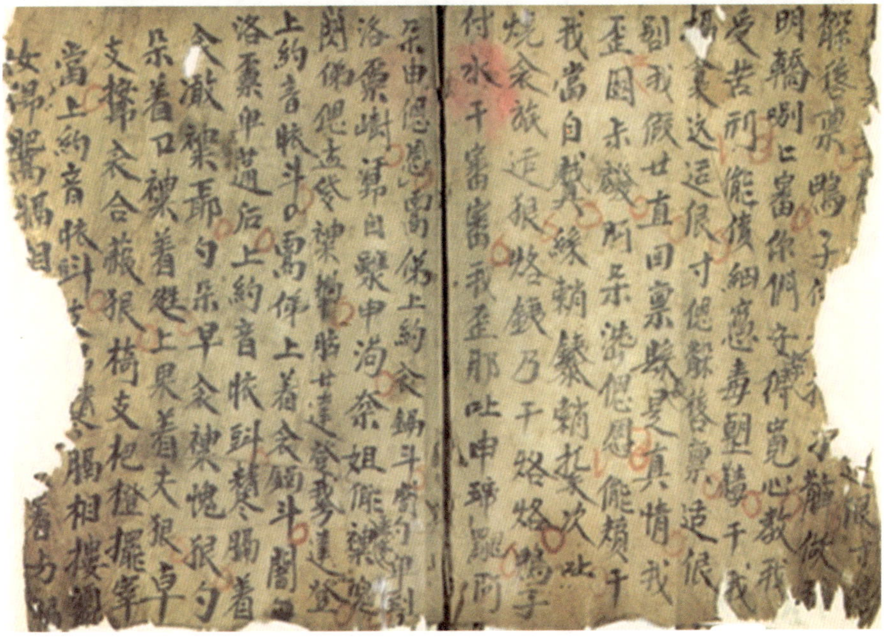

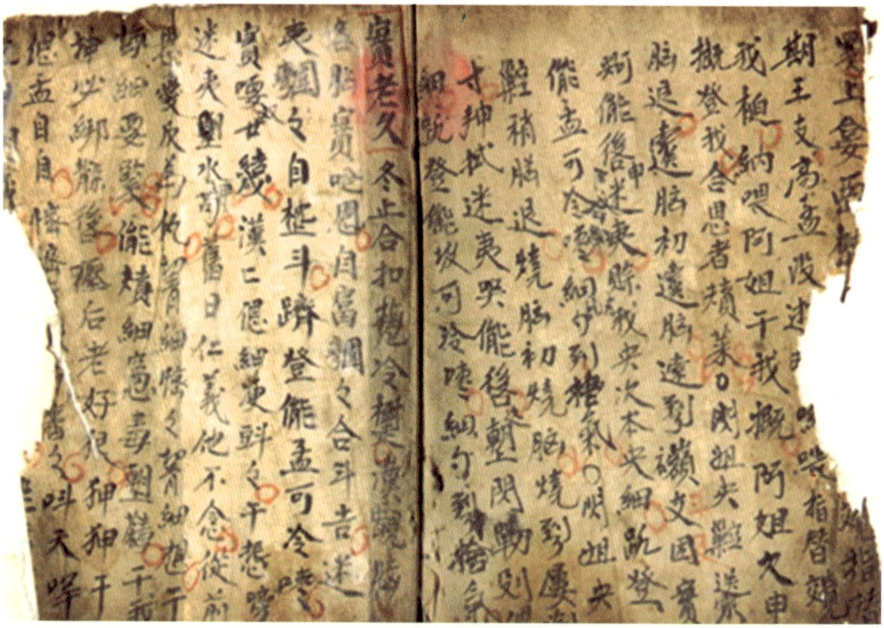

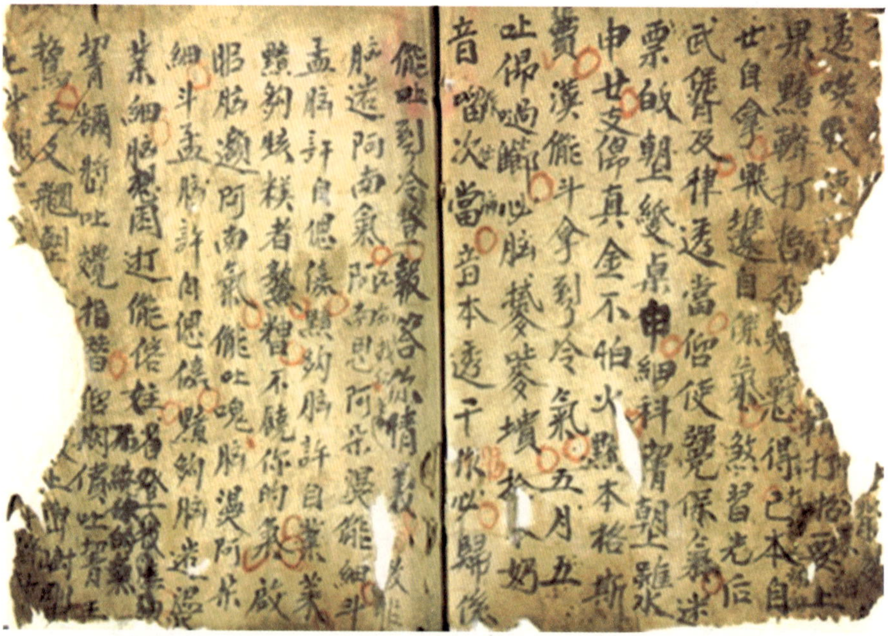

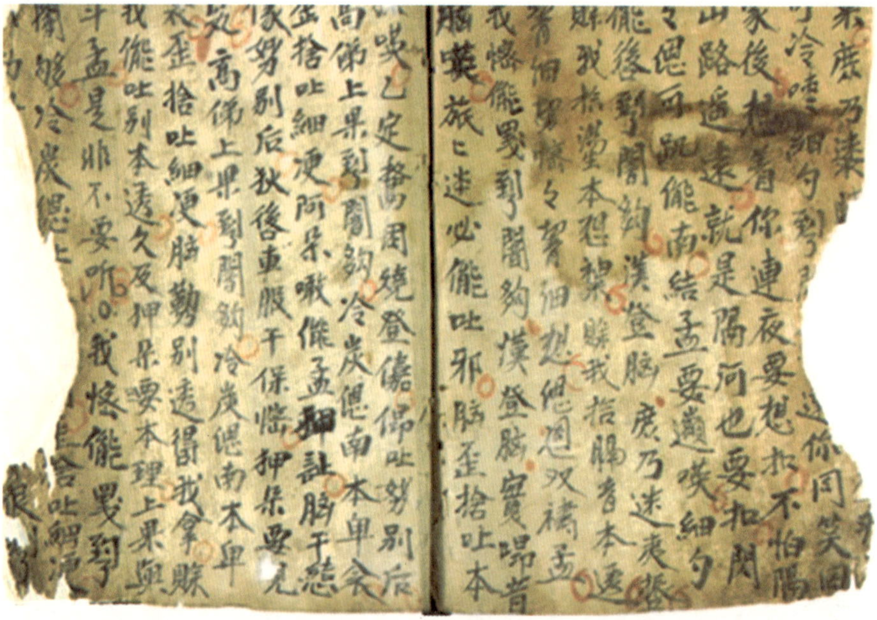

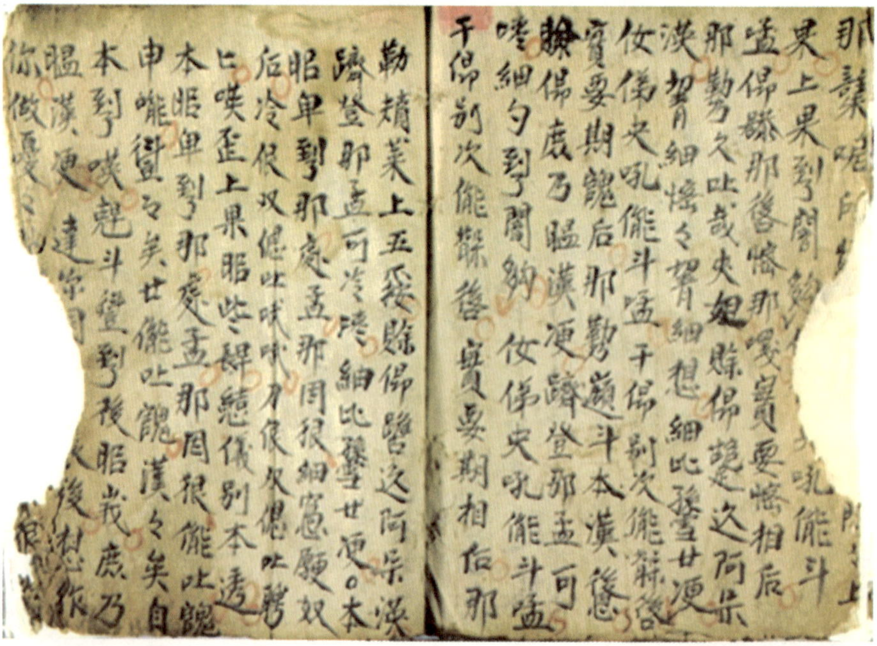

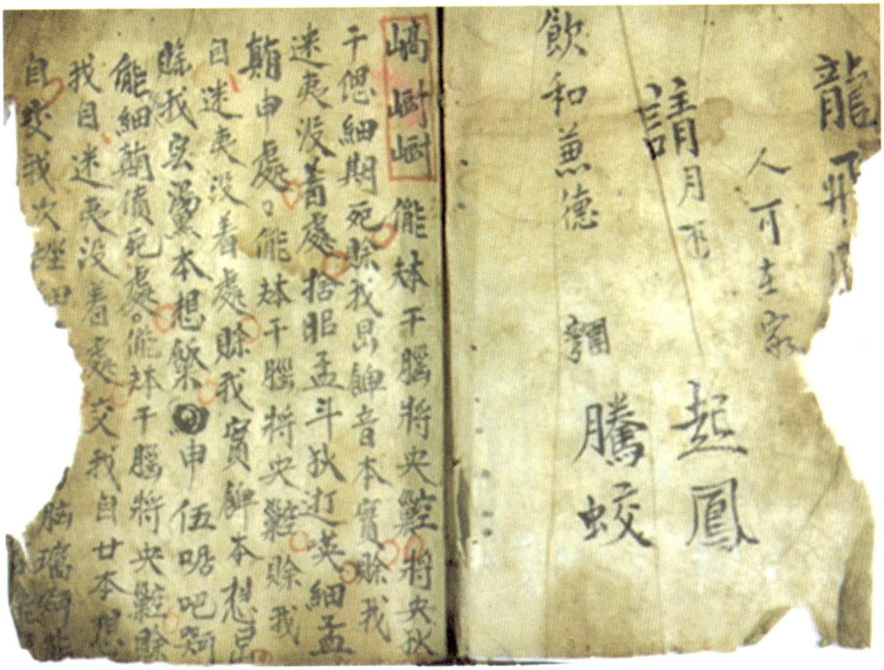

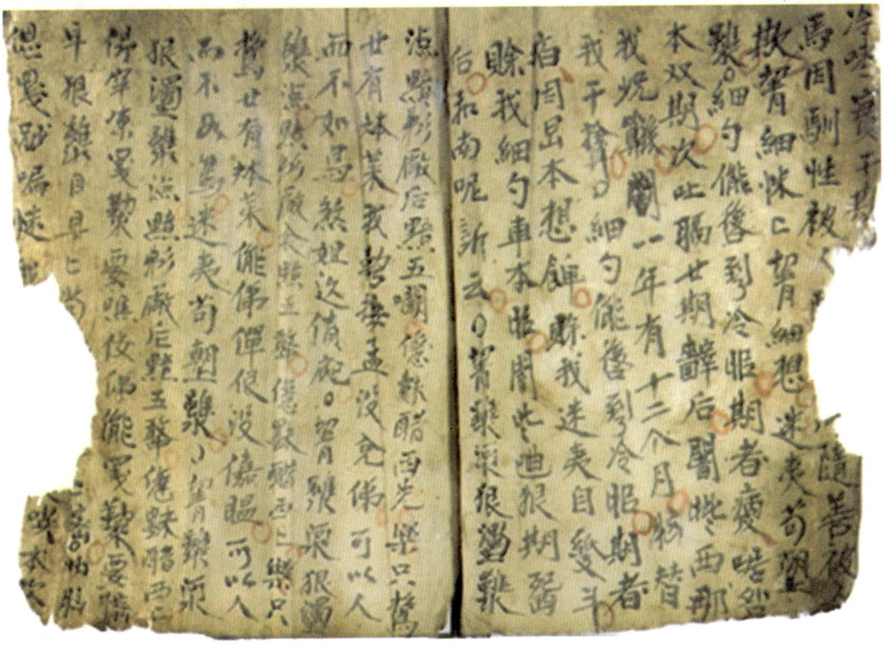

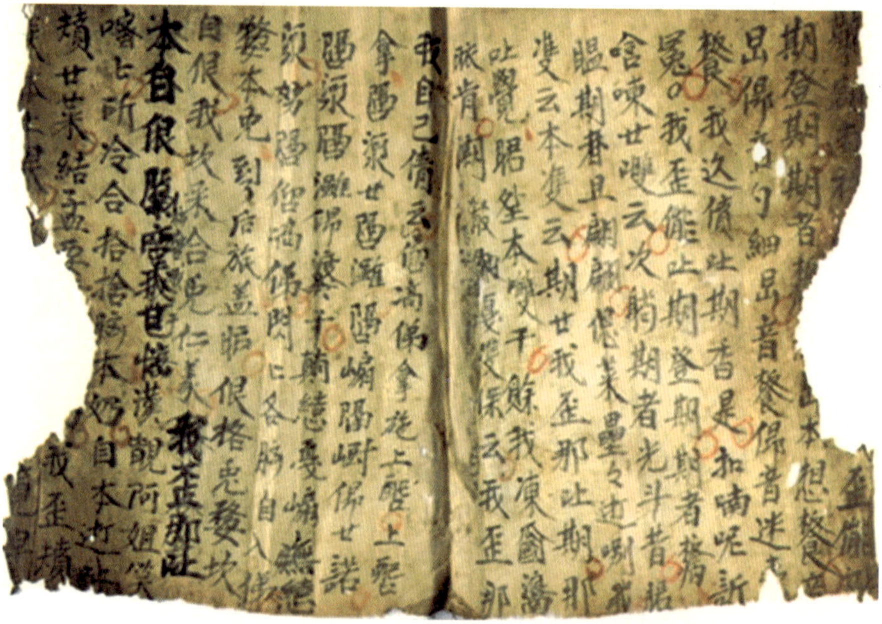

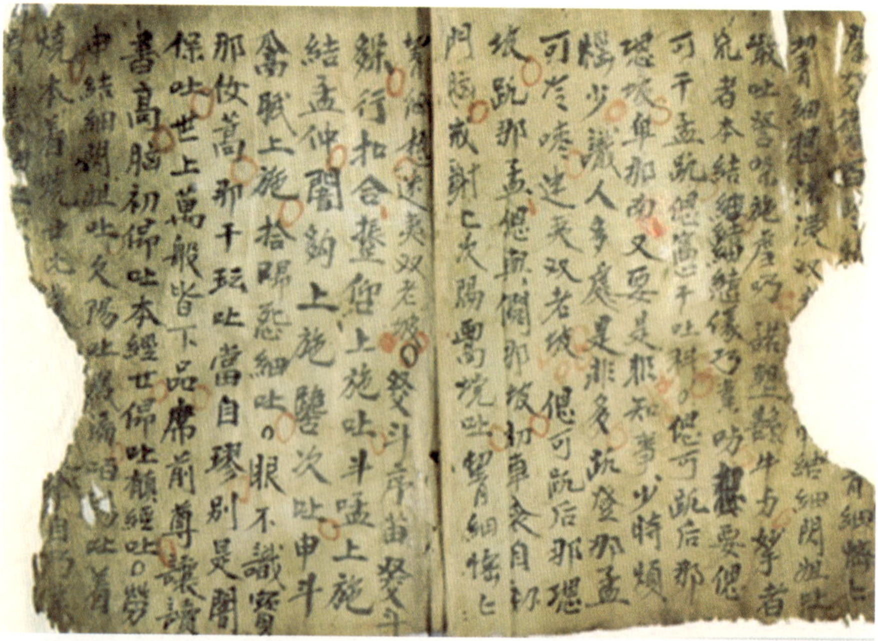

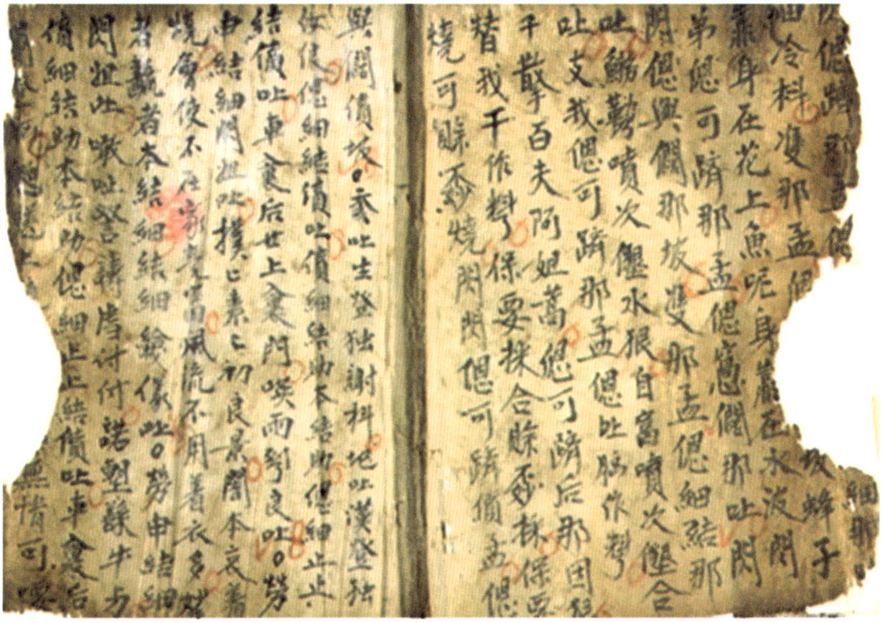

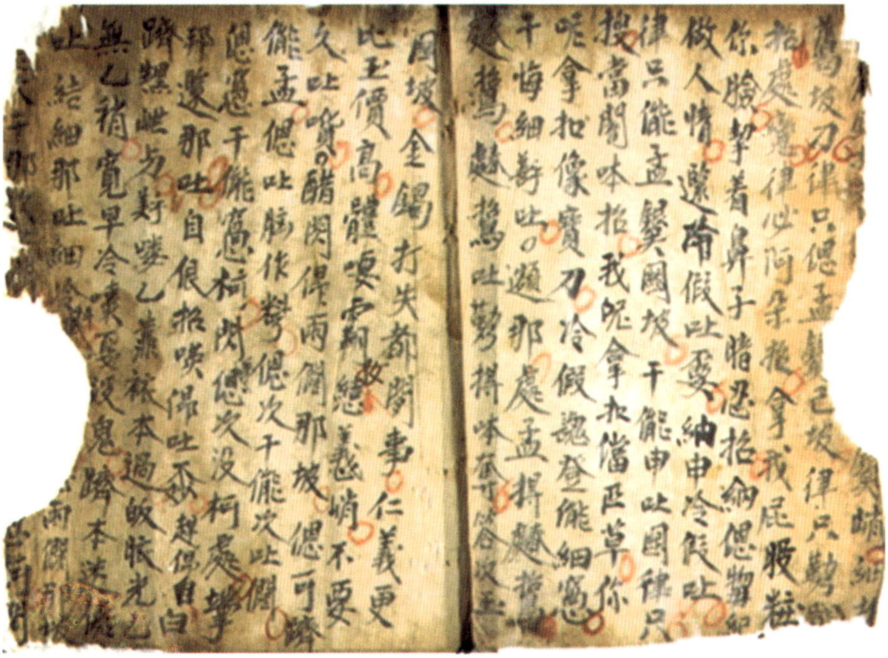

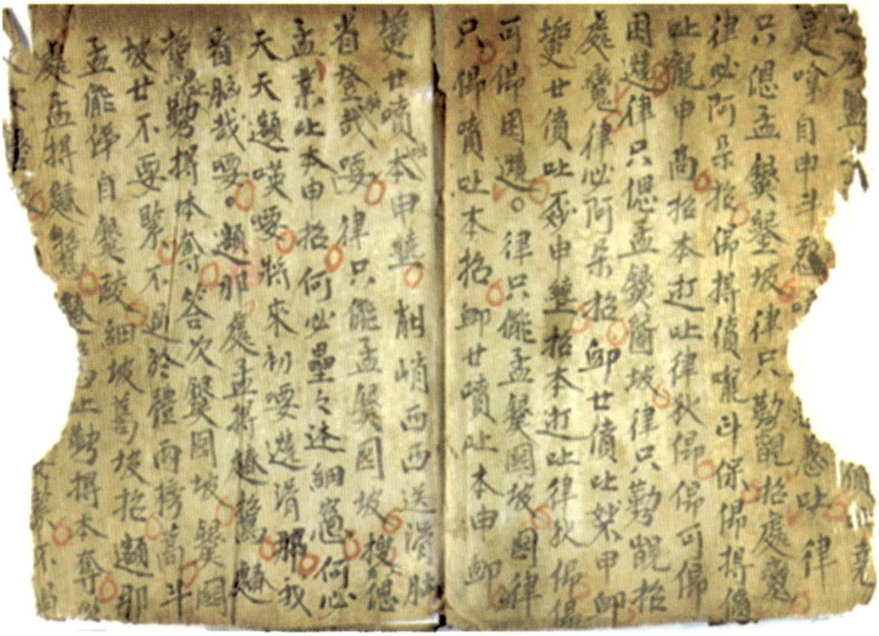

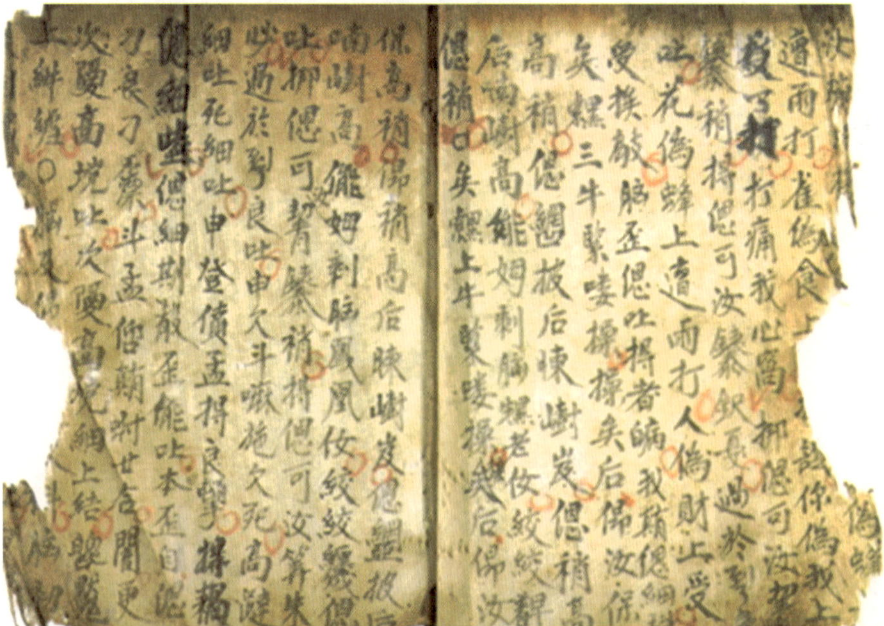

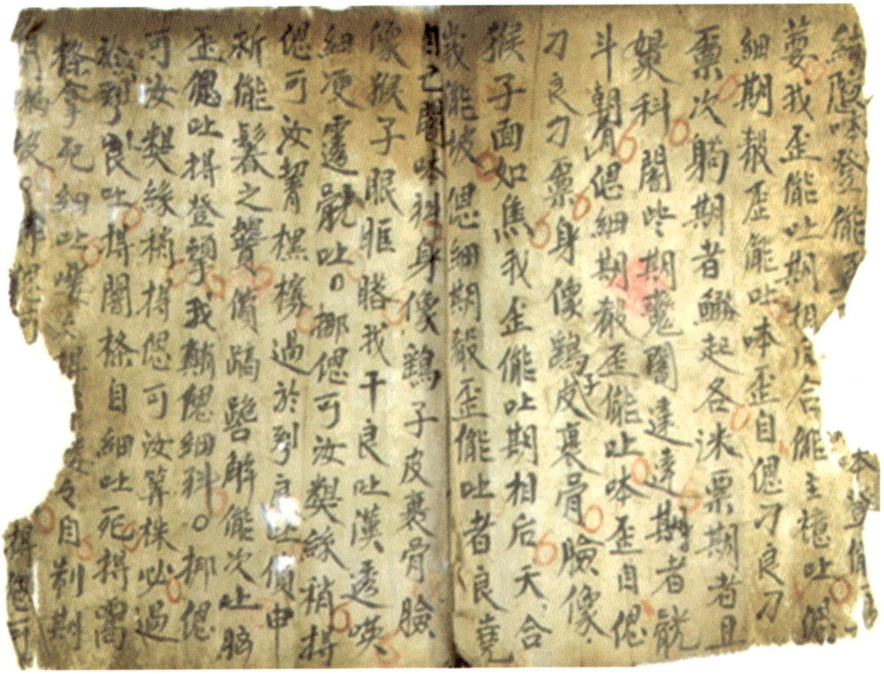

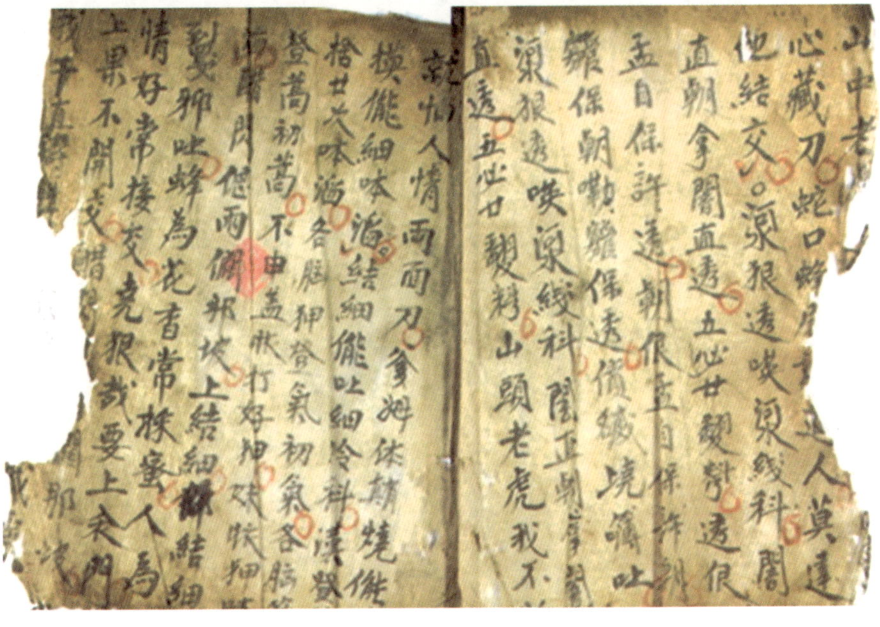

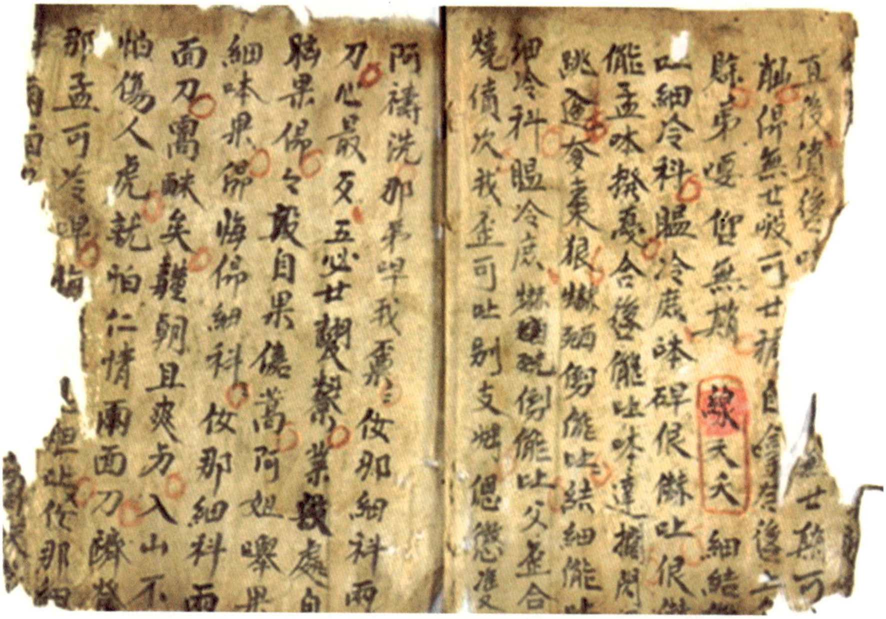

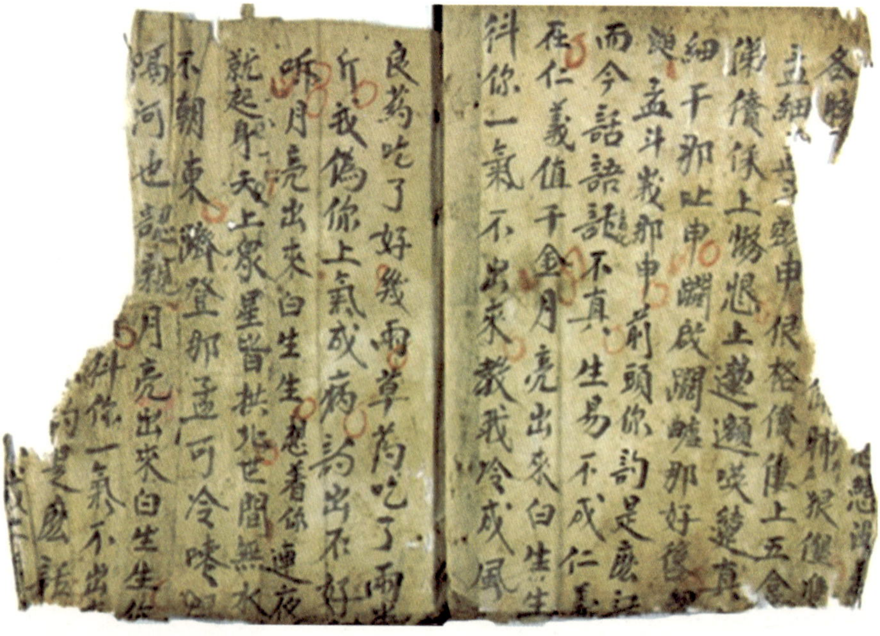

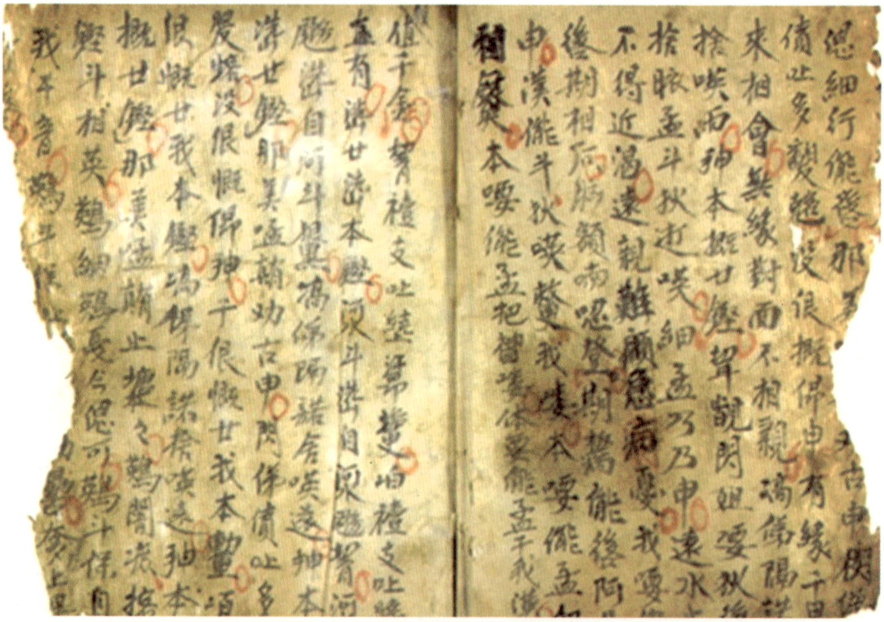

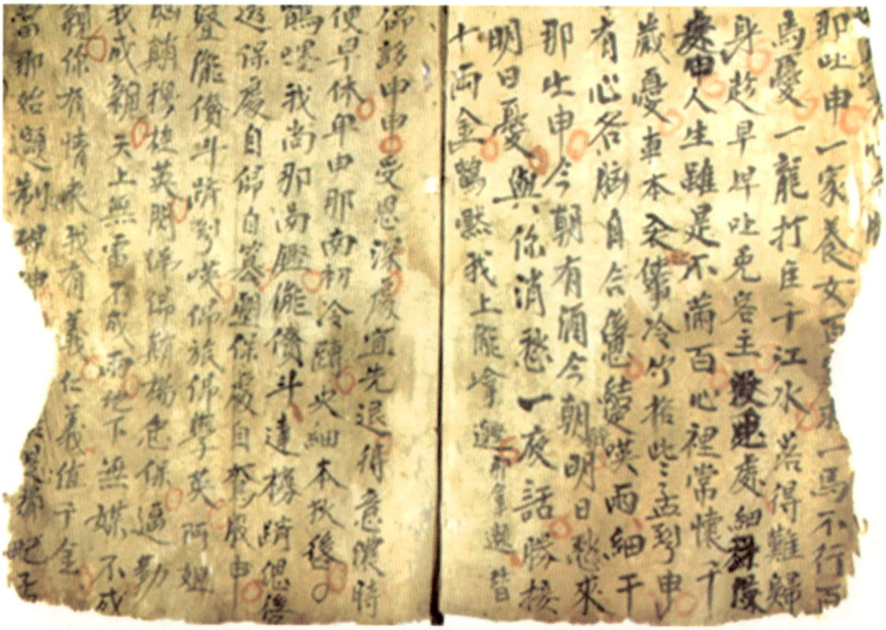

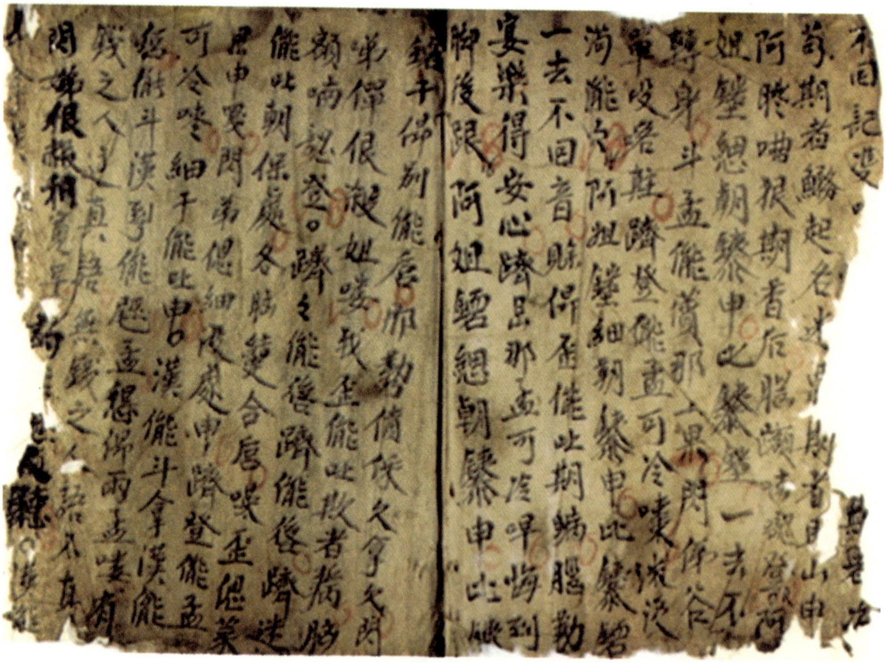

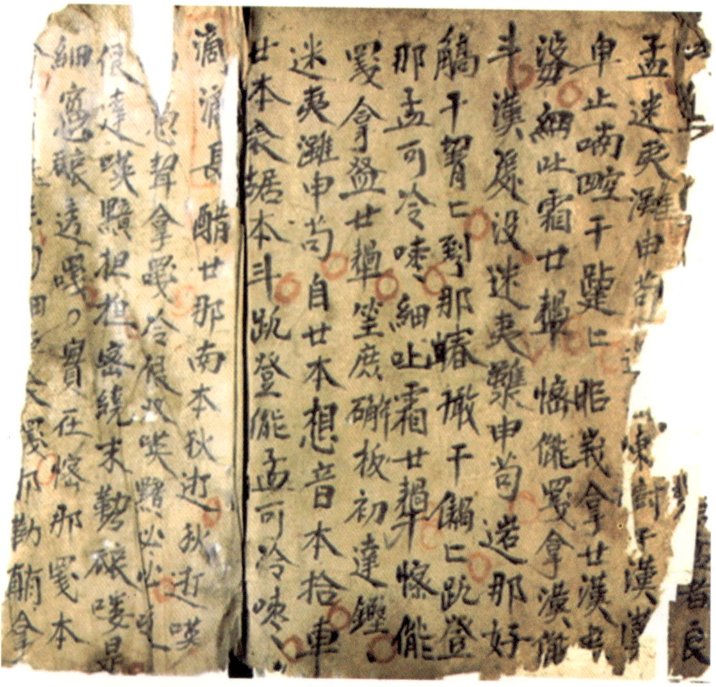

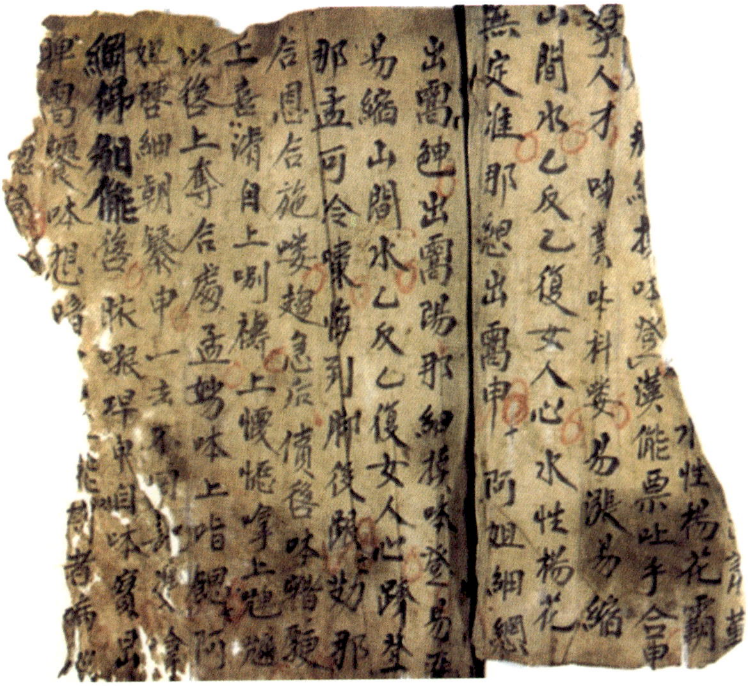

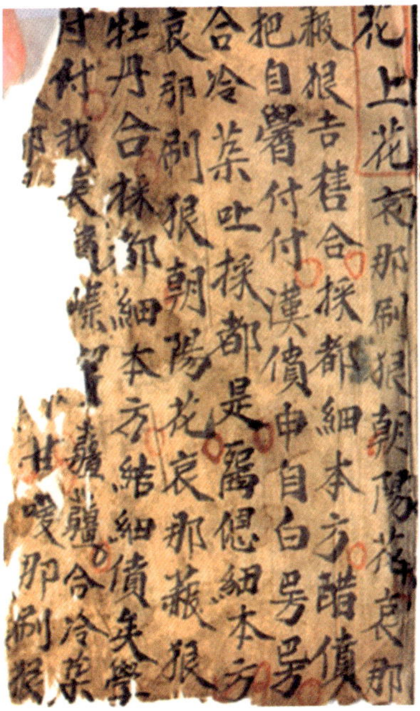

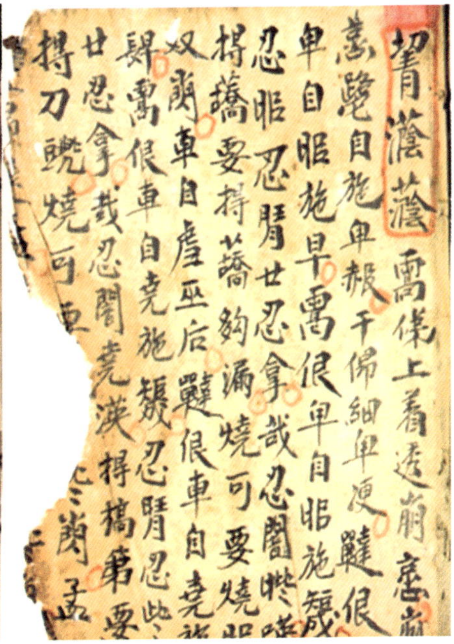

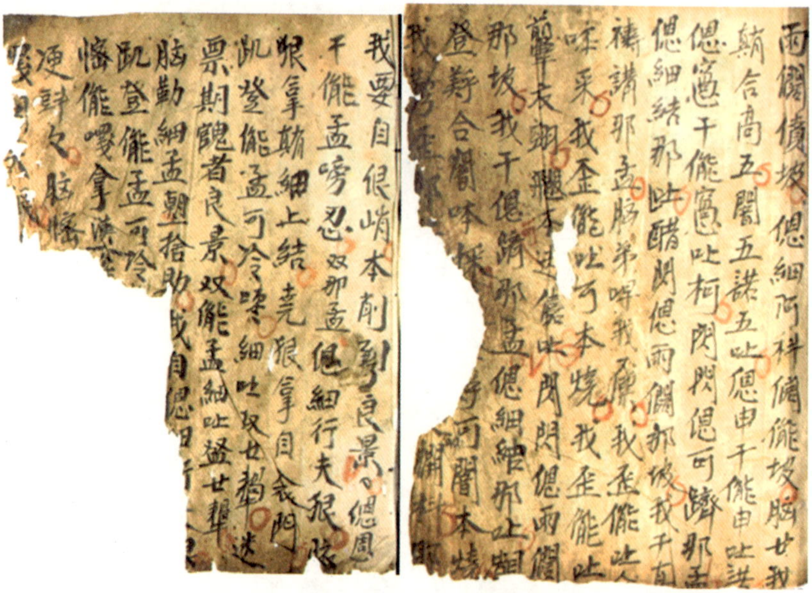

参考文献

岑家梧:《水文与水家来源》,载岑家梧著《岑家梧民族研究文集》,民族出版社,1992。

大理白族自治州白族文化研究所:《大理丛书·白语篇卷一》,云南民族出版社,2008。

大理白族自治州白族文化研究所:《大理丛书·大藏经篇卷一》,云南民族出版社,2008。

戴庆厦、成燕燕、傅爱兰、何俊芳:《中国少数民族语言文字应用研究》,云南民族出版社,2000。

［英］戴维斯:《云南:印度和扬子江的链环》,李安泰等译,云南教育出版社,2001。

董建中:《白族本主崇拜》,四川文艺出版社,2007。

弗朗索瓦·戴尔:《白语的语音和词汇》,王小米译,载徐琳编《大理丛书·白语篇》第一卷,云南民族出版社,2008。

郭锡良:《汉字古音手册》,商务印书馆,2010。

李家瑞、周泳先等:《大理白族自治州历史文物调查资料》,云南人民出版社,1958。

李旭练:《谈谈水族古文字》,载中国人民政治协商会议贵州省都匀市委员会编《都匀文史资料选辑第七辑》,黔南自治州人民印刷厂印刷,1988。

李缵绪:《白族文化》,吉林教育出版社,1991。

罗常培、傅懋勣:《国内少数民族语言文字概况》,《中国语文》,1954年3月。

马学良:《汉藏语概论》,北京大学出版社,1991。

聂鸿音:《中国文字概略》,语文出版社,1998。

潘悟云等主编《中国语言学的新拓展》,香港城市大学出版社,1999。

裘锡圭:《文字学概要》,商务印书馆,1988。

石忠健:《论白族的白文》,载中央民族学院研究部编《中国民族问题研究辑刊》第六辑,1957。

《四库全书存目丛书》(清)陈鼎《蛇谱》,清道光间吴江沈氏世楷堂刻昭代丛书本,齐鲁书社,1995,子部第82册。

唐作藩:《音韵学教程》,北京大学出版社,2002。

王锋:《方块白文的历史发展和现状》,载中国民族古文字研究会编《中国民族古文字研究(第四辑)》,天津古籍出版社,1994。

王锋:《从汉字到汉字系文字》,民族出版社,1997。

王宁:《汉字构形学讲座》,三民书局,2013。

王宁:《汉字学概要》,商务印书馆,2001。

王叔武:《云南古佚书钞》,云南人民出版社,1981。

闻宥:《民家语中同义词之研究》,载徐琳主编《大理丛书·白语篇》,云南民族出版社,2008。

吴启禄:《布依族古籍中的方块布依字》,《中国民族古文字》1992年3月。

徐琳、赵衍荪:《白语简志》,民族出版社。

杨文辉:《白语与白族历史文化研究》,云南大学出版社,2009。

袁明军:《汉白语调查研究》,中国文史出版社,2006。

张华文、毛玉玲:《昆明方言词典》,云南教育出版社,1997。

张锡禄,[日]甲斐胜二:《中国白族白文文献释读》,广西师范大学出版社,2011。

郑张尚芳:《汉语和亲属语同源词根词及附缀成分比较上的择对问题》,《中国语言学报》JCL单刊8号,1995。

中共中央统战部编《民族问题文献汇编》,中共中央党校出版社,1991。

周耀文:《略论白语的系属问题》,载徐琳主编《大理丛书·白语篇》第一卷,云南民族出版社,2008。

周有光:《比较文字学初探》,语文出版社,2012。

周有光:《世界文字发展史》,上海教育出版社,2012。

《中国少数民族语言简志丛书修订本·卷贰》，民族出版社，2009。

艾杰瑞、艾思麟、李绍尼等：《论彝语、白语的音质和勺会厌肌带的关系——喉镜案例研究》，《民族语文》2000 年第 6 期。

艾磊、苏玮雅、尹曼芬：《白语喜洲镇话声调的测试分析》，《大理师专学报》1997 年第 2 期。

陈慧中：《布依族的传统及新创文字》，《中国民族教育》2007 年第 12 期。

陈康：《白语促声考》，《中央民族学院学报》1992 年第 5 期。

董芳、蒙景村、罗刚：《水族水书语料库的建立原则研究》，《黔南民族师范学院学报》2007 年第 6 期。

段伶：《论"白文"》，《大理学院学报》2001 年第 1 期（总第 49 期）。

李东红：《从考古材料看白族的起源》，《中央民族大学学报（哲学社会科学版）》2004 年第 1 期（总第 152 期）。

李绍尼、艾杰瑞：《云南剑川白语音质和音调类型——电脑语音实验报告》，《中央民族大学学报》（哲学社会科学版）1990 年第 5 期。

李绍尼：《论白语的"声门混合挤擦音"》，《民族语文》1994 年第 2 期。

李新魁：《论西夏文的形体结构和造字方式》，《中山大学学报》（社会科学版）1978 年第 5 期。

刘连芳、顾林、黄家裕、温家凯：《壮文与壮文信息处理》，《中文信息学报》2011 年第 25 卷第 6 期。

柳长青、杜建录：《网络下的西夏文及西夏文献处理研究》，《宁夏社会科学》2008 年第 5 期。

罗自群：《从语言接触看白语的系属问题》，《中央民族大学学报》（哲学社会科学版），2011 年第 5 期。

蒙景村：《"水书"及其造字方法研究》，《黔南民族师范学院学报》2005 年第 1 期。

邱子雁：《从汉字传播的角度比较日本、朝鲜的文字系统》，《现代语文》（语言研究版）2008 年第 4 期。

史金波：《再谈西夏文反切上下字合成法》，《民族研究》1985 年第 5 期。

汪峰：《白语中送气擦音的来源》，《民族语文》2006 年第 2 期。

王峰:《略谈方块白文及其历史发展》,《云南民族语文》2000年第3期。

王锋:《方块白文历史发展中的文化因素》,《云南民族学院学报》(哲学社会科学版) 2002年第19卷第6期。

王锋:《试论南方汉字系民族文字》,《贵州民族研究》2002年第2期。

王锋:《从书写符号系统看"古白文"的文字属性》,《大理学院学报》第三卷第4期,2004。

王锋:《方块白文与汉字俗字》,《大理学院学报》2009年第9期。

王国宇:《水书与一份水书样品的释读》,《民族语文》1986年第6期。

王元鹿:《"水文"中的数目字与干支字研究》,《华东师范大学学报哲学社会科学版》2003年第4期。

韦韧:《方块白文流传现状及其趋势分析》,《民族论坛》2013年11月第335期。

吴安其:《白语的语音和归属》,《民族语文》2009年第4期。

吴安其:《藏缅语的分类和白语的归属》,《民族语文》2000年第1期。

徐琳、赵衍荪:《白语概况》,《中国语文》,1964年第4期。

徐琳:《关于白族的白文》,《云南民族语文》1997年第2期。

杨应新:《方块白文辨析》,《民族语文》,1991年第5期。

杨再彪,罗红源:《湘西苗族民间苗文造字体系》,《吉首大学学报》(社会科学版) 2008年第29卷第6期。

袁明军:《原始白语韵母构拟》,《南开语言学刊》2002年第1期。

袁香琴:《借源方块古壮字中同形汉字研究》,《四川文理学院学报》2011年第4期。

张公瑾:《文字的文化属性》,《民族语文》1991年第1期。

赵丽明、刘自齐:《湘西方块苗文》,《民族语文》1990年第1期。

周锦国:《现代语境下白语词汇的嬗变》,《大理学院学报》,2008年第7期。

周有光:《汉字文化圈的文字演变》,《民族语文》1989年第1期。

Margaret Millikn (中文名白丽珠):《三种壮文的比较研究》,《广西民族研究》1999年第2期。

图书在版编目（CIP）数据

《云龙白曲残本》文字整理与研究／韦韧著． -- 北京：社会科学文献出版社，2017.12

ISBN 978 - 7 - 5201 - 1662 - 6

Ⅰ.①云…　Ⅱ.①韦…　Ⅲ.①白族 - 文字 - 研究　Ⅳ.①H252

中国版本图书馆 CIP 数据核字（2017）第 260780 号

《云龙白曲残本》文字整理与研究

著　　者／韦　韧

出 版 人／谢寿光
项目统筹／宋月华　周志静
责任编辑／刘　丹

出　　版／社会科学文献出版社·人文分社（010）59367215
　　　　　　地址：北京市北三环中路甲 29 号院华龙大厦　邮编：100029
　　　　　　网址：www.ssap.com.cn
发　　行／市场营销中心（010）59367081　59367018
印　　装／三河市东方印刷有限公司

规　　格／开　本：787mm×1092mm　1/16
　　　　　　印　张：23　插　页：5.5　字　数：389 千字
版　　次／2017 年 12 月第 1 版　2017 年 12 月第 1 次印刷
书　　号／ISBN 978 - 7 - 5201 - 1662 - 6
定　　价／168.00 元